Études de politique fiscale de l'OCDE

Impôt sur les successions dans les pays de l'OCDE

N° 28

OCDE
DES POLITIQUES MEILLEURES POUR UNE VIE MEILLEURE

Ce document, ainsi que les données et cartes qu'il peut comprendre, sont sans préjudice du statut de tout territoire, de la souveraineté s'exerçant sur ce dernier, du tracé des frontières et limites internationales, et du nom de tout territoire, ville ou région.

Les données statistiques concernant Israël sont fournies par et sous la responsabilité des autorités israéliennes compétentes. L'utilisation de ces données par l'OCDE est sans préjudice du statut des hauteurs du Golan, de Jérusalem-Est et des colonies de peuplement israéliennes en Cisjordanie aux termes du droit international.

Note de la Turquie
Les informations figurant dans ce document qui font référence à « Chypre » concernent la partie méridionale de l'Ile. Il n'y a pas d'autorité unique représentant à la fois les Chypriotes turcs et grecs sur l'Ile. La Turquie reconnaît la République Turque de Chypre Nord (RTCN). Jusqu'à ce qu'une solution durable et équitable soit trouvée dans le cadre des Nations Unies, la Turquie maintiendra sa position sur la « question chypriote ».

Note de tous les États de l'Union européenne membres de l'OCDE et de l'Union européenne
La République de Chypre est reconnue par tous les membres des Nations Unies sauf la Turquie. Les informations figurant dans ce document concernent la zone sous le contrôle effectif du gouvernement de la République de Chypre.

Merci de citer cet ouvrage comme suit :
OCDE (2021), *Impôt sur les successions dans les pays de l'OCDE*, Études de politique fiscale de l'OCDE, N° 28, Éditions OCDE, Paris, https://doi.org/10.1787/33d40568-fr.

ISBN 978-92-64-42846-1 (imprimé)
ISBN 978-92-64-64111-2 (pdf)
ISBN 978-92-64-62812-0 (HTML)
ISBN 978-92-64-64598-1 (epub)

Études de politique fiscale de l'OCDE
ISSN 1680-0419 (imprimé)
ISSN 1990-0554 (en ligne)

Version révisée, février 2022
Les détails des révisions sont disponibles à l'adresse : https://www.oecd.org/fr/apropos/editionsocde/Corrigendum-notice-impots-sur-les-successions.pdf

Crédits photo : Couverture © selensergen/Thinkstock.

Les corrigenda des publications sont disponibles sur : www.oecd.org/fr/apropos/editionsocde/corrigendadepublicationsdelocde.htm.

Avant-propos

Depuis quelques années, la question des inégalités de patrimoine occupe une place de plus en plus importante dans le débat public. Plus encore que le revenu, le patrimoine des ménages est fortement concentré au sommet de l'échelle de distribution, et les inégalités de revenu et de patrimoine peuvent se renforcer mutuellement. En outre, les inégalités de patrimoine des ménages restent fortes et se sont même accentuées au fil du temps dans certains pays de l'OCDE, en grande partie sous l'effet de la hausse des prix des actifs et des taux d'épargne. Dans les pays de l'OCDE, les inégalités de patrimoine n'ont jamais été aussi élevées depuis plusieurs décennies.

Par ailleurs, les tendances en matière de transmission de patrimoine pourraient renforcer la concentration des richesses. La part du patrimoine transmis par héritage dans le patrimoine privé total a augmenté dans certains pays au cours des dernières décennies. Les transmissions de patrimoine sont susceptibles d'augmenter en nombre (avec le vieillissement de la génération du baby-boom) et en valeur (si l'évolution des prix des actifs continue sur une trajectoire ascendante). En outre, le patrimoine devrait rester concentré entre les mains des plus âgés, et l'âge auquel les individus héritent devrait continuer de s'élever à mesure que l'espérance de vie s'allonge.

Pour faire face à crise du COVID-19, les pays vont devoir générer des recettes supplémentaires et remédier aux inégalités. La pandémie de COVID-19 a provoqué une crise sanitaire et une chute de l'activité économique sans précédent dans l'histoire récente, et une incertitude considérable entoure l'évolution de la situation. Compte tenu de la forte augmentation des dépenses publiques pendant la crise, les pays chercheront à rétablir leurs finances publiques à mesure qu'ils sortiront de la crise et que la reprise économique s'affermira. Toutefois, la crise a aggravé les inégalités existantes et a lourdement frappé de nombreux ménages vulnérables ; les méthodes traditionnelles de collecte de recettes, telles que l'augmentation des impôts sur le revenu du travail et sur la consommation appliquée dans le sillage de la crise financière mondiale de 2008, sont probablement moins judicieuses du point de vue de l'équité et de la croissance. La crise va sûrement déclencher une réflexion sur la nécessité de s'orienter vers des sources de recettes nouvelles ou sous-employées, par ailleurs davantage compatibles avec les objectifs de réduction des inégalités.

Le rapport examine le rôle que l'impôt sur les successions pourrait jouer pour accroître les recettes, lutter contre les inégalités et améliorer l'efficience à l'avenir. Bien que 24 des 36 pays de l'OCDE étudiés dans le rapport[1] prélèvent des impôts sur les transmissions de patrimoine, y compris les successions et les donations, leur capacité à mobiliser des recettes est généralement limitée. En 2018, seulement 0.5 % en moyenne des recettes fiscales totales provenait de ces impôts dans les pays qui en prélèvent. Ce rapport cherche à répondre à la question essentielle de savoir s'il existe de bons arguments en faveur d'un recours accru à l'imposition des successions dans les pays de l'OCDE pour des raisons tenant à l'équité, à l'efficacité et à la simplicité d'administration.

Le rapport procède également à une analyse et à une évaluation comparatives de la conception des impôts sur les successions et les donations dans les pays de l'OCDE et suggère un certain nombre d'options de réforme. L'expérience de l'imposition des successions varie d'un pays à l'autre, avec des différences marquées en termes de conception et de mise en œuvre des impôts sur les successions et les donations.

Ce rapport permet de comprendre comment la conception et l'application de ces impôts influent sur leur efficacité et leur équité en pratique. À partir de cette évaluation comparative et des résultats rapportés dans la littérature, le rapport propose un certain nombre d'options de réforme que les gouvernements pourraient envisager de mettre en œuvre afin d'améliorer la conception et le fonctionnement de leurs impôts sur les transmissions de patrimoine.

Ce projet fait partie d'un axe de travail plus large consacré à la taxation du capital dans les pays de l'OCDE. En 2018, l'OCDE a publié deux rapports sur l'imposition de l'épargne des ménages et le rôle et la conception des impôts sur le patrimoine. Ce nouveau rapport sur l'imposition des successions apporte une contribution supplémentaire importante dans le domaine de la taxation du capital des personnes physiques. Les divers projets entrepris par l'OCDE sur la taxation du revenu du capital des personnes physiques, du patrimoine et de l'héritage doivent être vus comme complémentaires en raison des interactions étroites entre ces différents impôts.

Le rapport comporte quatre chapitres. Le chapitre 1 examine la distribution et l'évolution du patrimoine des ménages et des transmissions de patrimoine. Le chapitre 2 étudie les arguments pour et contre l'instauration d'impôts sur les successions au regard de critères d'équité, d'efficacité et de simplicité d'administration. Le chapitre 3 cherche à déterminer comment les pays de l'OCDE taxent actuellement les transmissions de patrimoine, en procédant à une analyse comparative des impôts sur les successions et les donations, et évalue l'impact de leurs caractéristiques de conception. Le chapitre 4 résume les principaux messages du rapport et formule un certain nombre d'options et de recommandations de réforme fiscale.

Remerciements

Cette étude a été réalisée par la Division des politiques fiscales et des statistiques du Centre de politique et d'administration fiscales de l'OCDE, avec le soutien financier du Korea Institute of Public Finance (KIPF).

Le rapport a été produit sous la direction de Sarah Perret et rédigé par Bethany Millar-Powell et Sarah Perret. Les auteurs souhaitent remercier Bert Brys et David Bradbury pour leurs conseils et leurs observations tout au long du projet. Le rapport a également bénéficié d'importantes contributions de Michael Stemmer pour les simulations figurant dans le chapitre 2 et de commentaires très utiles de Pierce O'Reilly et d'Alastair Thomas. Les auteurs tiennent également à remercier Carlotta Balestra d'avoir communiqué les données sous-jacentes utilisées dans le chapitre 1 à partir de la base de données de l'OCDE sur la distribution des patrimoines et d'avoir formulé des commentaires sur le chapitre 1, ainsi que Sebastian Königs pour la révision du chapitre 1. Les auteurs sont également très reconnaissants à Carrie Tyler, Natalie Lagorce, Julien Dubuc, Hazel Healy et Karena Garnier pour leur soutien en matière de communication et de formatage, et à Violet Sochay pour son aide sur les aspects administratifs. Outre les collègues de l'OCDE, les auteurs souhaitent remercier Emma Chamberlain (OBE CTA Barrister, Pump Court Tax Chambers) et Daniel Waldenström (Professeur, Research Institute of Industrial Economics – IFN Stockholm) pour leur examen approfondi et leurs commentaires sur la première version du rapport. Ricardo Guerrero (doctorant, King's College de Londres) a fourni des travaux de recherche qui ont alimenté le chapitre 2.

Le rapport n'aurait pas été possible sans l'implication des délégués du Groupe de travail n° 2 sur l'analyse des politiques et les statistiques fiscales (GT2) qui ont répondu au « questionnaire de l'OCDE sur les impôts sur les successions et les donations », sur lequel s'appuie en grande partie l'analyse contenue dans ce document, et qui ont fait des commentaires à différents stades de l'élaboration du rapport.

Ce rapport a été approuvé par les délégués du GT2 le 15 mars 2021 et par les délégués du Comité des affaires fiscales (CAF) le 14 avril 2021. Il a été préparé pour publication par le Secrétariat de l'OCDE.

Table des matières

GRAPHIQUES

TABLEAUX

Suivez les publications de l'OCDE sur :

http://twitter.com/OECD_Pubs

http://www.facebook.com/OECDPublications

http://www.linkedin.com/groups/OECD-Publications-4645871

http://www.youtube.com/oecdilibrary

http://www.oecd.org/oecddirect/

Ce livre contient des... StatLinks

Accédez aux fichiers Excel® à partir des livres imprimés !

En bas des tableaux ou graphiques de cet ouvrage, vous trouverez des *StatLinks*. Pour télécharger le fichier Excel® correspondant, il vous suffit de retranscrire dans votre navigateur internet le lien commençant par : *https://doi.org*, ou de cliquer sur le lien depuis la version PDF de l'ouvrage.

Résumé

Ce rapport procède à une évaluation comparative de l'imposition des successions dans les pays de l'OCDE, et analyse le rôle que les impôts sur les successions et les donations pourraient jouer en matière de collecte de recettes publiques, de réduction des inégalités et de renforcement de l'efficacité des systèmes fiscaux à l'avenir. Le rapport fournit des données sur la répartition et l'évolution du patrimoine et des héritages des ménages, évalue les arguments en faveur de l'imposition des successions, ainsi que les arguments inverses, et examine la conception des impôts sur les successions et les donations dans les pays de l'OCDE. Il conclut en suggérant un certain nombre d'options de réforme que les gouvernements pourraient envisager de mettre en œuvre afin d'améliorer la conception et le fonctionnement des impôts sur les transmissions de patrimoine.

L'impôt sur les successions pourrait jouer un rôle particulièrement important dans le contexte actuel. Les inégalités de patrimoine sont toujours élevées et se sont accentuées dans certains pays au cours des dernières décennies. Les successions sont en outre inégalement réparties entre les ménages, et les personnes plus riches sont davantage susceptibles de recevoir un héritage et cet héritage est généralement d'une valeur supérieure. À l'avenir, les successions sont susceptibles d'augmenter en valeur (si l'évolution des prix des actifs continue sur une trajectoire ascendante) et en nombre (avec le vieillissement de la génération du baby-boom). En outre, compte tenu de l'augmentation de l'espérance de vie, on s'attend à une concentration accrue des richesses entre les mains des plus âgés. Ces tendances pourraient amplifier les inégalités. Pour faire face à la crise du COVID-19, les pays vont également devoir générer des recettes supplémentaires et remédier aux inégalités, qui se sont creusées depuis le début de la pandémie.

24 pays de l'OCDE prélèvent des impôts sur les successions. La plupart des pays appliquent un impôt sur les successions calculé en fonction du bénéficiaire. La Corée, le Danemark, les États-Unis et le Royaume-Uni, en revanche, prélèvent l'impôt sur l'ensemble du patrimoine du donateur défunt. L'Irlande prélève un impôt sur les successions et les donations reçues par les bénéficiaires au cours de leur vie. Parmi les pays de l'OCDE qui ne taxent ni les parts d'héritage ni la masse successorale, neuf ont supprimé ce type d'impôt depuis le début des années 70.

La conception des impôts sur les successions et donations est très variable d'un pays à l'autre. Une des principales différences concerne le montant de patrimoine qui peut être transmis en franchise d'impôt. Les seuils d'exonération sont généralement plus élevés pour les proches parents, mais ils varient considérablement selon les pays, allant par exemple de 17 000 USD en Belgique (région de Bruxelles-Capitale) à plus de 11 millions USD aux États-Unis pour les transmissions aux enfants. On constate également d'importantes variations des taux d'imposition entre pays. La plupart des pays imposent des taux progressifs, mais près d'un tiers appliquent des taux d'imposition forfaitaires, et le niveau des taux varie beaucoup. Le traitement fiscal des donations varie lui aussi d'un pays à l'autre, même si les donations du vivant bénéficient souvent d'un traitement fiscal préférentiel par rapport aux transmissions de patrimoine effectuées au moment du décès du donateur.

Dans divers pays, néanmoins, de nombreuses dispositions ont réduit l'assiette des impôts sur les successions, ce qui nuit aux recettes fiscales, à l'efficacité et à l'équité. Aujourd'hui, seulement 0.5 %

en moyenne des recettes fiscales totales provient de ces impôts dans les pays de l'OCDE qui les prélèvent. Le faible niveau des recettes fiscales s'explique en grande partie par des assiettes fiscales étroites et des possibilités d'optimisation fiscale. Dans un certain nombre de pays, la plupart des successions échappent à l'impôt en grande partie en raison du traitement fiscal très préférentiel dont bénéficient les transmissions de patrimoine à de proches parents et des exonérations appliquées aux transmissions de certains actifs (ex. résidence principale, actifs commerciaux et agricoles, plans d'épargne retraite et assurances-vie). Dans certain pays, les impôts sur les successions et les donations peuvent être largement évités grâce aux donations du vivant qui bénéficient d'un traitement fiscal plus favorable. D'autres possibilités d'optimisation fiscale (ex. séparation de la nue propriété de l'usufruit, utilisation de règles de valorisation préférentielles) permettent également aux contribuables de minimiser leur impôt sur les successions ou les donations. Non seulement certains de ces exonérations et abattements réduisent très sensiblement les recettes perçues, mais ils bénéficient aussi souvent davantage aux ménages les plus riches, ce qui nuit à la progressivité des impôts sur les successions et les donations.

Selon le rapport, des impôts sur les successions bien conçus permettraient d'augmenter les recettes publiques et d'améliorer l'équité, en générant moins de coûts d'efficacité et de coûts administratifs que d'autres impôts. Du point de vue de l'équité, un impôt sur les successions, notamment s'il cible des niveaux relativement élevés de transmissions de patrimoine, peut être un levier important pour renforcer l'égalité des chances et réduire la concentration des richesses. L'argument en faveur d'un impôt sur les successions pourrait peser plus lourd dans les pays où l'imposition effective des revenus du capital et du patrimoine des personnes physiques tend à être faible. Du point de vue de l'efficacité, bien que le nombre d'études soit limité, la littérature empirique semble suggérer que les impôts sur les successions ont des effets plus limités sur l'épargne que d'autres impôts prélevés sur les contribuables fortunés et confirme leur effet incitatif sur les héritiers, qui sont encouragés à travailler davantage, et sur les dons caritatifs des donateurs. En outre, si les impôts sur les successions peuvent avoir des effets négatifs sur la transmission d'une entreprise familiale (selon la conception de l'impôt), ils peuvent toutefois limiter les risques de transmission de capital à des héritiers moins qualifiés. Les impôts sur les successions comportent aussi un certain nombre d'avantages administratifs par rapport aux autres types d'impôts sur le patrimoine, surtout ceux qui sont prélevés annuellement.

La conception des impôts sur les successions et les donations est déterminante ; elle garantit leur capacité à atteindre leurs objectifs. Le rapport suggère un certain nombre d'options de réforme que les pays peuvent envisager de mettre en œuvre afin d'améliorer le potentiel d'augmentation des recettes, mais aussi l'efficacité et l'équité des impôts sur les successions et les donations.

Le rapport conclut qu'un impôt sur le patrimoine reçu par chaque bénéficiaire peut être plus équitable qu'un impôt sur le patrimoine total transmis par les donateurs. Si l'objectif est de promouvoir l'égalité des chances, il convient d'accorder davantage d'importance au montant de patrimoine reçu par chaque bénéficiaire, et éventuellement à la situation personnelle de celui-ci, qu'au montant total de patrimoine légué par le donateur. Cette approche permet d'appliquer des taux d'imposition progressifs sur le montant de patrimoine reçu par les bénéficiaires. Un impôt calculé en fonction du bénéficiaire présente comme autre avantage d'encourager une plus grande répartition des successions et de réduire davantage la concentration des richesses, la répartition de l'héritage entre plusieurs bénéficiaires limitant la charge fiscale totale. D'un autre côté, contrairement à un impôt prélevé sur le patrimoine reçu par chaque bénéficiaire, un impôt prélevé sur le patrimoine total transmis par les donateurs peut être plus facile à collecter, dans la mesure où il est prélevé sur la totalité de la succession, plutôt que sur chaque héritage reçu séparément.

Une approche particulièrement équitable et efficace consisterait à imposer les bénéficiaires sur les donations et les héritages qu'ils reçoivent tout au long de leur vie, sous la forme d'un impôt sur les transmissions de patrimoine à l'échelle d'une vie. De cette façon, la charge fiscale sur chaque transmission de patrimoine serait déterminée en tenant compte du montant de patrimoine précédemment reçu par le bénéficiaire. Cet impôt pourrait être prélevé dès lors que serait franchi un seuil d'exonération fiscale applicable à l'échelle d'une vie, c'est-à-dire un montant de patrimoine que les bénéficiaires seraient en droit de recevoir libre d'imposition au cours de leur vie (donations et héritages compris). Le fait de prendre en compte le patrimoine déjà reçu par les bénéficiaires offrirait la garantie qu'une personne qui reçoit plus de patrimoine au cours de sa vie paie plus d'impôts sur les héritages que celle qui en reçoit moins, notamment si les taux d'imposition sont progressifs. Cela garantirait également que des bénéficiaires recevant des montants de patrimoine identiques sous des modalités différentes (plusieurs transmissions de moindre valeur ou une transmission unique de valeur plus conséquente) soient soumis à une charge fiscale similaire, ce qui renforcerait l'équité et réduirait les possibilités d'optimisation fiscale. Toutefois, un tel impôt pourrait augmenter les coûts d'administration pour les autorités fiscales et les obligations fiscales des contribuables.

Quel que soit le type d'impôt sur les transmissions de patrimoine appliqué, les pays peuvent envisager différentes options de réforme. Les seuils d'exonération fiscale devraient être conçus de manière à exempter les héritages de faible valeur, en permettant aux bénéficiaires de recevoir de petits montants de patrimoine en franchise d'impôt. Les pays qui appliquent des taux d'imposition forfaitaires pourraient envisager d'adopter des taux progressifs pour faire en sorte que ceux qui reçoivent davantage de patrimoine soient davantage imposés. Il conviendrait de réduire les écarts entre le traitement fiscal accordé aux transmissions aux descendants directs et celui s'appliquant aux transmissions à des héritiers plus éloignés lorsque ces écarts sont particulièrement importants. Le fait d'appliquer des taux d'imposition plus élevés pour les transmissions à des membres de la famille éloignés incite encore davantage les donateurs à concentrer leurs transmissions de patrimoine entre les membres de la famille proche. Les taux d'imposition élevés sur le patrimoine reçu de donateurs ayant un lien de parenté éloigné peuvent également s'avérer discutables lorsque les bénéficiaires n'ont pas reçu de montants importants de leurs parents. Il faudrait également mettre en place des mesures destinées à aider les contribuables à surmonter les problèmes de liquidité.

Il conviendrait de réduire les possibilités de planification et d'optimisation fiscales grâce à une meilleure conception de ces impôts, et d'intensifier les efforts de lutte contre la fraude fiscale. Il est essentiel de maintenir des assiettes fiscales larges, notamment en supprimant les exonérations et les allégements fiscaux pour lesquels il n'existe pas de justification tangible et qui ont tendance à être régressifs. Lorsque le maintien des allégements fiscaux peut se justifier davantage (ex. résidence principale, actifs commerciaux), les pays doivent appliquer des critères stricts, examiner attentivement l'éligibilité et éventuellement plafonner la valeur de l'allégement fiscal. Il faudrait mieux aligner le traitement fiscal des héritages et des donations. Ainsi, lorsque des abattements sur les donations font l'objet d'un renouvellement périodique, ils doivent faire l'objet d'une évaluation et d'un examen attentifs lorsqu'ils permettent aux transmissions de patrimoine d'échapper en grande partie à l'impôt. De façon plus générale, des mesures doivent être prises pour empêcher l'évasion et la fraude fiscales. Avec la montée en puissance du numérique dans l'économie, le renforcement des obligations déclaratives, notamment pour les déclarations de tiers, pourrait contribuer grandement à améliorer le suivi et l'application des impôts sur les successions.

Le rapport propose également des options pour surmonter les obstacles politiques souvent associés aux réformes de l'impôt sur les successions. Le fait de fournir des informations sur la répartition des héritages et les inégalités peut jouer un rôle important pour rendre l'impôt sur les successions plus acceptable par la société dans son ensemble. De la même façon, étant donné que les contribuables ont tendance à surestimer, parfois de façon très importante, la part des transmissions de patrimoine imposables et les taux effectifs de l'impôt sur les successions, le fait de leur fournir des informations sur le fonctionnement de ces impôts, et d'expliquer à qui ils s'appliquent, peut s'avérer très utile. En outre, la réorientation des réformes fiscales autour des questions d'équité et d'égalité des chances peut jouer un rôle important, surtout si elle va de pair avec une modification des règles fiscales visant à répondre aux préoccupations du public, en particulier en ce qui concerne les questions d'optimisation et d'évasion fiscale.

Le rapport souligne l'importance de prendre en compte les circonstances propres à chaque pays pour évaluer la nécessité et la conception appropriée des impôts sur les successions et les donations. Les niveaux d'inégalité du patrimoine et les capacités administratives des pays sont des éléments importants à prendre en compte, de même que les autres impôts qui sont prélevés sur le revenu du capital et sur les actifs.

Le rapport indique également que l'impôt sur les successions n'est pas une solution miracle, et que des réformes complémentaires seront nécessaires. Le rapport souligne en particulier l'importance d'instaurer des impôts bien conçus sur les revenus du capital, notamment sur les plus-values. L'OCDE poursuivra ses travaux dans le domaine de l'imposition du capital, en mettant plus particulièrement l'accent sur l'imposition des revenus du capital des personnes physiques et l'imposition des hauts revenus. Ces travaux sont conçus pour aider les pays à identifier les réformes qui pourraient renforcer le rôle des systèmes fiscaux dans la réduction des inégalités. Ils permettront aux pays de mettre à profit l'occasion majeure qui se présente pour repenser l'imposition du capital des personnes physiques, à la lumière des progrès réalisés sur le plan de la transparence fiscale internationale, en particulier avec la mise en œuvre de l'échange automatique de renseignements sur les comptes financiers à des fins fiscales.

Notes

[1] La Colombie est exclue car elle est devenue membre de l'OCDE après l'achèvement de l'exercice de collecte de données.

1 Patrimoine et héritages des ménages

Le chapitre 1 examine le niveau et la répartition du patrimoine et des héritages des ménages. Il livre un aperçu du niveau, de la composition et de l'évolution du patrimoine des ménages, puis aborde la question de la répartition et de l'évolution des héritages et des donations. Les caractéristiques des inégalités en matière de patrimoine, d'héritages et de donations sont importantes dans le contexte de l'imposition des transferts de patrimoine intervenant au moment du décès.

Ce chapitre examine le niveau et la répartition du patrimoine et des héritages des ménages. Les premières sections s'intéressent au niveau, à la composition et à l'évolution du patrimoine des ménages. Il est important d'analyser le niveau des inégalités de patrimoine, ainsi que les caractéristiques de son accumulation à l'échelle d'une vie dans le contexte de l'imposition des transferts de patrimoine intervenant au moment du décès. La composition du patrimoine des ménages aura également des conséquences sur le potentiel de recettes fiscales et l'administration de l'impôt sur les successions, et sera un facteur déterminant de ses effets économiques et redistributifs. La dernière section porte sur l'évolution et la répartition des donations et des successions. Il s'agit d'un aspect important, car la répartition des héritages et des donations, et leur importance dans le patrimoine privé peuvent influer sur les effets de l'impôt sur les successions.

Ce chapitre montre que le patrimoine et les héritages des ménages sont inégalement répartis, et que leur niveau va vraisemblablement augmenter à l'avenir. Si les niveaux de patrimoine des ménages varient d'un pays à l'autre, ils ont sensiblement augmenté ces dernières années dans plusieurs d'entre eux. La répartition du patrimoine illustre en partie les comportements liés au cycle de vie, en ceci que les individus accumulent et consomment du patrimoine tout au long de leur vie, mais que ce patrimoine reste très concentré entre les mains des plus riches. Les ménages les moins fortunés possèdent un patrimoine net faible ou négatif. L'immobilier constitue la composante principale du patrimoine pour la plupart des ménages, mais les ménages du quintile supérieur possèdent l'essentiel du patrimoine immobilier. Les actifs financiers sont encore plus inégalement répartis, et ils représentent une part plus importante du patrimoine des ménages les plus aisés. Ce chapitre montre aussi que les transferts de patrimoine sont inégalement répartis, les ménages fortunés déclarant avoir reçu des héritages et des donations plus nombreux et d'une valeur supérieure. Les transferts de patrimoine peuvent cependant avoir un effet égalisateur pour les ménages pauvres, lorsque l'héritage reçu est important au regard de leur patrimoine global. Le patrimoine détenu par le 1 % des ménages les plus aisés, et la part du patrimoine transmis par héritage dans le patrimoine privé ont augmenté dans certains pays au cours des dernières décennies. Ces tendances vont vraisemblablement se maintenir, et pourraient s'accentuer sous l'effet de la hausse continue des prix des actifs et du vieillissement démographique, ce qui pourrait avoir des répercussions importantes en matière de redistribution.

1.1. Le niveau du patrimoine des ménages dans les pays de l'OCDE et son évolution dans le temps

Le patrimoine brut moyen des ménages s'élève à 336 746 USD[1] en moyenne dans 28 des pays membres de l'OCDE pour lesquels des données sont disponibles. Le Graphique 1.1 montre que le patrimoine brut moyen des ménages est loin d'être uniforme dans les pays membres de l'OCDE, et varie de 83 449 USD en Lettonie à 893 440 USD au Luxembourg. Le patrimoine brut correspond au patrimoine total d'un ménage, tandis que le patrimoine net mesure le patrimoine dont disposent les ménages une fois les dettes déduites. Dans les pays de l'OCDE, le patrimoine net moyen s'élève à 286 739 USD (de 70 280 USD en Lettonie à 793 008 USD au Luxembourg). Le montant moyen des dettes va de 9 798 USD en République slovaque à 129 005 USD en Norvège, et s'élève à 50 007 USD en moyenne dans la zone OCDE. Les pays où le patrimoine brut moyen des ménages est plus faible sont aussi ceux où le montant moyen des dettes est en général moins élevé, mais ce n'est pas le cas de tous les pays. Au Danemark, le patrimoine brut moyen s'élève à 222 333 USD, mais la dette des ménages représentent près de la moitié de ce montant[2].

Graphique 1.1. Dettes et patrimoine moyens des ménages

2015 ou dernière année disponible

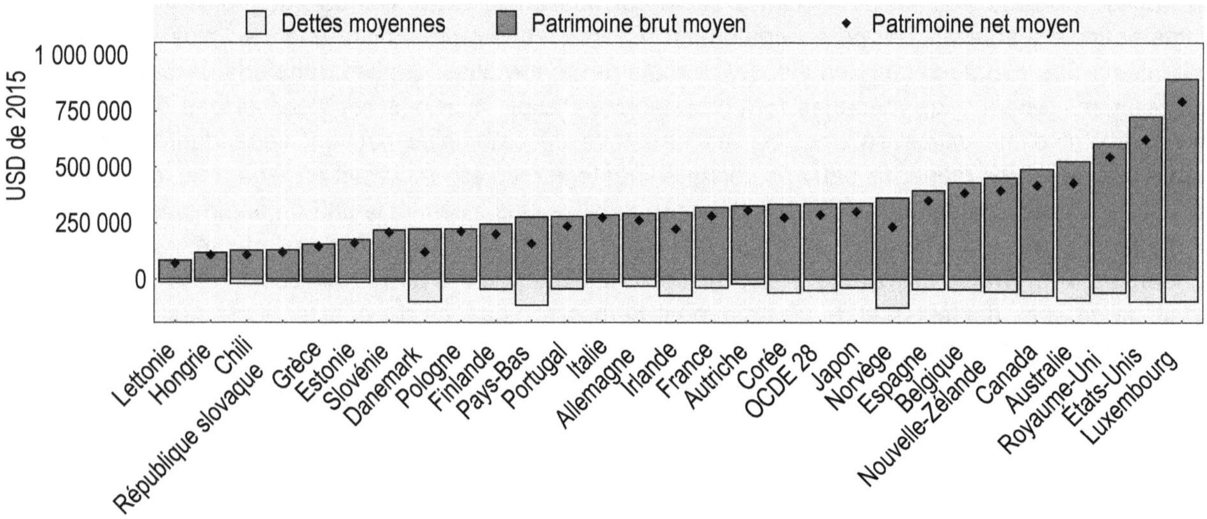

Note : Aux Pays-Bas, le patrimoine net moyen des ménages est probablement sous-évalué, car il ne prend pas en compte les pensions professionnelles, qui sont une composante importante du patrimoine de nombreux ménages néerlandais.
Source : Base de données de l'OCDE sur la distribution des richesses, oe.cd/wealth.

StatLink https://stat.link/esk1af

Encadré 1.1. Mesurer le patrimoine des ménages

Ce chapitre tire largement parti de la base de données de l'OCDE sur la distribution des richesses (oe.cd/wdd). Celle-ci contient des données microéconomiques de qualité et comparables sur le patrimoine des ménages dans les pays de l'OCDE. Les données proviennent des pays participants ou sont calculées en interne à partir des microdonnées disponibles. Les comptes des ménages issus des comptes nationaux fournissent des données macroéconomiques comparables de qualité sur les actifs des ménages dans les pays de l'OCDE, et complètent l'analyse.

Base de données sur la distribution des richesses

La base de données de l'OCDE sur la distribution des richesses contient des estimations sur le patrimoine des ménages et sa composition[3] pour 28 pays membres de l'OCDE. Dans 11 pays, ces estimations sont établies à partir d'un questionnaire rempli par les points de contact nationaux des offices statistiques de chaque pays et les banques centrales qui collectent régulièrement des données microéconomiques sur le patrimoine des ménages. Dans trois de ces 11 pays (Danemark, Norvège et Pays-Bas), les données fournies proviennent des registres fiscaux et administratifs, et d'enquêtes réalisées auprès des ménages dans les huit autres (Australie, Canada, Chili, Corée, États-Unis, Japon, Nouvelle-Zélande, et Royaume-Uni [Grande-Bretagne uniquement]).

Les estimations pour les 17 pays qui participent à l'enquête de l'Eurosystème sur les finances et la consommation des ménages (HFCS) (Allemagne, Autriche, Belgique, Espagne, Estonie, Finlande, France, Grèce, Hongrie, Irlande, Italie, Lettonie, Luxembourg, Pologne, Portugal, République slovaque, Slovénie) sont établies en interne à partir du fichier à usage public fourni par la Banque centrale européenne.

Les concepts adoptés dans la base de données de l'OCDE sur la distribution des richesses sont conformes à ceux qui sont utilisés dans la publication *OECD Guidelines for Micro Statistics on Household Wealth* (OECD, 2013[1]). En dépit des efforts mis en œuvre pour faire en sorte que tous les pays appliquent les mêmes traitements et classifications, les indicateurs inclus dans la base de données de l'OCDE sur la répartition des richesses présentent des différences qui peuvent limiter leur comparabilité. Trois des plus importantes sont les suivantes : i) différences quant à l'année de collecte des données ; ii) différences relatives au suréchantillonnage des ménages aisés, ce qui peut avoir une incidence sur la comparaison des niveaux comme des concentrations de patrimoine des ménages ; iii) différences quant au concept de revenu utilisé ; si la plupart des enquêtes consacrées au patrimoine fournissent des informations sur le revenu disponible des ménages, les pays concernés par l'enquête HFCS utilisent le concept de revenu brut (à l'exception de l'Italie et de la Finlande). La comparabilité entre les pays des estimations concernant la répartition conjointe du revenu et du patrimoine s'en trouve limitée. Balestra et Tonkin (2018[2]) proposent une analyse comparative détaillée de ces différences, notamment s'agissant de la disponibilité des données par pays et par année et du degré de suréchantillonnage.

Dans la base de données de l'OCDE sur la répartition des richesses, les valeurs en dollars sont exprimées en monnaie nationale et à prix courants, tandis que dans ce chapitre, les valeurs en dollars sont exprimées en dollars de 2015.

Comptes des ménages issus des comptes nationaux

Les comptes des ménages tirés des comptes nationaux fournissent une autre source de données permettant de mesurer le patrimoine des ménages. Le premier élément du patrimoine des ménages est constitué par les actifs financiers, qui incluent le numéraire et les dépôts, les titres de créance, les actions, les parts de fonds d'investissement, les droits sur les assurances vie et rentes, ainsi que les droits à pension, les droits des fonds de pension sur les gérants des systèmes de pension et les droits à des prestations autres que de pension. En raison des différences institutionnelles dans la manière dont les systèmes de retraite sont organisés, dans les pays où les régimes de retraite par capitalisation sont très développés, davantage de réserves sont comptabilisées dans le patrimoine des ménages au titre des retraites ; la prudence s'impose donc lorsqu'on compare la situation entre les pays.

Les actifs non financiers, notamment les terrains et logements, les machines et équipements, les actifs de propriété intellectuelle et autres actifs utilisés dans la production, comme les véhicules appartenant à des chauffeurs de taxi, constituent le deuxième élément du patrimoine des ménages. À l'exception des logements, les actifs non financiers excluent les actifs qui ne sont pas utilisés à des fins de production, comme les véhicules individuels. Dans certains pays, les données sur les actifs non financiers ne sont pas disponibles dans les comptes nationaux, mais ce chapitre concerne exclusivement les pays pour lesquels on dispose de données sur le patrimoine financier et non financier. Ces indicateurs sont établis selon le système de comptabilité nationale de 2008.

Différences entre la base de données sur la distribution des richesses et les comptes des ménages issus des comptes nationaux

Les différences entre les statistiques macroéconomiques issues des comptes nationaux et les statistiques microéconomiques tirées de la base de données sur la distribution des richesses tiennent à plusieurs facteurs. Les statistiques microéconomiques se rapportent aux ménages considérés séparément et peuvent être utilisées pour calculer des estimations par catégorie, tandis que les statistiques macroéconomiques mesurent le secteur des ménages dans son ensemble. En conséquence, les données issues des comptes nationaux couvrent une population plus large que celle de la base de données, notamment les actifs détenus par des organismes à but non lucratif et des personnes vivant dans des établissements communaux, mais ne peuvent être utilisées pour réaliser des estimations catégorielles. Les comptes nationaux mesurent des types d'actifs pour lesquels il existe des données macroéconomiques plus complètes, comme les pensions professionnelles, et non le patrimoine constitué de biens de consommation durable comme les véhicules. Ces types d'actifs, mesurés par la base de données, constituent généralement une composante plus importante du patrimoine des ménages moins fortunés. Enfin, les données issues des comptes nationaux sont disponibles pour un plus grand nombre d'années et de pays que celles provenant de la base de données. Les données tirées des comptes nationaux et de la base de données sur la distribution des richesses ne sont par conséquent que très peu comparables.

Balestra et Tonkin (2018[2]) constatent que les actifs des ménages par habitant, tels que mesurés par les comptes nationaux, sont systématiquement supérieurs au patrimoine moyen par personne issu de la base de données sur la distribution des richesses. Des travaux sont en cours afin de comparer les données micro et macroéconomiques concernant le patrimoine des ménages, et à l'avenir, des statistiques plus cohérentes sur la situation financière des ménages devraient être disponibles. On trouvera de plus amples informations concernant la base de données sur la distribution des richesses, y compris des comparaisons avec les comptes nationaux, dans Balestra et Tonkin (2018[2]).

Microdonnées sur les contribuables provenant de l'administration fiscale

Une étude récente a mis en lumière le potentiel des microdonnées issues des dossiers fiscaux des contribuables pour l'analyse des politiques fiscales (Kennedy, 2019[3]). Les données de l'administration fiscale présentent plusieurs avantages par rapport à celles issues des enquêtes. Elles prennent en compte la totalité de la population des contribuables, ne sont pas confrontées à des problèmes de non-réponse ou de répondants qui quittent les enquêtes longitudinales, et permettent de constituer des échantillons de taille nettement supérieure à celle des enquêtes. Il s'agit d'une source de données qui se prête parfaitement à certains types d'analyse, notamment sur la dynamique des revenus ou la mobilité dans la distribution des revenus. Les données de l'administration fiscale sur le patrimoine et les transferts de patrimoine sont cependant moins complètes que celles concernant les revenus dans de nombreux pays. Cela peut tenir à des seuils de déclaration élevés applicables aux donations et successions, à des pratiques d'optimisation ou de fraude fiscales, ou bien au fait que tel ou tel pays ne prélève aucun impôt nécessitant une déclaration à l'administration fiscale de la part des contribuables, comme un impôt net sur le patrimoine, ou un impôt sur les successions ou les donations. Les travaux à venir sur les statistiques en matière de patrimoine pourront s'appuyer sur des sources de données combinées, et tirer parti des avantages comparatifs des données issues des enquêtes, des données provenant des comptes nationaux et des microdonnées sur les contribuables.

Le patrimoine moyen peut donner une représentation artificiellement gonflée du patrimoine des ménages en raison de l'importance des actifs détenus par les ménages les plus aisés. Le patrimoine médian mesure au contraire le patrimoine détenu par les ménages situés au milieu de l'échelle de distribution du patrimoine, et est moins faussé par la présence de valeurs aberrantes. Le Graphique 1.2 montre que dans certains pays, le patrimoine moyen est sensiblement plus élevé que le patrimoine médian. Les États-Unis se classent au deuxième rang pour le patrimoine net moyen des ménages (624 225 USD), mais au huitième rang pour le patrimoine médian (76 436 USD). Le Luxembourg est le pays où le patrimoine net moyen et médian est le plus élevé de tout l'échantillon, même si, à l'instar de tous les autres pays représentés dans le Graphique 1.2, le patrimoine net moyen est supérieur au patrimoine net médian.

Graphique 1.2. Patrimoine net moyen et médian des ménages

2015 ou dernière année disponible

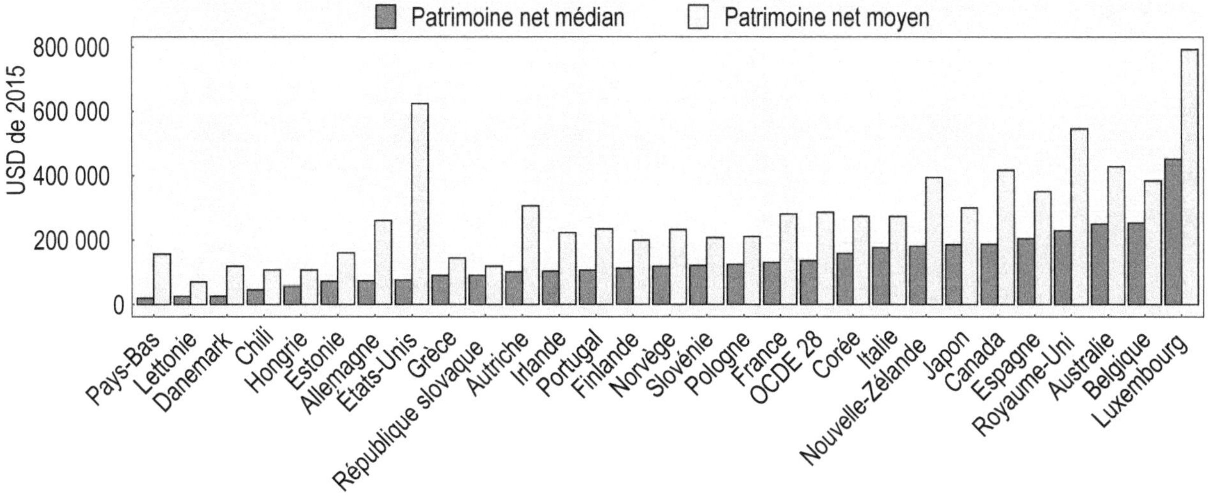

Note : Aux Pays-Bas, le patrimoine net moyen des ménages est probablement sous-évalué, car il ne prend pas en compte les pensions professionnelles, qui sont une composante importante du patrimoine de nombreux ménages néerlandais.
Source : Base de données de l'OCDE sur la distribution des richesses, oe.cd/wealth, (Balestra et Tonkin, 2018[2]).

StatLink https://stat.link/5cuisj

Le patrimoine des ménages a considérablement augmenté dans certains pays au fil du temps. En complément des données sur le patrimoine moyen des ménages, le Graphique 1.3 présente les actifs des ménages par habitant, et utilise les données issues des comptes nationaux pour mesurer la richesse détenue par les individus (voir Encadré 1.1). Ce graphique montre l'évolution des actifs des ménages, dont la valeur a été fixée à 100 pour l'année de référence (1995 pour tous les pays à l'exception du Mexique (2003) et de la Corée (2008), car on ne disposait pas de données relatives aux années antérieures pour ces deux pays). On observe que le patrimoine des ménages a augmenté dans tous les pays représentés dans le Graphique 1.3, et de manière sensible dans certains d'entre eux. Entre 1995 et 2019, le patrimoine par habitant a presque triplé en France, et a plus que doublé au Canada et au Royaume-Uni. Les hausses ont été moins importantes, bien qu'elles soient notables, dans les pays pour lesquels on disposait de données depuis moins d'années, notamment le Mexique (66 points de base entre 2003 et 2018) et la Corée (27 points de base entre 2008 et 2018). Le patrimoine par habitant a progressé lentement dans certains pays, dont le Japon et la République tchèque, qui ont maintenu une trajectoire de croissance régulière pendant la crise financière de 2008-2009, tandis que le patrimoine par habitant diminuait fortement dans les pays où il était plus élevé.

Graphique 1.3. Actifs financiers et non financiers des ménages, par habitant, période 1995-2019, sélection de pays

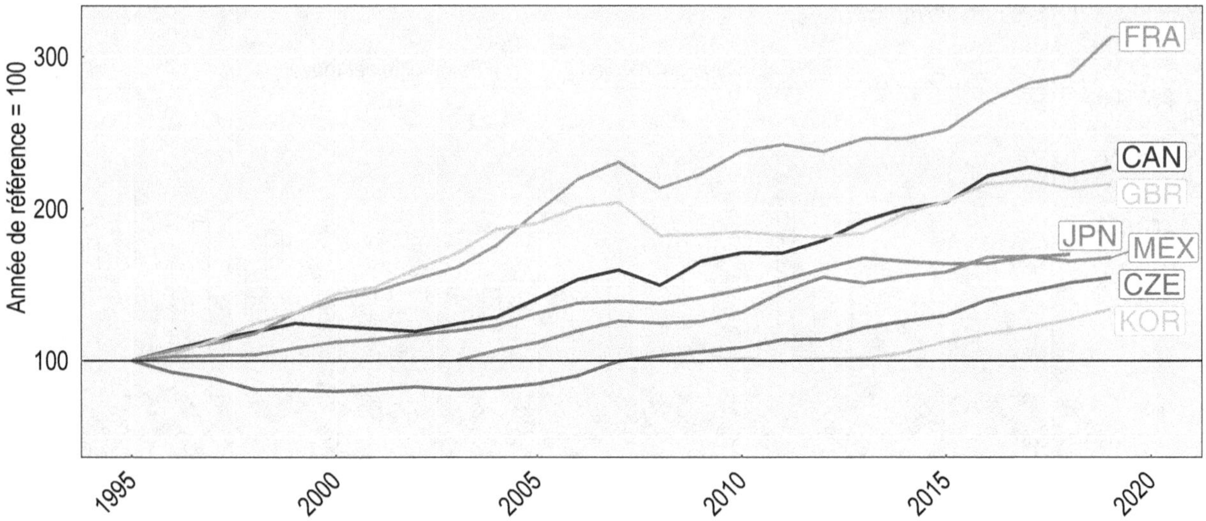

Note : L'année de référence est 1995 pour tous les pays, sauf pour le Mexique (2003) et la Corée (2008), où l'année de référence est la première année pour laquelle des données sont disponibles. L'année de référence est matérialisée par une ligne verticale.
Source : Comptes nationaux de l'OCDE.

StatLink https://stat.link/gxsj8z

L'évolution des taux d'épargne et des prix des logements et des actions, qui sont des catégories d'actifs très répandues, permet de mieux comprendre les variations globales du patrimoine net, car les taux d'épargne et l'évolution des prix des actifs déterminent le patrimoine des ménages au fil du temps. Le Graphique 1.4 met en parallèle l'évolution du patrimoine net moyen à celle de trois facteurs : les prix des logements, les cours des actions, et les taux d'épargne. Ces trois graphiques illustrent le rapport qui existe entre le patrimoine des ménages et les tendances macroéconomiques plus générales, mais d'autres variables, comme un faible niveau de taux d'intérêt, peuvent aussi influer sur le patrimoine des ménages (Hviid et Kuchler, 2017[4]).

Le Graphique 1.4 montre qu'il existe une relation étroite entre l'évolution du patrimoine net et celle des prix des logements et des actions. Le patrimoine net a diminué dans la plupart des pays où les prix des logements et les cours des actions ont baissé, tandis qu'il a augmenté dans la plupart de ceux où les prix des logements et les cours des actions ont augmenté. Il existe toutefois des différences entre les pays en termes de croissance du patrimoine net pour un taux donné de hausse des prix des logements et des cours des actions. Par exemple, les prix des logements ont augmenté de 1.2 % environ en Corée et en Norvège, mais le patrimoine net a diminué de 0.9 % dans le premier, cependant qu'il a augmenté de 6.8 % dans le second. Dans une minorité de pays, l'augmentation des prix des logements ou des cours des actions est allée de pair avec une diminution du patrimoine net et inversement. Les prix des logements ont augmenté en Autriche, et les cours des actions se sont appréciés en Belgique, alors que le patrimoine net a diminué dans le même temps. Bien que dans aucun des pays étudiés on n'ait observé d'augmentation du patrimoine net sans une hausse des prix des logements, au Chili et au Luxembourg, le patrimoine net des ménages a augmenté, alors même que les cours des actions diminuaient.

Les taux d'épargne bruts des ménages semblent avoir un impact plus faible sur le patrimoine net. Deux pays, la Grèce et le Portugal, affichaient des taux d'épargne négatifs, et tous deux ont enregistré une baisse du patrimoine net, des prix des logements et des cours des actions. Trois pays, l'Italie, l'Espagne et la Slovaquie, affichaient des taux d'épargne inférieurs à 5 %, et une croissance négative des prix des logements et des cours des actions. La solidité du lien qui existe entre des taux d'épargne élevés et une augmentation du patrimoine net diffère selon les pays, car pour un taux d'épargne donné, on observe des variations importantes du patrimoine net. Par exemple, l'Australie et l'Autriche affichaient des taux d'épargne de 7.4 % et 7.6 %, respectivement, mais le patrimoine net a diminué de 2.7 % en Autriche, alors qu'il a augmenté de 2.2 % en Australie. Il convient de noter toutefois que le rapport entre patrimoine et taux d'épargne s'est peut-être distendu au cours de la période 2010-2015 en raison de la forte hausse des prix des actifs.

Graphique 1.4. Évolution du patrimoine net et sélection de facteurs d'accumulation de patrimoine

2010 à 2015 ou dernières années disponibles

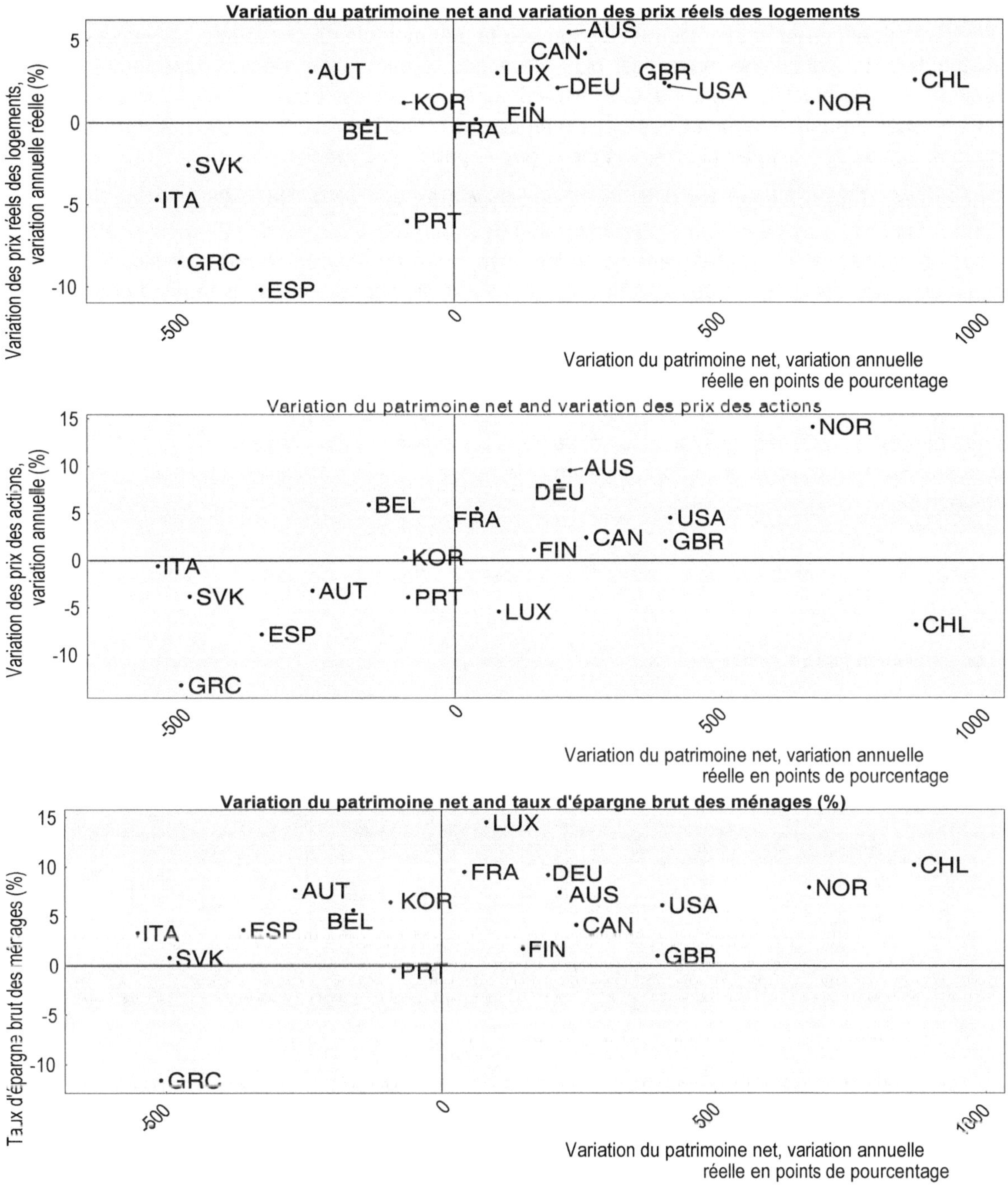

Note : Le taux d'épargne net des ménages mesure l'épargne nette totale, y compris l'épargne retraite obligatoire, en pourcentage du revenu net disponible des ménages.

Source : Tous les indicateurs sont disponibles dans Balestra et Tonkin (2018[2]). Les indicateurs, hormis celui mesurant l'évolution du patrimoine net, sont disponibles dans la base de données des comptes nationaux de l'OCDE (http://stats.oecd.org/Index.aspx?DataSetCode=NAAG), et dans la base de données des principaux indicateurs économiques (http://stats.oecd.org/Index.aspx?DataSetCode=MEI).

StatLink https://stat.link/uqprd5

1.2. La répartition du patrimoine des ménages

Dans la plupart des pays, le patrimoine est très concentré entre les mains des plus riches[4]. Un indicateur simple de l'inégalité, le rapport entre le patrimoine médian et le patrimoine moyen, permet de s'en rendre compte. Le patrimoine médian rend compte plus fidèlement du patrimoine détenu par un ménage « type » situé dans la partie intermédiaire de l'échelle de répartition du patrimoine, alors que le patrimoine moyen est influencé par la présence de valeurs aberrantes élevées, si bien que le patrimoine moyen sera supérieur au patrimoine médian lorsque le patrimoine est concentré au sommet de l'échelle de distribution. Le patrimoine moyen est plus élevé que le patrimoine médian dans tous les pays du Graphique 1.2. Le graphique montre que le patrimoine moyen est entre 1.3 et 4.7 fois supérieur au patrimoine médian dans la plupart des pays membres de l'OCDE. Aux États-Unis et aux Pays-Bas, le patrimoine moyen est plus de huit fois plus élevé que le patrimoine médian.

En moyenne, dans 27 pays de l'OCDE (Graphique 1.5), les 10 % de ménages les plus riches détiennent la moitié de l'ensemble du patrimoine des ménages. La part du patrimoine détenue par les 10 % des ménages les plus aisés varie selon les pays, entre un tiers en République slovaque à quatre cinquièmes aux États-Unis. En outre, même au sein du décile supérieur, les niveaux de patrimoine sont très inégaux. La part du patrimoine total détenue par les ménages situés entre le 90e et le 95e centile varie de 11 % (en Slovénie) à 17 % (au Danemark), et celle détenue par les ménages situés entre le 96e et le 99e centile varie de 14 % (en République slovaque) à 28 % (en Lettonie). En moyenne, 18 % du patrimoine total est concentré entre les mains du 1 % des ménages les plus riches. La part du patrimoine détenue par le 1 % des ménages les plus riches varie sensiblement d'un pays à l'autre, de 9 % en Grèce, à 43 % aux États-Unis, pays où la part du patrimoine possédé par les 10 % les plus riches est également la plus élevée.

Graphique 1.5. Part du patrimoine net total des ménages détenue par les 10 % les plus riches en termes de patrimoine

2015 ou dernière année disponible

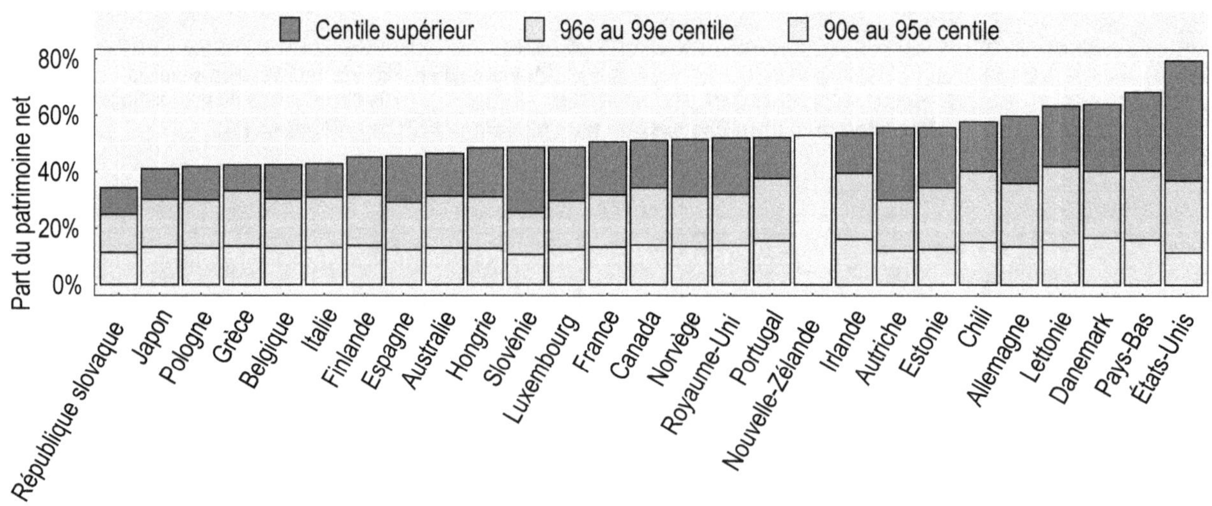

Note : Aucune donnée n'était disponible pour la Corée, pas plus que pour la Nouvelle-Zélande en ce qui concerne la répartition du patrimoine détenu par les 10 % les plus riches. Aux Pays-Bas, les chiffres ne prennent pas en compte les pensions professionnelles, qui sont une composante importante du patrimoine de nombreux ménages néerlandais.
Source : Base de données de l'OCDE sur la distribution des richesses, oe.cd/wealth.

Stat https://stat.link/tskij3

Les données issues des enquêtes peuvent sous-estimer les inégalités de patrimoine, en raison de la sous-représentation des ménages les plus riches. Les ménages les plus aisés sont sous-représentés dans les enquêtes qui sont réalisées auprès des ménages types. Des enquêtes comme l'enquête HFCS tentent de remédier au problème par un suréchantillonnage des ménages fortunés. Une étude récente sur la répartition du patrimoine en Allemagne a pallié cette lacune existante dans les données en procédant à un suréchantillonnage plus ciblé des ménages aisés, c'est-à-dire ceux dont le patrimoine net est compris entre 3 et 250 millions EUR, et en se référant à des « listes de personnes fortunées » librement accessibles (Schröder et al., 2020[5]). Les auteurs ont montré, une fois qu'il a été remédié à ce problème de données manquantes, que le patrimoine était davantage concentré entre les mains des plus riches que ce qui avait été précédemment observé. Le 1 % des ménages les plus riches détient environ 35 % du patrimoine total, contre 22 % selon les observations précédentes. On peut donc considérer que les données issues des enquêtes représentent une estimation basse des inégalités de patrimoine, que l'on peut compléter par des sources telles que les « listes de personnes fortunées » et les microdonnées tirées des déclarations fiscalesindividuelles.

Les inégalités de patrimoine ont connu une baisse séculaire dans le temps. Une analyse à long terme est utile pour montrer les tendances en matière d'inégalités de patrimoine, car celles-ci évoluent lentement en général, et les politiques visant à les réduire, comme la fiscalité des successions, mettent du temps à faire sentir leurs effets sur la répartition du patrimoine. Malheureusement, très peu de pays disposent de données à long terme sur les inégalités de patrimoine. Il convient de se montrer prudent quand il s'agit de généraliser les tendances constatées dans ces pays, dans la mesure où la croissance économique historique, la rentabilité des investissements, les impôts et transferts sociaux, et d'autres facteurs qui influent sur les inégalités de patrimoine à long terme diffèrent d'un pays à l'autre. Le Graphique 1.6 montre qu'en Allemagne, aux États-Unis, en France et au Royaume-Uni, la part du patrimoine détenue par le 1 % et les 10 % des ménages les plus riches a diminué régulièrement au cours du 20e siècle. Le Royaume-Uni a enregistré la baisse la plus importante. La part du patrimoine détenue par les 10 % des ménages les plus riches y a diminué de moitié entre 1914 et 1991, passant de 93 % à 46 %. Le Graphique 1.6 met aussi en évidence des différences en ce qui concerne les tendances en matière d'inégalités de patrimoine entre les pays. Les baisses les plus fortes de la part du patrimoine détenue par les 10 % des ménages les plus riches se sont produites dans les années 1910 aux États-Unis, dans les années 1940 en France et dans les années 1960 au Royaume-Uni.

Il semble cependant que la diminution des inégalités à long terme s'inverse. Après un recul séculaire des inégalités de patrimoine au début et au milieu du 20e siècle, la part du patrimoine détenue par les plus riches a augmenté, selon les pays, durant la dernière partie du 20e siècle ou au début des années 2000. En France, la part du patrimoine détenue par le 1 % des ménages les plus riches en 2000 était similaire à celle observée au milieu des années 1960 et au milieu des années 1940, et aux États-Unis, la part du patrimoine possédé par le 1 % des plus riches était revenue, en 2014, aux niveaux observés dans les années 1930. Bien que le Royaume-Uni ait connu la baisse la plus spectaculaire de la part du patrimoine détenue par les ménages les plus riches, on observe une légère tendance à la hausse depuis la fin des années 1980. Enfin, la part du patrimoine détenue par le 1 % des ménages les plus riches en Allemagne en 2017 était identique à celle enregistrée à la fin des années 1980, et inférieure à celle du début du 20e siècle.

Il convient de noter que le profil des ménages appartenant aux catégories les plus aisées évolue au fil du temps. Si la concentration croissante du patrimoine peut être une source de préoccupation, il convient de noter que le profil des ménages situés au sommet de l'échelle de répartition du patrimoine peut évoluer au fil du temps. Ces évolutions peuvent indiquer une plus grande égalité des chances que ne le laissent supposer à première vue les parts du patrimoine détenues par les plus fortunés. Une étude récente réalisée par l'Institute for Fiscal Studies (IFS), qui s'intéresse au 1 % des contribuables britanniques les plus riches, constate ainsi que seulement la moitié de ces individus font encore partie de cette catégorie au bout de cinq ans (Joyce, Pope et Roantree, 2019[6]). Certains y entrent et en sortent, ce qui signifie qu'ils ont très vraisemblablement continué de percevoir des revenus très élevés, alors même qu'ils n'appartenaient plus à la catégorie du 1 % les plus riches. Le profil du 1 % des personnes dont les revenus sont les plus élevés peut varier plus fréquemment que celui des ménages les plus fortunés en termes de patrimoine, en raison, par exemple, des revenus non récurrents tirés de la vente d'actifs.

Graphique 1.6. Part à long terme du patrimoine net détenue par les 1% et les 10 % des ménages les plus riches, sélection de pays

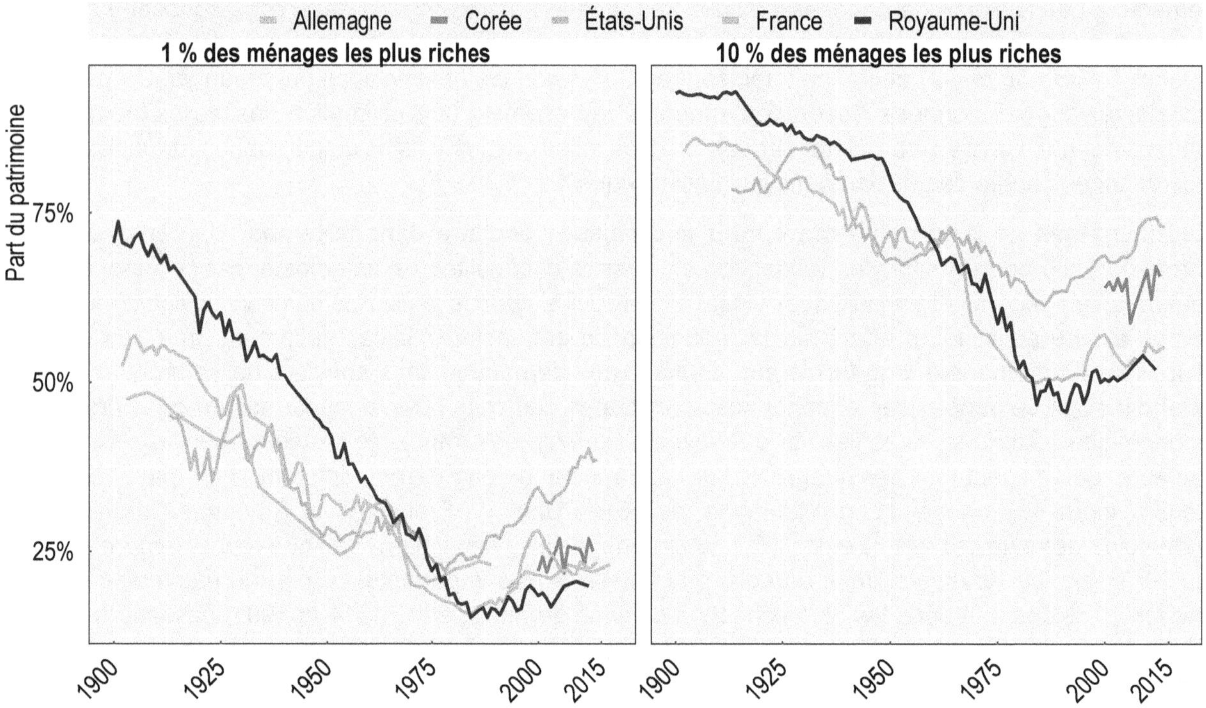

Note : Bien que la part du patrimoine détenue par les ménages les plus riches soit globalement similaire dans la base de données sur les inégalités mondiales, source utilisée pour tous les pays représentés dans ce graphique, à l'exception de l'Allemagne, et dans la base de données sur la distribution des richesses largement utilisée dans ce chapitre, ces deux sources reposent sur des hypothèses méthodologiques différentes et ne sont donc pas strictement comparables. Voir Balestra et Tonkin (2018[2]) pour une comparaison détaillée. Pour l'Allemagne, les données ne sont pas annuelles.

Source : Base de données sur les inégalités mondiales, wid.world/data/, données relatives à l'Allemagne dans Albers, Bartels et Schularick (2020[7]).

StatLink https://stat.link/58vgiw

Le patrimoine financier et immobilier total est concentré entre les mains des ménages les plus riches. En moyenne, dans 28 pays membres de l'OCDE, les ménages appartenant au quintile de patrimoine supérieur possèdent plus de la moitié du patrimoine immobilier total, et près de 80 % du patrimoine financier total (Graphique 1.7). À l'inverse, les ménages appartenant au quintile de patrimoine inférieur ne détiennent que 1 % du patrimoine financier et 2 % du patrimoine immobilier. Le patrimoine immobilier est réparti plus équitablement que le patrimoine financier. Par exemple, les ménages qui appartiennent aux quintiles de patrimoine intermédiaires (troisième et quatrième quintiles) détiennent plus d'un tiers du patrimoine immobilier, contre à peine 17 % du patrimoine financier. Si le patrimoine immobilier peut avoir un effet égalisateur sur la répartition du patrimoine (Causa, Woloszko et Leite, 2019[8]), la hausse des prix des logements contribue à creuser les inégalités de patrimoine depuis quelques années, notamment entre ménages propriétaireset locataires (OCDE, 2019[9]).

Graphique 1.7. Part du patrimoine financier et immobilier détenue par chaque quintile, moyenne pour 28 pays membres de l'OCDE

2015 ou dernière année disponible

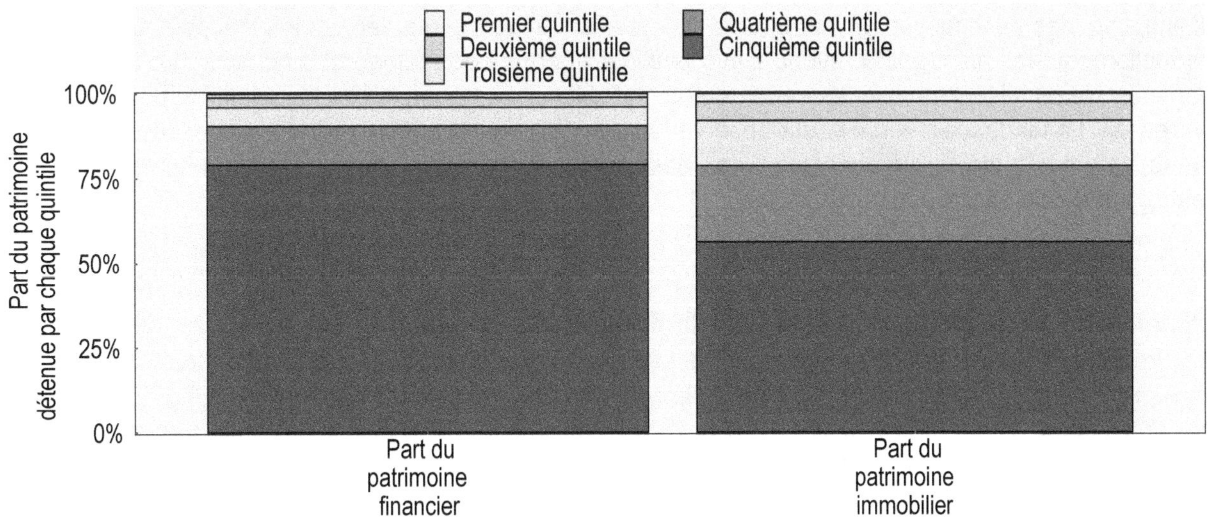

Source : Base de données de l'OCDE sur la distribution des richesses, oe.cd/wealth.

StatLink https://stat.link/m7gipq

Graphique 1.8. Répartition du patrimoine pour chaque quintile de revenu, moyenne pour 27 pays membres de l'OCDE

2015 ou dernière année disponible

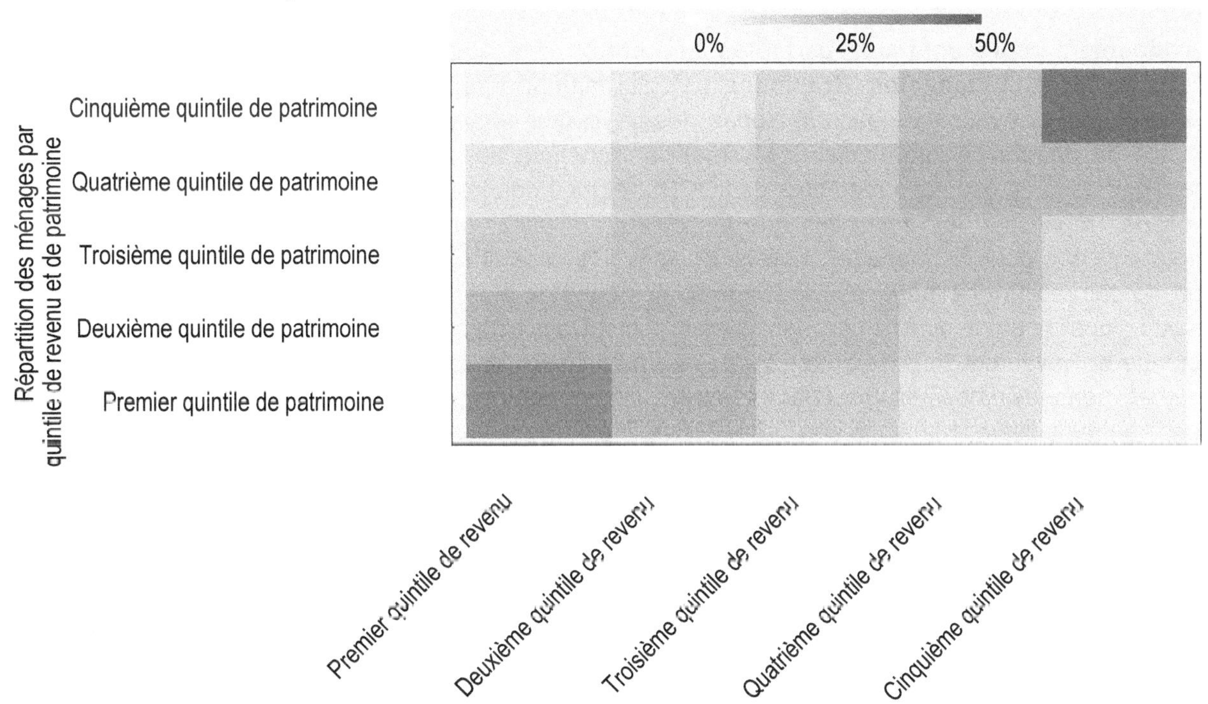

Note : La somme de chaque colonne et de chaque ligne correspond à 100 % des ménages. Le revenu correspond au revenu brut et non au revenu équivalent, calculé en fonction de la composition de chaque ménage.
Source : Base de données de l'OCDE sur la distribution des richesses, oe.cd/wealth.

StatLink https://stat.link/zn9cpi

montre qu'il existe une relation claire entre les quintiles de revenu et de patrimoine les plus élevés, et entre les quintiles de revenu et de patrimoine les plus bas. Le graphique montre également que peu de ménages cumulent patrimoine élevé et faible revenu, ou revenu élevé et faible patrimoine. Le rapport entre patrimoine et revenu est plus ténu pour les catégories situées dans la partie intermédiaire de l'échelle de distribution des revenus et du patrimoine. La relation entre revenu et patrimoine peut se renforcer mutuellement ; les ménages à revenu élevé peuvent épargner davantage et ainsi accroître leur revenu, par exemple en faisant fructifier leur épargne ou en l'utilisant comme mise de fonds initiale pour créer une entreprise. La tendance inverse peut s'observer au bas de la fourchette de distribution des revenus, où les ménages ont une moindre propension à épargner, et peuvent investir dans des actifs à faible risque et à rendement faible (Campanale, 2007[10]).

1.3. Composition des actifs constituant le patrimoine des ménages

L'immobilier représente la part la plus importante du patrimoine des ménages. Les données montrent que pour de nombreux ménages, le logement constitue la principale forme d'épargne (Causa, Woloszko et Leite, 2019[8]). Dans les pays de la zone euro qui participent à l'enquête HFCS[5], la résidence principale compte pour 49.5 % du total des actifs, et constitue le type d'actif le plus important pour 52.5 % des ménages (Household Finance and Consumption et Network, 2016[11]). Les biens immobiliers occupés par leurs propriétaires sont à la fois un bien de consommation et une classe d'actifs. Les ménages peuvent, à ce titre, consommer des services de logement tout en se constituant un patrimoine. Les ménages peuvent considérer le logement comme un investissement sûr, en raison notamment de la hausse continue des prix de l'immobilier ces dernières années, et ils peuvent utiliser les remboursements d'emprunts comme une forme d'épargne forcée. De nombreux pays de l'OCDE accordent également un traitement fiscal favorable aux logements qui sont occupés par leurs propriétaires, ce qui crée des incitations fortes à investir dans un logement (Fatica et Prammer, 2017[12] ; OECD, 2018[13] ; Rosen, 1985[14]). Le fait d'être propriétaire de son logement peut aussi procurer d'autres avantages, comme offrir plus de stabilité par rapport à la location, selon la réglementation en vigueur.

Le logement représente une part plus importante des actifs des ménages moyens que des ménages aisés et modestes (Graphique 1.9). Si l'immobilier représente le principal type d'actif détenu par la plupart des ménages dans la plupart des pays, cela se vérifie notamment pour les ménages du quintile de patrimoine intermédiaire. L'immobilier constitue au moins la moitié du patrimoine de ces ménages dans 28 des pays membres de l'OCDE, et plus des trois quarts dans 20 pays. S'agissant des ménages modestes, les actifs tels que les objets de valeur et les véhicules sont relativement plus importants que pour les ménages moyens et aisés. Ce constat s'explique par le fait qu'une plus grande part du patrimoine des ménages modestes se compose de biens de consommation durables, et que le niveau global de patrimoine de ces ménages est faible. Dans cinq pays (Australie, Canada, Italie, Nouvelle-Zélande et Royaume-Uni), les autres formes de patrimoine pèsent plus lourd que les actifs immobiliers pour les ménages modestes, mais dans ces pays, l'importance relative des véhicules, des objets de valeur et des autres actifs non financiers est très hétérogène.

Le patrimoine financier représente une part importante du patrimoine des ménages les plus riches dans la plupart des pays. Cela rejoint les conclusions précédentes selon lesquelles le patrimoine financier total est concentré entre les mains des ménages les plus riches en termes de patrimoine (Graphique 1.7). Les ménages situés dans le quintile de patrimoine supérieur détiennent plus de la moitié du total de leur patrimoine sous la forme d'actifs financiers aux États-Unis (67 %), en Nouvelle-Zélande (65 %) et au Royaume-Uni (57 %). En moyenne, dans 28 pays membres de l'OCDE, le patrimoine financier représente 39 % du patrimoine net pour le quintile supérieur, contre 16 % et 15 % respectivement pour les quintiles inférieur et intermédiaire.

Graphique 1.9. Composition du patrimoine net pour les quintiles de patrimoine inférieur, intermédiaire et supérieur

2015 ou dernière année disponible

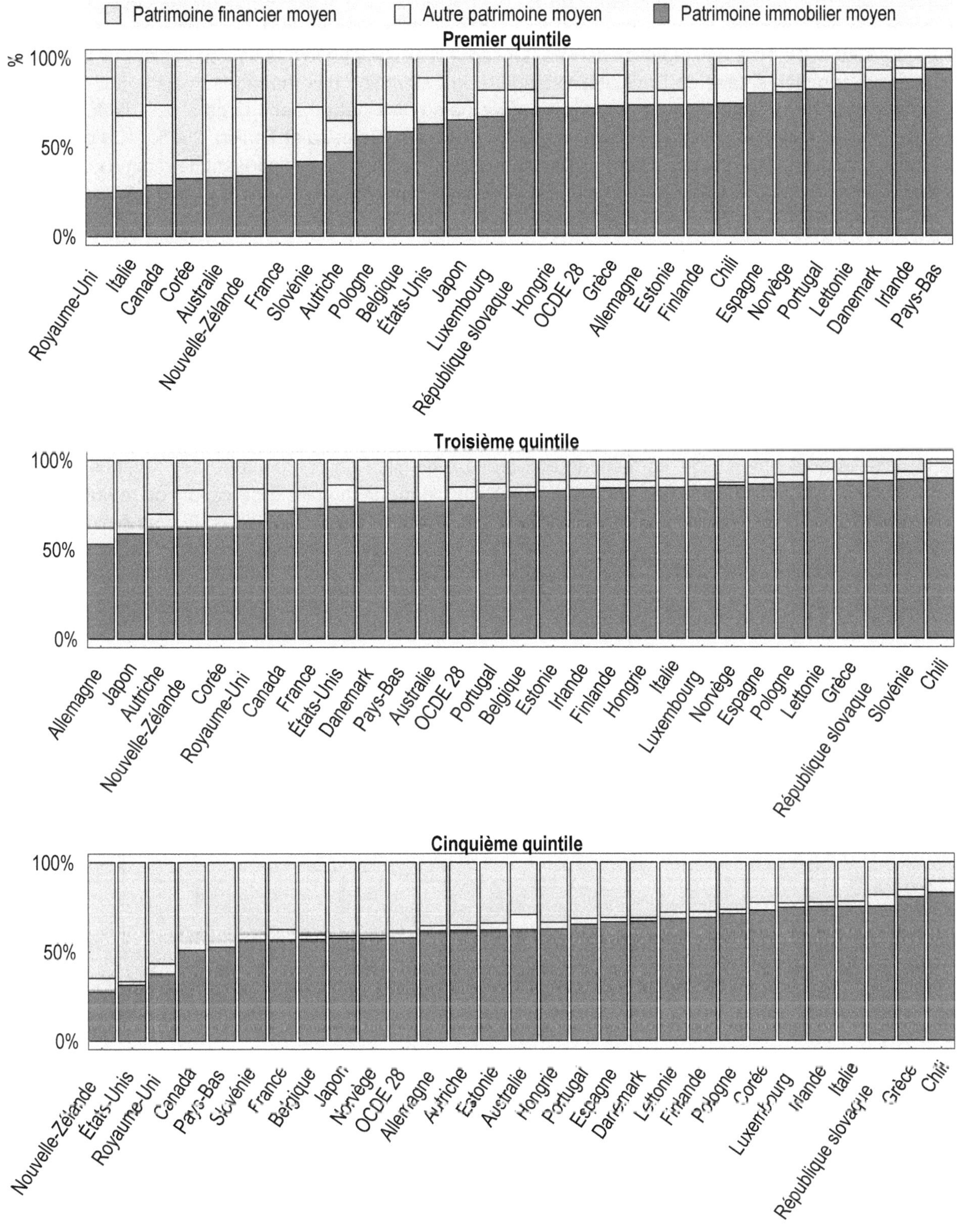

Source : Base de données de l'OCDE sur la distribution des richesses, oe.cd/wealth, (Balestra et Tonkin, 2018[2]).

StatLink https://stat.link/i6o9xv

Le patrimoine détenu sous forme de pensions professionnelles est important dans une minorité de pays (Graphique 1.10). La base de données sur la répartition des richesses inclut les régimes de retraite facultatifs et privés dans les mesures standards du patrimoine des ménages, mais exclut les pensions professionnelles et les pensions de sécurité sociale, car il n'existe pas de données cohérentes pour l'ensemble des pays participants. Contrairement à l'indicateur standard, le patrimoine net moyen au sens large inclut les pensions professionnelles (tant pour le secteur privé que pour le secteur public). Cette mesure est complémentaire de l'indicateur standard du patrimoine des ménages, mais le fait de passer d'un indicateur de patrimoine net à un indicateur de patrimoine net au sens large a peu d'effets sur les niveaux de patrimoine et d'inégalités dans la plupart des pays (Balestra et Tonkin, 2018[2]). Le patrimoine net moyen au sens large est sensiblement plus élevé dans certains pays disposant de régimes de retraite professionnels quasi obligatoires (Australie et Danemark), ainsi que dans certains pays où ces régimes sont facultatifs (Canada, États-Unis, et Royaume-Uni). Bien que la base de données de l'OCDE sur la distribution des richesses, qui a servi de base au Graphique 1.10 ne contienne actuellement pas de données concernant les régimes de pension professionnelle aux Pays-Bas, les données publiées par l'office statistiques des Pays-Bas montrent qu'ils sont une composante importante du patrimoine des ménages[6]. Les droits à pension publics, ou droits à pension de l'État dans certains pays, acquis dans le cadre de régimes publics de sécurité sociale ne sont pas pris en compte par les indicateurs de patrimoine standard et au sens large, car les estimations relatives au patrimoine-retraite public des ménages ne sont pas disponibles dans la plupart des pays. Les pensions publiques pourraient cependant influer sur les comportements en matière d'épargne, car les contribuables peuvent avoir droit à un revenu à la retraite. Le taux de remplacement[7], qui correspond aux droits à pension en pourcentage des revenus d'activité avant la retraite, est élevé dans certains pays de l'OCDE ; pour un travailleur percevant un revenu moyen, c'est en Italie (79.5 %), au Luxembourg (78.8 %) et en Autriche (76.5 %) qu'il est le plus élevé (OCDE, 2020[15]).

Graphique 1.10. Patrimoine net incluant et excluant les pensions professionnelles

2015 ou dernière année disponible

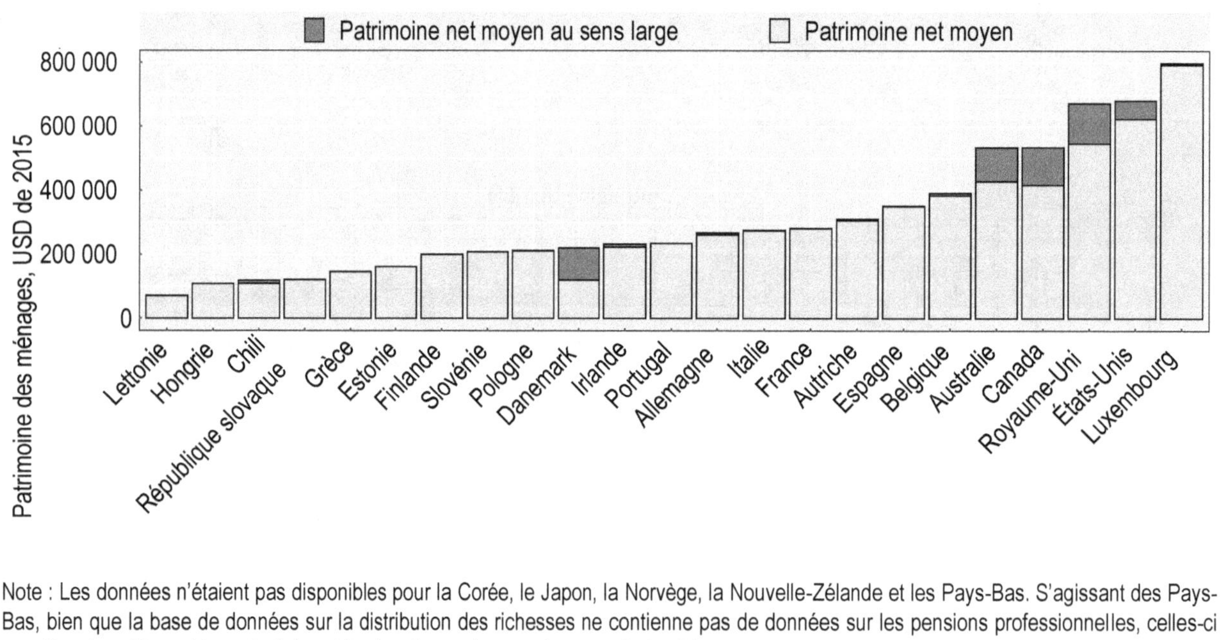

Note : Les données n'étaient pas disponibles pour la Corée, le Japon, la Norvège, la Nouvelle-Zélande et les Pays-Bas. S'agissant des Pays-Bas, bien que la base de données sur la distribution des richesses ne contienne pas de données sur les pensions professionnelles, celles-ci constituent un élément important du patrimoine de nombreux ménages néerlandais.
Source : Base de données de l'OCDE sur la distribution des richesses, oe.cd/wealth, (Balestra et Tonkin, 2018[2]).

StatLink https://stat.link/w9dc3a

1.4. Trajectoires d'évolution du patrimoine au cours de la vie des ménages

Dans de nombreux pays de l'OCDE, la répartition du patrimoine reflète en partie l'évolution des comportements au cours de la vie. Les jeunes n'ont généralement que très peu de patrimoine, mais à mesure qu'ils vieillissent, les individus ont plus de temps pour accumuler des richesses et plus de chances de percevoir un héritage. Les travailleurs en fin de carrière ont souvent des revenus plus élevés, ce qui leur permet d'épargner davantage (Dynan, Skinner et Zeldes, 2004[16]). Le patrimoine des ménages peut commencer à diminuer au moment de la retraite, dans la mesure où leurs revenus baissent et où ils peuvent avoir besoin de puiser dans cette richesse pour financer leur consommation. Certains ménages peuvent décider de réduire leur train de vie, en optant pour des logements plus petits pour diminuer leurs charges et pouvoir accéder au capital que représente leur bien immobilier, par exemple.

Les jeunes ménages sont surreprésentés dans le bas de la distribution du patrimoine, tandis que les ménages ayant atteint l'âge de la retraite ou de la préretraite (55-74 ans) sont les plus nombreux au sommet de l'échelle. Le Graphique 1.11 montre que la distribution du patrimoine selon les tranches d'âge suit un schéma en U inversé. Les jeunes ménages se concentrent en bas de la distribution du patrimoine, près de 70 % des ménages dont le chef est âgé de moins de 35 ans se situant dans les deux premiers quintiles. Les ménages se répartissent plus uniformément au sein de l'échelle de distribution du patrimoine entre 35 et 44 ans, et commencent à se concentrer vers le haut entre 45 et 54 ans. Plus de la moitié des ménages dont le chef est en préretraite ou à la retraite (55-74 ans) se situent dans les deux premiers quintiles, 28 % d'entre eux se trouvant dans le quintile supérieur. Les ménages dont le chef a plus de 75 ans deviennent plus nombreux au milieu de l'échelle de distribution, 47 % d'entre eux se situant dans les troisième et quatrième quintiles de patrimoine.

Graphique 1.11. Représentation de chaque tranche d'âge dans les différents quintiles de patrimoine, moyenne pour 28 pays de l'OCDE

2015 ou dernière année disponible

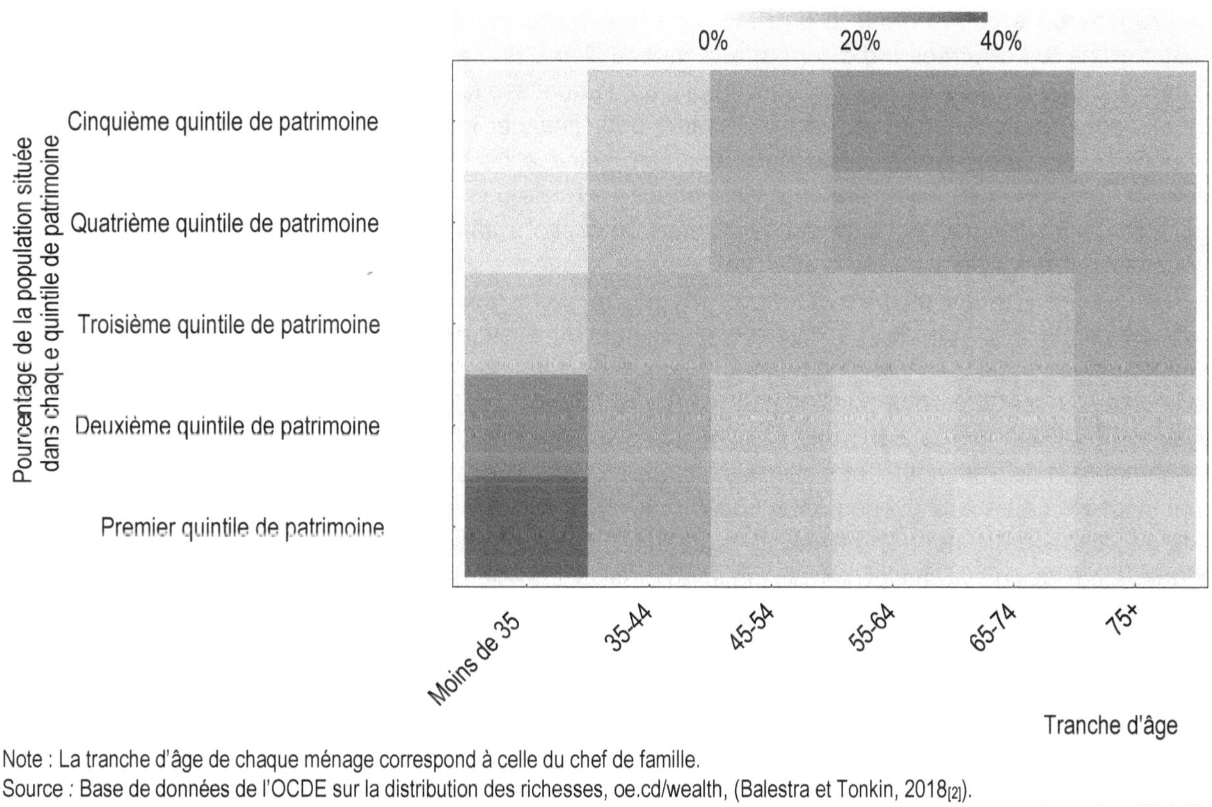

Note : La tranche d'âge de chaque ménage correspond à celle du chef de famille.

Source : Base de données de l'OCDE sur la distribution des richesses, oe.cd/wealth, (Balestra et Tonkin, 2018[2]).

StatLink https://stat.link/lcf3tk

Les jeunes ménages peuvent avoir plus de difficultés à accumuler du patrimoine que par le passé. La comparaison de différents groupes d'âge à un moment donné ne donne qu'une image partielle et statique de la distribution du patrimoine. Une vision dynamique pourrait révéler que les ménages, en vieillissant, peuvent accumuler des richesses au fil du temps et que le patrimoine des ménages jeunes et modestes n'est donc pas nécessairement statique. Toutefois, il est à craindre que les moyens traditionnels d'accumulation du patrimoine soient moins accessibles aux jeunes ménages d'aujourd'hui. Des recherches ont montré que l'accession à la propriété est associée à l'accumulation de patrimoine (Causa, Woloszko et Leite, 2019[8]), mais les jeunes ménages ont de plus en plus de difficultés à acquérir un logement, car la hausse des prix de l'immobilier en diminue l'accessibilité économique (McKee, 2012[17]). La crise du COVID-19, qui a eu des répercussions différentes selon les groupes démographiques, peut exacerber les difficultés rencontrées par certains ménages et creuser l'écart entre les ménages les plus âgés qui possèdent des actifs et les plus jeunes.

En moyenne, dans les 28 pays de l'OCDE examinés, les ménages dont le chef a atteint l'âge de la préretraite ou de la retraite (55-64 ans) sont ceux qui affichent les plus hauts niveaux de patrimoine immobilier et financier. Le Graphique 1.12 montre le patrimoine net moyen et la composition du patrimoine brut moyen dans l'ensemble de la distribution des âges. Les ménages dont le chef est âgé entre 55 et 64 ans détiennent un patrimoine brut de 451 413 USD, constitué pour environ deux cinquièmes de biens immobiliers et pour un tiers d'actifs financiers. Le patrimoine net des 55-64 ans s'élève à 406 012 USD. Il est de 393 277 USD pour les ménages âgés de 65 à 74 ans et de 324 391 USD pour les ceux âgés de 45 à 54 ans. Les jeunes ménages dont le chef est âgé de moins de 35 ans possèdent le patrimoine net le plus faible, à 93 127 USD. Alors que le patrimoine immobilier et le patrimoine financier augmentent à mesure que les ménages vieillissent et que le patrimoine net s'accroit, le patrimoine financier occupe une part plus importante du patrimoine total. Ce constat est cohérent avec les tendances identifiées plus haut, selon lesquelles les ménages les plus aisés tendent à détenir davantage de patrimoine sous la forme d'actifs financiers. D'autres types de richesses, comme les véhicules, les œuvres d'art et les bijoux, ne représentent qu'une petite part du patrimoine total des ménages, quel que soit l'âge.

La propension à consommer le patrimoine à la retraite est susceptible de varier d'un ménage à l'autre, mais les données indiquent que le niveau de richesse reste élevé parmi les ménages dont le chef est âgé de plus de 75 ans. L'accumulation de richesse tout au long de la vie donne à penser que les ménages épargnent tout au moins en partie pour financer leur consommation à la retraite, mais la propension des ménages à consommer leur patrimoine à ce stade de leur vie dépend de plusieurs facteurs. S'il peut être nécessaire pour les ménages à faible patrimoine de consommer leur épargne, les ménages plus aisés peuvent disposer de revenus du capital suffisants pour subvenir à leurs besoins. Les ménages qui ont l'intention de laisser un héritage peuvent aussi mettre de côté une partie de leurs richesses à cette fin (voir chapitre 2). Par conséquent, certains ménages ne consommeront pas pleinement leur patrimoine à la retraite. Le contexte plus large du système de prélèvements et de prestations, notamment les impôts sur les donations et les successions, ainsi que les critères de ressources et de patrimoine ouvrant droit aux prestations et services publics (par exemple, les soins de vieillesse), peut également influer sur les décisions des ménages en matière d'accumulation, de transmission ou de consommation de patrimoine. Les interactions entre ces différentes dimensions pourraient être étudiées dans le cadre de travaux ultérieurs. Le Graphique 1.12 montre que les ménages dont le chef est âgé de plus de 75 ans détiennent un niveau de patrimoine important, plus d'une décennie après le départ en retraite. Un excès d'épargne de précaution et une moindre propension à consommer peuvent expliquer ce niveau élevé de patrimoine pour les ménages âgés. Ce comportement de précaution peut notamment consister à orienter l'épargne vers des actifs plus sûrs, plutôt que vers des actifs plus productifs, mais plus risqués, ce qui peut avoir des conséquences économiques plus vastes. Le niveau élevé du patrimoine des ménages âgés accroît leur capacité à laisser un héritage, même si en raison de l'allongement de l'espérance de vie, les bénéficiaires peuvent percevoir cet héritage à un stade ultérieur de leur vie, lorsqu'ils approchent eux-mêmes de la retraite. L'allongement de l'espérance de vie peut ainsi avoir une incidence sur la distribution par âge du patrimoine, en raison de la possibilité d'une retraite prolongée, les ménages âgés peuvent avoir besoin de conserver un patrimoine plus important pour financer leur consommation. Les travaux théoriques ont tenté de faire la distinction entre l'épargne destinée à financer la retraite et celle accumulée dans le but de transmettre un patrimoine aux héritiers, mais les travaux empiriques n'ont pas permis de déterminer clairement l'importance relative de chacun de ces motifs (voir chapitre 2).

Graphique 1.12. Composition du patrimoine selon les tranches d'âge, moyenne pour 28 pays de l'OCDE

2015 ou dernière année disponible

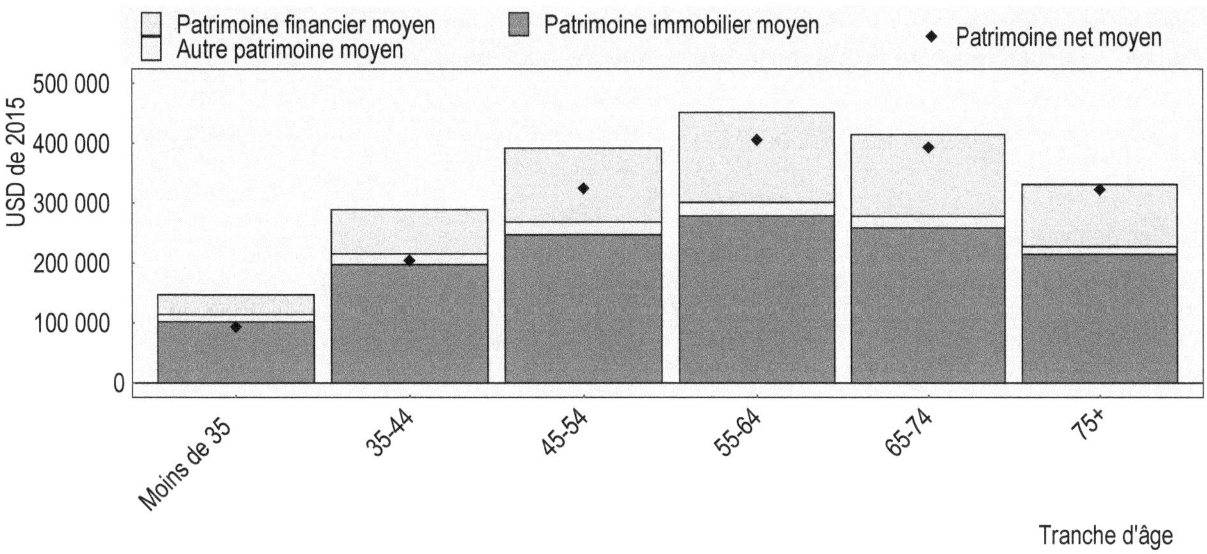

Note : La tranche d'âge de chaque ménage correspond à celle du chef de famille.
Source : Base de données de l'OCDE sur la distribution des richesses, oe.cd/wealth, (Balestra et Tonkin, 2018[2]).

StatLink https://stat.link/eb813n

Le patrimoine financier diminue plus rapidement à la retraite que le patrimoine immobilier. Le Graphique 1.13 montre le patrimoine brut des ménages sur l'ensemble de la distribution des âges, rapporté à celui des 55-64 ans, en établissant une distinction entre patrimoine financier et immobilier. Il convient de noter que si l'on attribue une valeur normalisée de 1 au patrimoine immobilier comme au patrimoine financier de la tranche d'âge des 55-64 ans, le niveau du patrimoine financier est inférieur à celui du patrimoine immobilier (voir le Graphique 1.12). Le Graphique 1.13 montre que les patrimoines immobilier et financier augmentent tout au long de la vie pour atteindre leur niveau le plus haut lorsque les ménages ont entre 55 à 64 ans, avant de diminuer pour la tranche d'âge des plus de 65 ans. Le patrimoine immobilier, qui culmine pour les ménages âgés de 55 à 64 ans (valeur normalisée de 1), diminue ensuite régulièrement pour les ménages âgés de 65 à 74 ans (0.95) et les ménages de plus de 75 ans (0.82). Le patrimoine financier, qui atteint également un sommet pour la tranche d'âge des 55-64 ans, chute plus rapidement que le patrimoine immobilier, pour atteindre respectivement 0.75 et 0.63 pour les ménages âgés respectivement de 65 à 74 ans et de plus de 75 ans.

Les tendances qui se dégagent du Graphique 1.13 peuvent refléter les effets de l'âge et de cohorte, tout comme le niveau plus faible du patrimoine financier. Les ménages retraités puisent dans le patrimoine qu'ils accumulent plus tôt au cours de leur vie ; le patrimoine financier peut diminuer plus rapidement que le patrimoine immobilier, non seulement parce qu'il commence à un niveau plus bas, mais aussi parce que les ménages peuvent préférer utiliser leur patrimoine financier, qui est liquide avant de toucher au patrimoine immobilier, qui ne l'est pas. Le Graphique 1.13 peut également refléter le double rôle du logement en tant que catégorie d'actifs et de bien de consommation fournissant un service d'hébergement, pour les ménages préférant conserver leur logement plutôt que de l'utiliser pour financer leur consommation. Enfin, la diminution du patrimoine financier à l'âge de la retraite peut refléter le rôle croissant des pensions privées dans le patrimoine[8] des ménages, les ménages retraités préférant utiliser le capital qu'ils ont épargné pour leur retraite afin de financer leur consommation, plutôt que de puiser dans leur patrimoine immobilier ou dans d'autres richesses. Toutefois, ces tendances peuvent aussi refléter des effets de cohorte. Des recherches récentes ont montré que les ménages britanniques âgés de 80 ans ou plus en 2012-13 détenaient plus de patrimoine que les ménages du même âge en 2002-03, principalement en raison de l'accroissement du patrimoine immobilier, lié à la hausse des prix des logements et à l'augmentation des taux de propriété (Hood et Joyce, 2017[18]). La plus grande richesse observée chez les 55-64 dans Graphique 1.13, par rapport au groupe des 65 ans et plus, peut donc refléter une augmentation régulière du patrimoine des ménages pour les jeunes générations.

Graphique 1.13. Patrimoine financier et immobilier net moyen rapporté à celui des 55-64 ans, moyenne OCDE 28

2015 ou dernière année disponible

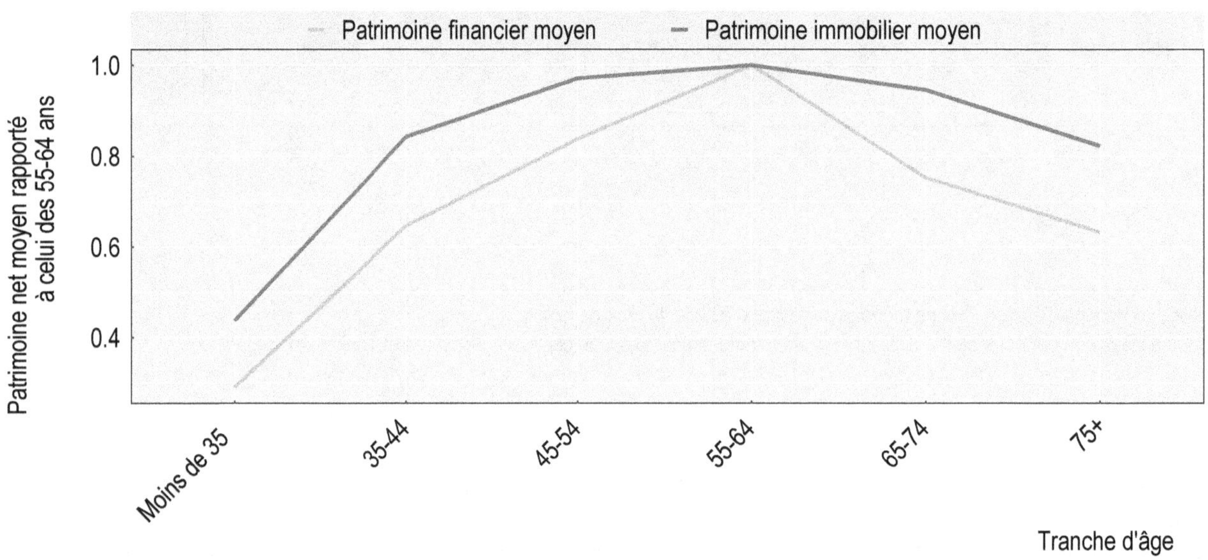

Note : La tranche d'âge de chaque ménage correspond à celle du chef de famille.
Source : Base de données de l'OCDE sur la distribution des richesses, oe.cd/wealth.

StatLink https://stat.link/t5j4qb

L'endettement des ménages retraités est faible comparé à leur patrimoine net, tandis que les ménages plus jeunes sont fortement endettés par rapport à leur patrimoine net. Le Graphique 1.14 montre l'évolution de l'accumulation des richesses et de l'endettement tout au long de la vie. Le passif des jeunes ménages représente près de la moitié de leur patrimoine net. Si leur niveau d'endettement est plus faible en valeur absolue que celui ménages âgés, il reste important par rapport à leur patrimoine net. À mesure qu'ils vieillissent et accumulent davantage de patrimoine, les ménages peuvent voir leur niveau d'endettement augmenter en valeur absolue, mais celui-ci diminue en proportion du patrimoine net. À l'approche de l'âge de la retraite, la dette ne représente qu'une très faible part du patrimoine net. Bien que non représentés dans le graphique ci-dessous, les profils d'endettement peuvent être liés à la capacité de gains et de remboursement d'un prêt, et les ménages peuvent chercher à réduire le risque associé à l'endettement à mesure qu'ils vieillissent.

Graphique 1.14. Ratio de dettes sur le patrimoine net selon les tranches d'âge, moyenne pour 28 pays de l'OCDE

2015 ou dernière année disponible

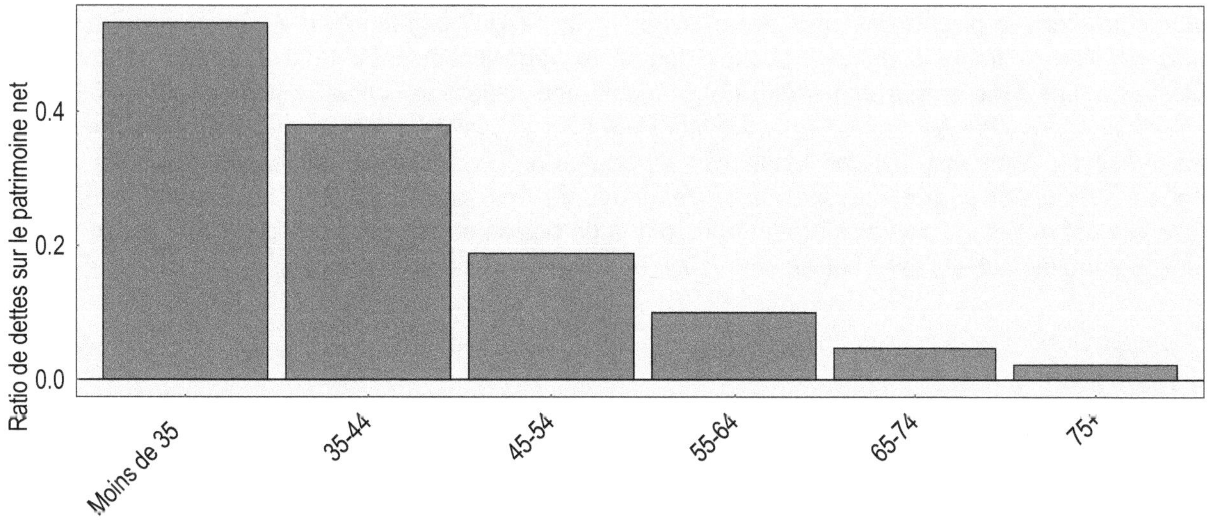

Source : Base de données de l'OCDE sur la distribution des richesses, oe.cd/wealth.

StatLink https://stat.link/bmifen

1.5. Caractéristiques des transmissions de patrimoine

Les héritages constituent une importante source de patrimoine pour les ménages et ont d'importantes conséquences en termes de redistribution, dans la mesure où les ménages riches perçoivent davantage de patrimoine que les ménages moins aisés. Cette section examine les données relatives à l'importance et la prévalence des donations et des héritages et examine leurs implications pour la distribution des richesses. Elle s'appuie, entre autres sources de données, sur la base de données de l'OCDE sur la distribution des richesses, qui mesure le patrimoine des ménages au cours de l'année de référence ainsi que la valeur des donations et des héritages reçus tout au long de la vie, mais ne mesure pas le patrimoine du ménage au moment où celui-ci reçoit ladite donation ou ledit héritage.

Les données sur l'importance des transmissions patrimoniales sont rares, mais des études donnent à penser que de grandes quantités de richesses sont transmises chaque année. Dans certains pays européens, le flux annuel de richesses héritées a représenté, selon les estimations, entre 8 et 15 % du revenu national brut (RNB) en 2010 (Piketty et Zucman, 2015[19]). Ce flux a varié sensiblement au fil du temps dans les quelques pays pour lesquels on dispose de données. En France, en Allemagne et au Royaume-Uni, il suit une courbe en U depuis le début du XXe siècle. Le poids de la richesse héritée, qui représentait environ un quart du revenu national au début du siècle, a diminué régulièrement dans le sillage des turbulences de la première moitié du siècle, avant de retrouver les niveaux observés vers la fin de la Première Guerre mondiale en 2010.

Différents éléments montrent que la part de la richesse héritée dans le patrimoine privé renoue avec les sommets observés au début du 20e siècle dans certains pays. Des données préliminaires sur l'évolution à long terme de la richesse héritée, et la méthodologie utilisée pour la calculer, sont présentées dans Alvaredo, Garbinti et Piketty (2017[20]), à partir de Piketty (2011[21]). Le Graphique 1.15 montre qu'en 1900, la richesse héritée constituait la majeure partie du patrimoine privé, dont elle représentait entre 55 % aux États-Unis et 78 % en Suède. Ce ratio a culminé au début du XXe siècle dans tous les pays Graphique 1.15, avant de régulièrement diminuer au cours du siècle. À partir de la fin du XXe siècle ou du début du XXIe, la part de la richesse héritée dans le patrimoine privé a commencé à augmenter dans la plupart des pays. Alors qu'au Royaume-Uni, ce ratio a connu une baisse modérée, mais régulière entre 1900 et 1990, avant d'augmenter légèrement entre 1990 et 2010, il a connu en Allemagne une forte baisse entre 1950 et 1970 puis une nette augmentation entre 1980 et 2010. Les tendances observées en France et aux États-Unis sont similaires, mais moins marquées que celles observées en Allemagne. Si ces tendances se poursuivent, la richesse héritée pourrait de nouveau renouer avec les niveaux élevés atteints au début des années 1900. En Suède, cependant, la tendance observée est moins indicative d'un retour précoce à de tels sommets, car le ratio de la richesse héritée sur le patrimoine net, qui avait baissé entre 1900 et 1950, est resté stable depuis.

Graphique 1.15. Stock cumulé de patrimoine transmis par héritage en pourcentage du patrimoine privé, 1990-2010, quelques pays

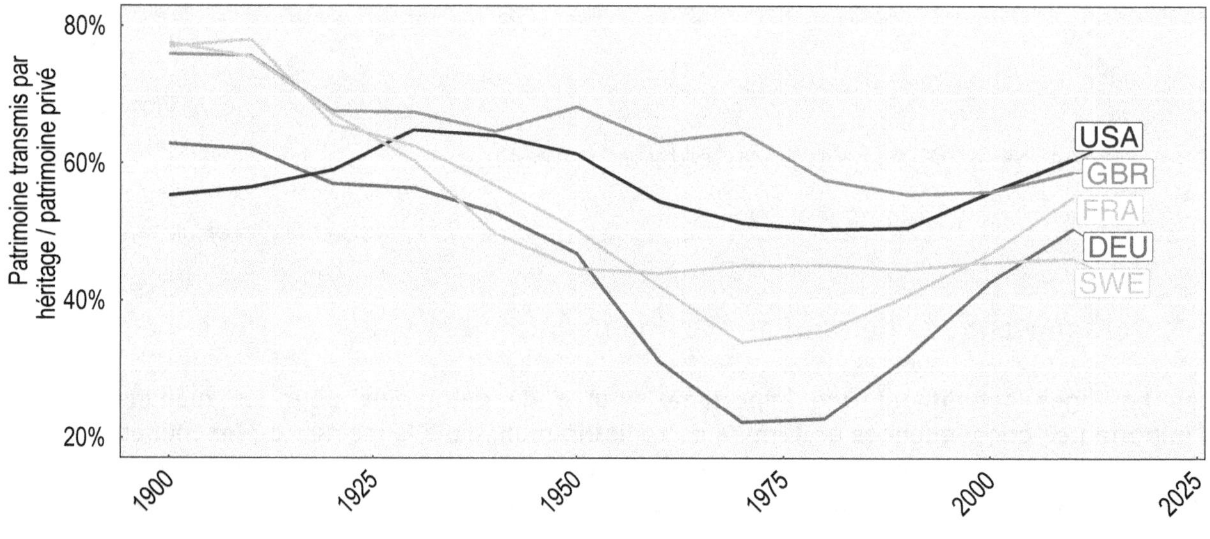

Note : Les données relatives aux États-Unis correspondent à la moyenne non pondérée des valeurs de référence et des estimations relatives aux donations élevées.
Source : Alvaredo, Garbinti et Piketty (2017), données pour la Suède dans Ohlsson, Roine, Waldenström (2020).

StatLink https://stat.link/kq291o

Dans les pays où le patrimoine moyen des ménages est plus élevé, les héritages sont généralement plus importants en moyenne. Le Graphique 1.16, qui compare la valeur moyenne des transmissions par donation ou héritage avec le patrimoine net moyen dans 16 pays pour lesquels on dispose de données, montre que la valeur moyenne des transmissions de patrimoine augmente avec le patrimoine net moyen. Ainsi la valeur moyenne des transmissions par donation ou héritage est faible en Lettonie, en Hongrie et en République slovaque, qui comptent parmi les pays de l'OCDE dans lesquels le patrimoine net moyen est le plus faible. Le Luxembourg et l'Espagne figurent parmi les pays de l'OCDE qui affichent le patrimoine net moyen le plus élevé, et se classent respectivement aux quatrième et troisième rangs pour ce qui est de la valeur moyenne des transmissions par héritage. Toutefois, en Belgique et au Canada, où le patrimoine net moyen est élevé, la valeur moyenne des transmissions par héritage est relativement faible, et plusieurs pays dont le patrimoine net moyen est proche de la moyenne de l'OCDE présentent des valeurs moyennes relativement élevées pour ce qui est des transmissions par héritage (Allemagne, Autriche, France et Italie). Si l'Italie affiche un patrimoine moyen similaire à celui du Portugal, la valeur moyenne des transmissions par héritage y est nettement plus élevée. À l'inverse, le patrimoine net moyen est nettement plus élevé au Canada qu'en Grèce, alors que la valeur moyenne des transmissions par héritage est similaire dans ces deux pays.

Graphique 1.16. Valeur moyenne du patrimoine net comparé à la valeur moyenne des héritages et donations

2015 ou dernière année disponible, USD 2015

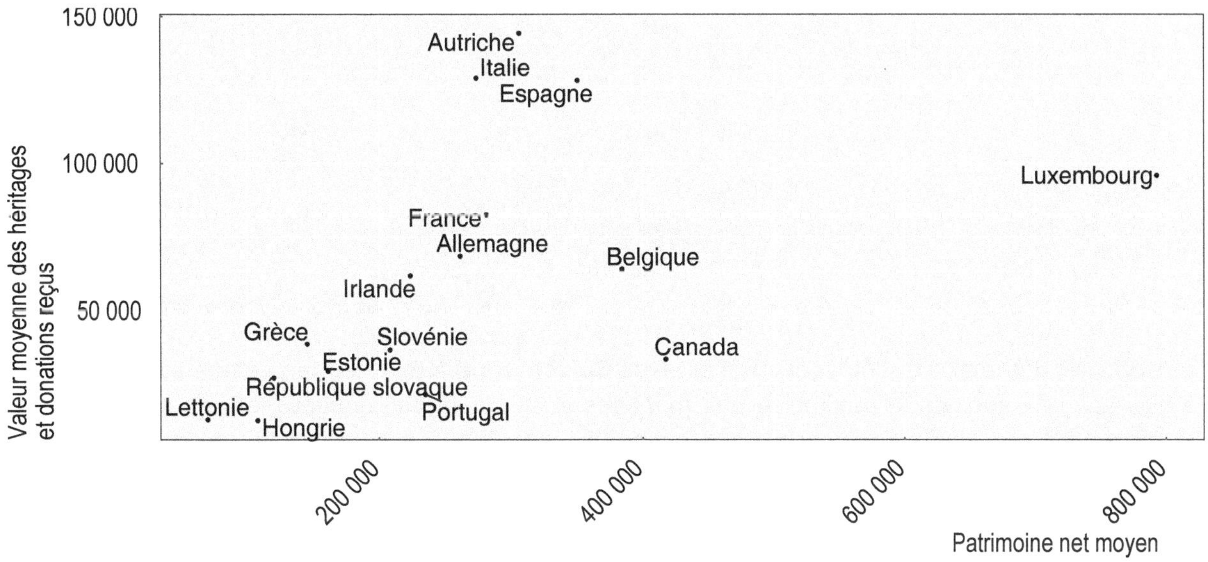

Note : Aucune donnée n'était disponible pour la Finlande et les Pays-Bas. Les chiffres concernant la Pologne ont été supprimés en raison de problèmes de données.

Source : Base de données de l'OCDE sur la distribution des richesses, oe.cd/wealth.

StatLink https://stat.link/zubt1e

Il ressort des données d'enquêtes qu'une grande partie des ménages à patrimoine élevé déclarent recevoir un héritage ou une donation. En moyenne, dans 18 pays de l'OCDE, 33 % des ménages déclarent avoir reçu un héritage ou une donation[9] substantielle, mais ce ratio varie d'un pays à l'autre, allant de 25 % en Lettonie à 47 % en Finlande. Toutefois, dans tous ces pays, les ménages aisés sont plus nombreux que les ménages modestes à recevoir un héritage ou une donation. Le Graphique 1.17 illustre ce lien entre le patrimoine courant et la probabilité d'avoir bénéficié d'une transmission de patrimoine. La part des ménages ayant reçu un héritage ou une donation va de 39 % (Canada) à 66 % (Finlande) pour les ménages appartenant au quintile de patrimoine supérieur, alors que ce pourcentage se situe entre 3 % (Italie) et 26 % (Finlande) pour les ménages les plus pauvres. C'est en Hongrie (24 points de pourcentage) que l'écart entre les quintiles de patrimoine supérieur et inférieur est le plus faible, et c'est en Irlande qu'il est le plus élevé (51 points de pourcentage).

Graphique 1.17. Pourcentage de la population ayant reçu un héritage ou une donation substantielle

2015 ou dernière année disponible

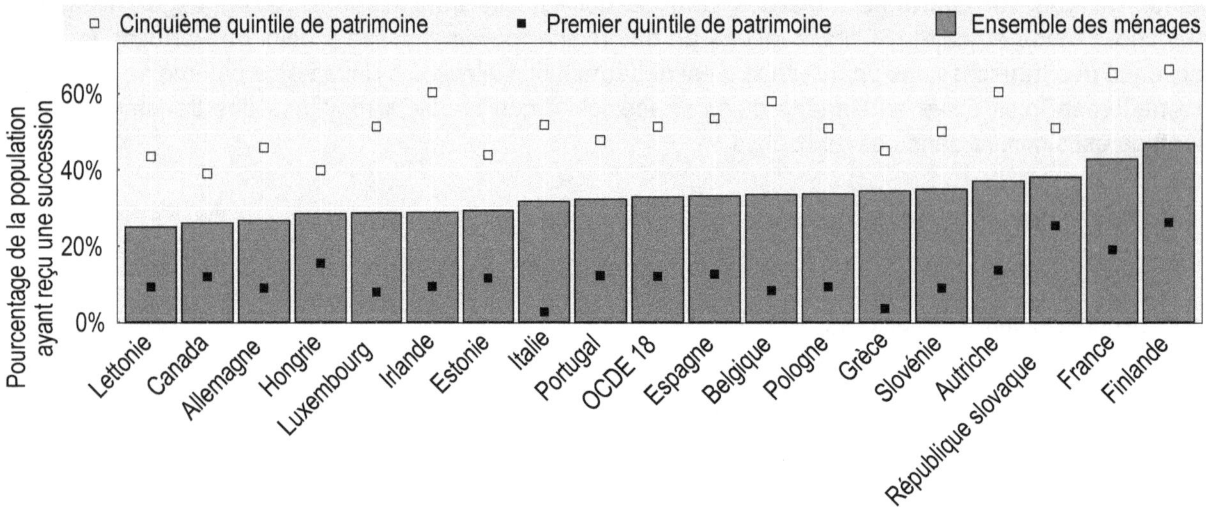

Source : Base de données de l'OCDE sur la distribution des richesses, oe.cd/wealth, (Balestra et Tonkin, 2018[2]).

StatLink https://stat.link/29hy0w

Les données d'enquête qui étayent cette analyse doivent toutefois être interprétées avec prudence. Le questionnaire mesure le patrimoine des ménages au moment de l'enquête, et non au moment où l'héritage ou la donation a été perçu. Autrement dit, les ménages ayant déclaré un patrimoine net élevé ont pu recevoir du patrimoine lorsqu'ils étaient plus jeunes et moins riches. C'est pourquoi la relation entre patrimoine et héritage doit être interprétée avec prudence.

La valeur moyenne des héritages et des donations varie d'un pays à l'autre, mais elle est systématiquement plus élevée pour les ménages plus aisés. Dans 16 pays de l'OCDE pour lesquels on dispose de données, la valeur moyenne des héritages ou des donations reçus par les ménages du quintile de patrimoine inférieur va de 295 USD en Lettonie à 11 052 USD en Belgique. Elle se situe entre 30 441 USD en Hongrie et 525 879 USD en Autriche pour les ménages du quintile supérieur. Il ressort de l'enquête que les ménages les plus aisés perçoivent systématiquement un héritage ou une donation d'un montant plus élevé que les ménages les plus pauvres, mais le Graphique 1.18 permet de distinguer deux groupes de pays. Dans le premier groupe, la valeur des héritages et des donations augmente régulièrement avec le patrimoine des ménages (Belgique, Canada, Estonie, France, Grèce, Hongrie, Lettonie, Portugal, République slovaque et Slovénie). Dans le deuxième groupe, la valeur moyenne des successions augmente également régulièrement avec le patrimoine des ménages jusqu'au quatrième quintile, puis bondit de plus de 170 000 USD pour le cinquième quintile (Allemagne, Autriche, Irlande, Espagne, Italie et Luxembourg). Dans tous les pays, la valeur moyenne des héritages et des donations déclarée par les ménages des quatre quintiles de patrimoine les plus modestes était inférieure à 140 000 USD, tandis que les ménages du quintile de patrimoine supérieur héritaient en moyenne de plus de 140 000 USD dans la moitié des pays considérés dans le Graphique 1.18.

Graphique 1.18. Valeur des successions reçues dans l'ensemble de la distribution du patrimoine

2015 ou dernière année disponible

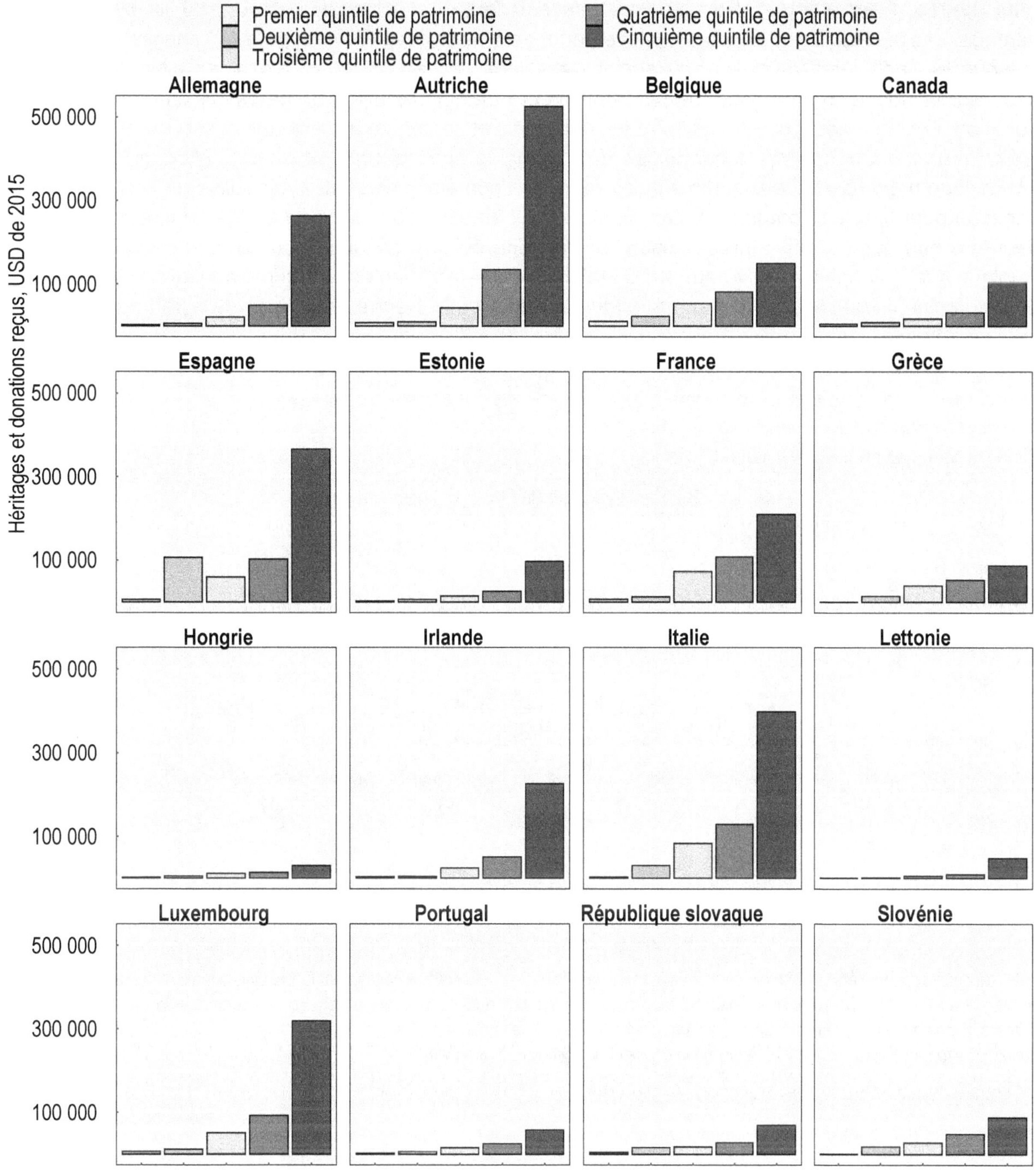

Note : Aucune donnée n'était disponible pour la Finlande et les Pays-Bas. Les chiffres concernant la Pologne ont été supprimés en raison de problèmes de données. La valeur des héritages et des donations passés a été convertie en valeur actualisée à l'aide d'un indicateur qui mesure l'évolution des prix des actifs entre l'année où a eu lieu la transmission et l'année de l'enquête :

Valeur capitalisée (actualisée) des transmissions passées = Valeur au moment de la transmission × (Indice des prix de l'année présente ÷ Indice des prix de l'année de la transmission)

Un indice des prix des actions a été établi à partir de la base de données des indicateurs macroéconomiques de l'OCDE pour les actifs financiers et un indice des prix des logements a été créé à partir de la base de données analytique de l'OCDE ou d'une source nationale comparable pour les actifs non financiers. Voir (Balestra et Tonkin, 2018[2]) pour plus d'informations.

Source : Base de données de l'OCDE sur la distribution des richesses, oe.cd/wealth, (Balestra et Tonkin, 2018[2]).

StatLink https://stat.link/lzx0kn

Plusieurs facteurs peuvent expliquer pourquoi les ménages aisés sont davantage susceptibles de recevoir un héritage ou une donation et pourquoi la valeur de ces transmissions de patrimoine est plus élevée. Premièrement, les ménages peuvent déjà être riches au moment où ils perçoivent un héritage. Les parents fortunés peuvent élever leurs enfants et petits-enfants dans la richesse ; investir des ressources financières et du capital social dans leur descendance, et les doter ainsi des moyens nécessaires pour être en mesure de bâtir leur propre patrimoine avant de percevoir un héritage ou une donation. Les données montrent qu'outre les donations et héritages, les revenus et l'éducation expliquent (dans une moindre mesure) la corrélation de patrimoine entre parents et enfants (Adermon, Lindahl et Waldenström, 2018[22]). Deuxièmement, les ménages non aisés peuvent avoir utilisé un héritage ou une donation pour bâtir leur patrimoine. Les ménages qui étaient riches au moment de l'enquête ne l'étaient peut-être pas auparavant, mais ont utilisé un héritage ou une donation pour accroître leur patrimoine. Quoique que le Graphique 1.17 permette d'établir clairement un lien entre patrimoine élevé et transmission de patrimoine, il est impossible d'appréhender la nature du lien entre deux facteurs à partir des données transversales.

Graphique 1.19. Ratio du patrimoine transmis par héritage sur le patrimoine net, deuxième et cinquième quintiles de patrimoine

2015 ou dernière année disponible

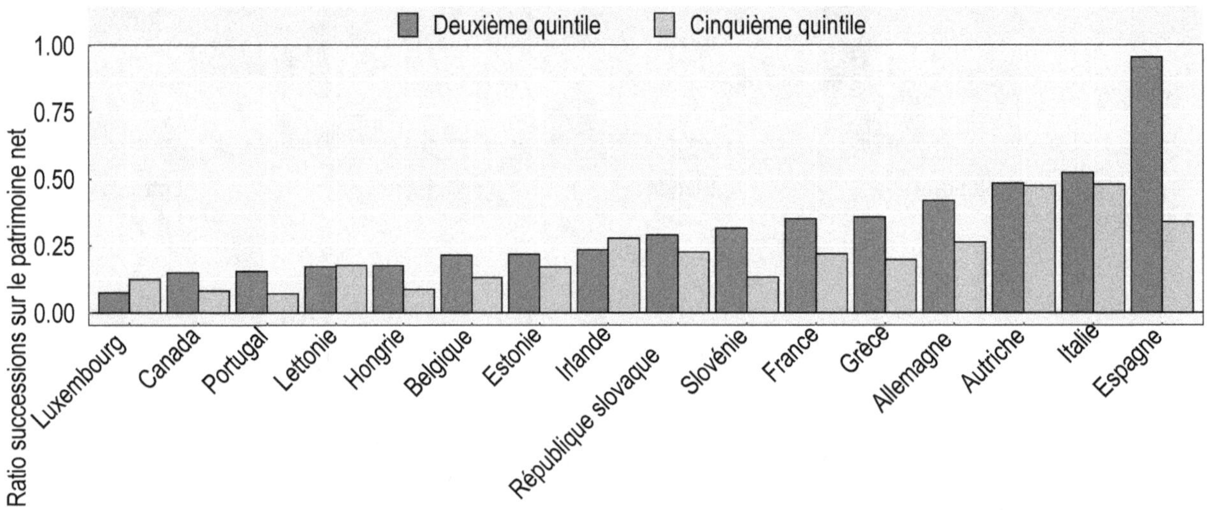

Note : Aucune donnée n'était disponible pour la Finlande et les Pays-Bas. Les chiffres concernant la Pologne ont été supprimés en raison de problèmes de données. Ce graphique montre le ratio du patrimoine hérité sur le patrimoine net des ménages des deuxième et cinquième quintiles, les ménages du premier quintile ayant un patrimoine négatif dans plusieurs pays.
Source : Base de données de l'OCDE sur la distribution des richesses, oe.cd/wealth.

StatLink https://stat.link/80ru1j

Si les ménages moins aisés reçoivent des héritages et des donations plus modestes, ceux-ci représentent généralement une part importante de leur patrimoine net. Des travauxse sont interrogés sur l'impact de la richesse héritée sur les inégalités relatives de patrimoine car même un petit héritage peut représenter un montant conséquent par rapport au patrimoine avant succession (Boserup, Kopczuk et Kreiner, 2016[23] ; Elinder, Erixson et Waldenström, 2018[24]). Si le Graphique 1.18 montre que la valeur absolue des héritages et des donations est plus élevée pour les ménages les plus aisés, il ressort du graphique 1.19 que le patrimoine reçu par héritage représente une part plus importante du patrimoine net pour les ménages les plus modestes que pour ceux du quintile de patrimoine supérieur. Dans 12 pays, les transmissions reçues en pourcentage du patrimoine netétait comparativement plus importantes pour les ménages du deuxième quintile de patrimoine que pour ceux du cinquième quintile. En termes relatifs, ce sont les ménages du deuxième quintile qui reçoivent la part d'héritage la plus importante en Espagne (95.6 % du patrimoine net), en Italie (52.4 %), en Autriche (48.4 %) et la plus faible au Luxembourg (7.4 %), au Portugal (15.4 %) et en Lettonie (17.2 %). Il en découle que les héritages et donations modestes peuvent avoir un effet égalisateur sur la répartition du patrimoine, du moins à court terme (voir chapitre 2).

Les personnes sont généralement plus âgées lorsqu'elles héritent. La partie de droite du Graphique 1.20 montre que la part de la population recevant un héritage ou une donation augmente avec l'âge, à l'exception des ménages âgés de plus de 75 ans. Ce résultat peut refléter des effets de cohorte ; les personnes aujourd'hui âgées de plus de 75 ans ont, pour la plupart, été élevées par une génération qui a vécu pendant la Première Guerre mondiale et qui n'a peut-être pas eu les mêmes chances d'accumuler du patrimoine. La partie de gauche illustre une tendance similaire : la valeur moyenne du patrimoine transmis augmente avec l'âge des ménages ayant reçu un héritage ou une donation. Elinder, Erixson et Waldenström (2018[24]) constatent qu'une petite majorité des personnes qui perçoivent un héritage en Suède (56 %) ont entre 50 et 70 ans. Les ménages plus jeunes peuvent bénéficier de transmissions de patrimoine plus modestes, soit parce que celles-ci sont davantage composées de donations que d'héritages (aide au titre d'un apport immobilier ou du financement des études, par exemple), soit parce qu'ils héritent de personnes également plus jeunes qui ont accumulé moins de patrimoine.

Graphique 1.20. Valeur des successions et part de la population ayant reçu une succession, par âge, moyenne pour 28 pays de l'OCDE

2015 ou dernière année disponible

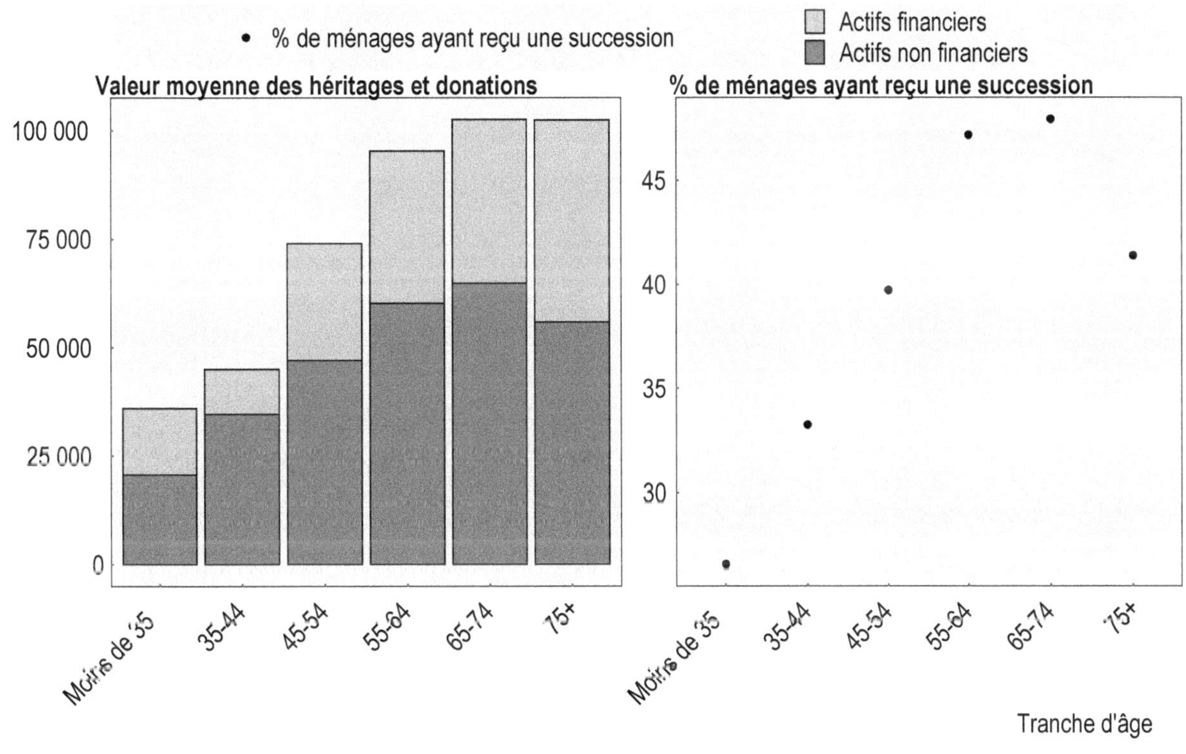

Source : Base de données de l'OCDE sur la distribution des richesses, oe.cd/wealth.

StatLink https://stat.link/mc1sh3

L’impact des transmissions de patrimoine sur les inégalités est susceptible de poser de plus en plus de problèmes à l’avenir. Les transmissions de patrimoine pourraient augmenter en valeur, si l’évolution des prix des actifs poursuit sa trajectoire actuelle, comme en nombre, en raison du vieillissement de la génération des baby-boomers. En outre, en raison de l’allongement de l’espérance de vie, la concentration des richesses parmi les cohortes plus âgées devrait augmenter, de même que l’âge auquel les individus héritent généralement. Si les générations plus âgées ont bénéficié de l’augmentation des prix des actifs depuis la période d’après-guerre, la récente politique monétaire fortement expansionniste pourrait également contribuer à exercer des pressions à la hausse sur ces prix. Ces tendances pourraient accentuer encore les inégalités de patrimoine et creuser l’écart entre, par exemple, les générations plus âgées détentrices d’actifs et les jeunes générations, qui pourraient être confrontées à des hausses des prix de l’immobilier. Cette inégalité intergénérationnelle pourrait s’accentuer à l’avenir, dans la mesure où les individus héritent plus tard. Étant donné que le patrimoine est de plus en plus concentré et que les ménages aisés ont tendance à percevoir davantage de successions et des héritages de plus grande valeur, les inégalités intra-générationnelles risquent aussi de se creuser. Le nombre de proches se partageant une succession peut également être moins élevé du fait des faibles taux de natalité et de la taille réduite des familles, chaque héritier recevant ainsi une part plus importante du patrimoine du donateur.

Bibliographie

Adermon, A., M. Lindahl et D. Waldenström (2018), « Intergenerational Wealth Mobility and the Role of Inheritance: Evidence from Multiple Generations », *The Economic Journal*, vol. 128/612, pp. F482-F513, http://dx.doi.org/10.1111/ecoj.12535. [22]

Albers, T., C. Bartels et M. Schularick (2020), *The Distribution of Wealth in Germany, 1895-2018*, ECONtribute. [7]

Alvaredo, F., B. Garbinti et T. Piketty (2017), « On the Share of Inheritance in Aggregate Wealth: Europe and the USA, 1900–2010 », *Economica*, vol. 84/334, pp. 239-260, http://dx.doi.org/10.1111/ecca.12233. [20]

Balestra, C. et R. Tonkin (2018), « Inequalities in household wealth across OECD countries : Evidence from the OECD Wealth Distribution Database », *OECD Statistics Working Papers*, n° 2018/01, OECD Publishing, Paris, https://dx.doi.org/10.1787/7e1bf673-en. [2]

Boserup, S., W. Kopczuk et C. Kreiner (2016), « The Role of Bequests in Shaping Wealth Inequality: Evidence from Danish Wealth Records », *American Economic Review*, vol. 106/5, pp. 656–661, http://dx.doi.org/10.1257/aer.p20161036. [23]

Campanale, C. (2007), « Increasing returns to savings and wealth inequality », *Review of Economic Dynamics*, http://dx.doi.org/10.1016/j.red.2007.02.003. [10]

Causa, O., N. Woloszko et D. Leite (2019), « Housing, wealth accumulation and wealth distribution: Evidence and stylized facts », *OECD Economics Department Working Papers*, n° 1588, OECD Publishing, Paris, https://dx.doi.org/10.1787/86954c10-en. [8]

Dynan, K., J. Skinner et S. Zeldes (2004), « Do the Rich Save More? », *Journal of Political Economy*, vol. 112/2. [16]

Elinder, M., O. Erixson et D. Waldenström (2018), « Inheritance and wealth inequality: Evidence from population registers », *Journal of Public Economics*, vol. 165, pp. 17-30, http://dx.doi.org/10.1016/j.jpubeco.2018.06.012. [24]

Fatica, S. et D. Prammer (2017), *Working Paper Series Housing and the tax system: How large are the distortions in the euro area?*, BCE, http://dx.doi.org/10.2866/456421. [12]

Hood, A. et R. Joyce (2017), *Inheritances and Inequality across and within Generations*, Institute for Fiscal Studies. [18]

Household Finance and Consumption et Network (2016), *The Household Finance and Consumption Survey: results from the second wave*, http://dx.doi.org/10.2866/177251. [11]

Hviid, S. et A. Kuchler (2017), *Consumption and savings in a low interest-rate environment*, Danmarks Nationalbank, Copenhague, https://www.econstor.eu/handle/10419/171810. [4]

Joyce, R., T. Pope et B. Roantree (2019), *The characteristics and incomes of the top 1%*. [6]

Kennedy, S. (2019), *The potential of tax microdata for tax policy*, Éditions OCDE, Paris. [3]

McKee, K. (2012), « Young People, Homeownership and Future Welfare », *Housing Studies*, vol. 27/6, pp. 853-862, http://dx.doi.org/10.1080/02673037.2012.714463. [17]

OCDE (2020), *Panorama des pensions 2019 : Les indicateurs de l'OCDE et du G20*, Éditions OCDE, Paris, https://dx.doi.org/10.1787/b88511bc-fr. [15]

OCDE (2019), *Sous pression : la classe moyenne en perte de vitesse*, Éditions OCDE, Paris, https://dx.doi.org/10.1787/2b47d7a4-fr. [9]

OECD (2018), *Taxation of Household Savings*, OECD Tax Policy Studies, n° 25, OECD Publishing, Paris, https://dx.doi.org/10.1787/9789264289536-en. [13]

OECD (2013), *OECD Guidelines for Micro Statistics on Household Wealth*, OECD Publishing, Paris, https://dx.doi.org/10.1787/9789264194878-en. [1]

Piketty, T. (2011), « On the long run evolution of inheritance: France 1820–2050 », *Quarterly Journal of Economics*, vol. 126, pp. 1071-1131. [21]

Piketty, T. et G. Zucman (2015), « Wealth and Inheritance in the Long Run », dans *Handbook of Income Distribution*, http://dx.doi.org/10.1016/B978-0-444-59429-7.00016-9. [19]

Rosen, H. (1985), « Housing Subsidies: Effects on Housing Decisions, Efficiency, and Equity », dans Auerbach, A. et M. Feldstein (dir. pub.), *Handbook of Public Economics*, Elsevier Science Publishers B. V., North-Holland. [14]

Schröder, C. et al. (2020), « Millionaires under the Microscope: Data Gap on Top Wealth Holders Closed; Wealth Concentration Higher than Presumed », *DIW Weekly Report*, vol. 10, http://dx.doi.org/10.18723/diw_dwr:2020-30-1. [5]

Notes

[1] Les valeurs en dollars sont exprimées en dollars de 2015. Les données proviennent de Balestra et Tonkin (2018[2]) et de calculs internes. Les valeurs patrimoniales ont d'abord été exprimées sur une année commune (2011) au moyen d'indices de prix à la consommation, puis converties en USD en utilisant les parités de pouvoir d'achat pour la consommation des ménages. L'ensemble de données combiné a été mis à jour en 2015.

[2] Comme dans plusieurs pays membres de l'OCDE, le niveau élevé du ratio dettes moyennes/patrimoine brut moyen peut être lié à l'évolution des prix de l'immobilier, y compris pour les ménages ayant un patrimoine immobilier négatif.

[3] Ce chapitre agrège les types d'actifs en trois catégories : patrimoine financier (obligations et autres titres de créance, dépôts, fonds communs de placement et autres fonds d'investissement, participations nettes dans des entreprises propres non constituées en société, actions, autres actifs financiers non liés aux pensions, actions non cotées et autres participations, et plans de retraite facultatifs et assurance vie entière) ; patrimoine immobilier (résidence principale et autres biens immobiliers) ; et autre patrimoine (objets de valeur, véhicules et autres actifs non financiers).

[4] Certaines variations entre les pays peuvent être dues à des différences dans les sources de données (par exemple, données administratives ou enquêtes auprès des ménages), et à des différences liées au suréchantillonnage des ménages fortunés. Balestra et Tonkin (2018[2]) ne constatent pas de lien significatif entre le suréchantillonnage des ménages aisés et les différences observées entre la base de données sur la répartition des richesses et les autres bases de données sur le patrimoine, ce qui donne à penser que le suréchantillonnage ne fausse pas systématiquement les différences entre les pays en ce qui concerne les parts du patrimoine détenues par les plus fortunés.

[5] Allemagne, Autriche, Belgique, Chypre, Espagne, Estonie, Finlande, France, Grèce, Irlande, Italie, Lettonie, Luxembourg, Malte, Pays-Bas, Portugal, Slovaquie, et Slovénie.

Voir *Statistics Netherlands Statistical Trends*, décembre 2020, chapitre 3, https://www.cbs.nl/nl-nl/longread/statistische-trends/2020/pensioenvermogen-en-vermogensongelijkheid/3-resultaten (néerlandais).

[7] Le taux de remplacement suppose qu'un travailleur entre sur le marché du travail à l'âge de 22 ans, perçoit un salaire moyen tout au long de sa carrière, et prend sa retraite à l'âge normal. Des facteurs tels qu'un âge de départ à la retraite plus élevé, c'est-à-dire des périodes de cotisation plus longues, augmentent le taux de remplacement. Le taux de remplacement élevé modélisé pour l'Italie tient au fait que l'âge minimum de départ en retraite y est l'un des plus élevés (71 ans sur la base des projections démographiques actuelles antérieures à la crise du COVID-19).

[8] Wealth and Assets Survey (Was), enquête menée par l'Office for National Statistics du Royaume-Uni. Les résultats sont résumés par la Resolution Fondation : https://www.resolutionfoundation.org/app/uploads/2019/12/Who-owns-all-the-pie.pdf, consulté le 14 janvier 2021.

[9] Un héritage est une transmission de patrimoine en relation avec le décès d'un ascendant, tandis qu'une donation est une transmission de patrimoine réalisée du vidant du donateur, sans lien avec le décès de cette personne.

2 Examen des arguments en faveur et en défaveur de l'impôt sur les successions

Le chapitre 2 passe en revue les arguments qui militent pour et contre l'impôt sur les successions, en s'appuyant sur les travaux théoriques et empiriques existants. Il examine les avantages et les inconvénients de cet impôt au regard des critères d'équité, d'efficacité et de simplicité d'administration. Il aborde également les impôts sur les donations, qui constituent un complément courant et nécessaire de l'impôt sur les successions.

Ce chapitre passe en revue les arguments plaidant pour et contre l'impôt sur les successions. S'appuyant en grande partie sur la littérature théorique et empirique existante, il analyse les avantages et les inconvénients de l'impôt sur les successions sous l'angle de l'équité, de l'efficacité et de l'administration de l'impôt. Dans ce chapitre, le terme d'impôt sur les successions désigne l'ensemble des impôts prélevés sur les transmissions de patrimoine au moment du décès du donateur, que le prélèvement soit effectué sur le patrimoine total du donateur ou sur le patrimoine reçu par ses héritiers. En tant que complément nécessaire de l'impôt sur les successions, l'impôt sur les donations du vivant est également abordé. Après une présentation succincte des caractéristiques de l'impôt sur les successions, le chapitre expose les arguments qui militent en faveur de cet impôt pour des raisons d'équité. Il examine ensuite les effets de l'impôt sur les successions sur le comportement des donateurs et des héritiers sous l'angle de l'efficacité. La dernière section est consacrée aux aspects administratifs de l'impôt sur les successions. Par ailleurs, le chapitre compare les effets de l'impôt sur les successions avec l'impact d'autres impôts qui peuvent être prélevés sur les ménages fortunés, notamment les impôts sur le revenu des personnes physiques et les impôts sur le patrimoine.

Le chapitre indique que, dans l'ensemble, un recours accru à l'impôt sur les successions semble justifié dans les pays de l'OCDE. Du point de vue de l'équité, il existe des arguments forts en faveur d'un impôt sur les successions, notamment d'un impôt calculé sur la part d'héritage reçue par le bénéficiaire avec un abattement pour les successions de faible valeur. L'argument pourrait peser plus lourd dans les pays où l'imposition effective des revenus du capital et du patrimoine des personnes physiques tend à être faible. Du point de vue de l'efficacité, bien que le nombre d'études soit limité, la littérature empirique semble suggérer que les impôts sur les successions ont des effets plus limités sur l'épargne que d'autres impôts prélevés sur les contribuables fortunés et confirme leur effet incitatif sur les héritiers, qui sont encouragés à travailler davantage, et sur les dons caritatifs des donateurs. En outre, si les impôts sur les successions peuvent avoir des effets négatifs sur la transmission d'une entreprise familiale (selon la structure de l'impôt), ils peuvent aussi limiter les risques de transmission de capital à des héritiers moins qualifiés. Le chapitre montre également que les ménages très riches peuvent être amenés à pratiquer l'optimisation fiscale ou à s'installer dans un autre pays pour échapper à l'impôt sur les successions, mais qu'une meilleure conception de cet impôt permettrait de remédier en grande partie à ces comportements, comme on le verra plus en détail dans le chapitre 3. Enfin, les impôts sur les successions présentent un certain nombre d'avantages administratifs, comparativement à d'autres formes d'imposition du patrimoine, et les progrès récents en matière de transparence fiscale internationale renforcent la capacité des pays à taxer plus efficacement le capital.

2.1. Caractéristiques de l'impôt sur les successions

L'impôt sur les successions est une forme particulière d'impôt sur le patrimoine. Contrairement aux impôts sur le patrimoine net qui sont prélevés périodiquement (généralement chaque année) sur le patrimoine détenu, les impôts sur les transmissions de patrimoine sont prélevés au moment de la transmission et, dans le cas de l'impôt sur les successions, seulement au moment du décès du donateur. Les impôts sur les transmissions de patrimoine se répartissent à leur tour en deux catégories : ils peuvent être prélevés soit sur le patrimoine reçu par les héritiers, soit sur le patrimoine total transmis par le donateur. Comme les impôts sur le patrimoine net, les impôts sur les successions s'appliquent généralement à une large palette d'actifs, qui comprennent les biens immobiliers et mobiliers et les actifs financiers, et les dettes peuvent être déduites.

Certaines caractéristiques des impôts sur les successions les distinguent des autres formes d'impôt sur la propriété. Premièrement, par nature, l'impôt sur les successions a une incidence sur deux parties liées entre elles (Kopczuk, 2013[1]). Deuxièmement, le prélèvement de l'impôt sur les transmissions de patrimoine étant un événement peu fréquent (qui survient au moment du décès dans le cas de l'impôt sur les successions ou à des moments ponctuels de la vie du donateur dans le cas de l'impôt sur les donations), il est possible de s'y préparer longtemps à l'avance. De plus, compte tenu de l'ampleur potentielle des montants en jeu, certains contribuables peuvent être enclins à pratiquer l'optimisation fiscale (Kopczuk, 2013[1]). D'un autre côté, le caractère incertain de la date d'héritage peut freiner certaines réponses comportementales, notamment parmi les personnes moins fortunées qui ne peuvent pas se permettre de se séparer de leurs biens de leur vivant, ou celles dont les biens ne sont pas admissibles à des abattements particuliers. Troisièmement, même s'ils ne s'appliquent qu'à un petit groupe de contribuables, ces impôts peuvent avoir d'importantes conséquences distributives à court et à long terme.

2.2. Considérations liées à l'équité

Cette section examine les arguments qui plaident en faveur de l'impôt sur les successions pour des raisons d'équité. Ces arguments ont trait à l'égalité des chances, à l'équité horizontale et verticale et aux effets des impôts sur les successions sur la répartition des richesses. À l'aide de simulations simples, la dernière partie de la section illustre comment, conjugué à d'autres prélèvements fiscaux, l'impôt sur les successions peut contribuer à prévenir la constitution de patrimoines dynastiques au fil des générations.

2.2.1. Les impôts sur les successions et donations renforcent l'égalité des chances

Une fraction substantielle du patrimoine est obtenue par héritage. Les inégalités de patrimoine peuvent résulter d'inégalités des patrimoines de création propre – dues elles-mêmes à des facteurs tels que les différences des revenus tirés du travail ou de l'entrepreneuriat, les écarts de rendement de l'épargne et des investissements, ou encore la chance – et d'inégalités des patrimoines reçus par héritage. Selon certaines estimations, la part des héritages dans le patrimoine total varie entre 30 et 60 % dans les pays occidentaux (Wolff, 2015[2] ; Piketty et Zucman, 2015[3]). Les données indiquent que la part du patrimoine reçu par héritage dans le patrimoine total des ménages a progressé dans certains pays au cours des dernières décennies, et le nombre et la valeur des héritages devraient augmenter à l'avenir (voir chapitre 1).

Du point de vue de l'égalité des chances, les héritages et les donations peuvent créer un « fossé des chances ». Les transmissions de patrimoine peuvent conférer à leurs bénéficiaires un avantage de départ qui n'est aucunement lié à leurs efforts personnels (Alstott, 2007[4] ; Boadway, Chamberlain et Emmerson, 2010[5]) et réduire l'égalité des chances, qui peut s'entendre comme une situation dans laquelle des personnes ayant les mêmes aptitudes et déployant le même niveau d'effort disposent des mêmes chances dans l'existence. Cela pourrait être particulièrement vrai dans le cas des donations entre vivants, qui sont reçues plus tôt dans la vie que les héritages.

Sur le plan empirique, il est avéré que les héritages et les donations jouent un rôle important dans la persistance de la richesse de génération en génération, en particulier entre les parents et leurs enfants. La mobilité intergénérationnelle du patrimoine tend à être plus faible que la mobilité intergénérationnelle des revenus (Bastani et Waldenström, 2020[6]). S'intéressant à la mesure dans laquelle l'association entre le patrimoine des parents et celui des enfants en Suède peut s'expliquer par les héritages, Adermon, Lindahl et Waldenström (2018[7]) constatent que les legs et les donations représentent au moins la moitié de la corrélation de patrimoine entre parents et enfants, tandis que les revenus d'activité et l'éducation n'en représentent qu'un quart. Les auteurs observent néanmoins que le patrimoine tend à s'étioler au fil du temps, la corrélation de patrimoine entre grands-parents et petits-enfants étant beaucoup plus faible que la corrélation entre parents et enfants. Pour Boserup, Kopczuk et Kreiner (2018[8]), les transmissions entre vivants jouent un rôle majeur, le patrimoine détenu pendant l'enfance – lié aux dons reçus des parents – étant un indicateur robuste du patrimoine détenu à l'âge adulte.

L'instauration d'un impôt sur les successions est donc justifiée en tant que moyen d'améliorer l'égalité des chances. En diluant la concentration des richesses et en corrigeant les facteurs sur lesquels les récipiendaires n'ont pas prise, les impôts sur les successions et donations peuvent contribuer à instaurer davantage d'équité entre les personnes et, ce faisant, améliorer l'égalité des chances et la mobilité sociale. Piketty, Saez et Zucman (2013[9]) font valoir que, d'un point de vue méritocratique, le patrimoine reçu par héritage devrait être taxé davantage que les revenus d'activité et le patrimoine de création propre.

Les modèles théoriques de taxation optimale donnent des résultats très disparates concernant la façon dont l'impôt sur les successions devrait être conçu. Les études consacrées à l'impôt optimal sur les successions prennent en considération les objectifs d'équité et d'efficacité pour en tirer des conclusions sur la conception de cet impôt. Le taux d'imposition optimal dépend généralement de plusieurs facteurs, parmi lesquels l'intention du donateur et les coefficients de pondération attribués aux utilités du donateur et des bénéficiaires, les coefficients de pondération que le planificateur social assigne aux objectifs d'efficacité et d'équité, le type de fonction de bien-être social qu'il cherche à maximiser, et les types d'instruments fiscaux (linéaires ou non linéaires) dont il dispose pour maximiser le bien-être social. Comme on le verra ci-après, en fonction de celles de ces hypothèses retenues, certains modèles concluent que les legs ne devraient pas être taxés, d'autres qu'ils devraient être subventionnés, et d'autres encore que les taux d'imposition optimaux sont positifs.

Certains modèles de taxation optimale fondés sur des hypothèses très restrictives indiquent que le taux optimal d'imposition des legs est nul ou négatif (autrement dit, les legs devraient être subventionnés). Farhi et Werning (2010[10]) analysent un modèle à deux générations qui considère que l'intégralité du capital provient de l'effort de travail de la première génération, et dans lequel les enfants ne travaillent pas mais retirent une utilité de la consommation qu'ils peuvent financer grâce au legs reçu de leurs parents. Les auteurs montrent que si la fonction de bien-être social ne prend en considération que l'utilité des parents, qui sont supposés être altruistes (autrement dit, la consommation des enfants financée à l'aide du legs procure de l'utilité aux parents), sans pondérer directement l'utilité des enfants, le taux optimal d'imposition des legs est de zéro. Si l'État est en mesure de prélever un impôt non linéaire sur le revenu, les choix de consommation intertemporels des parents ne devraient pas être faussés, conformément aux résultats d'Atkinson et Stiglitz (1976[11]). D'un autre côté, lorsque l'utilité des héritiers est prise directement en compte dans le bien-être social, Farhi et Werning (2010[10]) concluent que les legs devraient être subventionnés – mais de façon progressive ; autrement dit, le montant de la subvention devrait diminuer avec la masse successorale, pour réduire les inégalités de consommation au sein d'une génération d'enfants.

Si, en revanche, le modèle de taxation optimale présuppose que la société a une préférence pour la méritocratie et l'égalité des chances, le taux optimal de l'impôt sur les successions devient positif. Dans un modèle construit à partir de leur modèle de 2010, mais qui considère que le degré d'altruisme des parents à l'égard de leurs enfants est hétérogène, Farhi et Werning (2013[12]) obtiennent différents taux d'imposition optimaux en fonction des objectifs redistributifs retenus, qui vont d'une subvention à un taux d'imposition positif. Ils observent que l'imposition des successions peut être un choix optimal si l'égalité des chances occupe une place centrale dans les objectifs de l'État. Piketty et Saez (2013[13]) proposent un scénario plus réaliste, dans lequel chaque génération lègue et hérite. Ils constatent que le taux optimal d'imposition est positif et élevé – allant jusqu'à 50 %-60 % – lorsque l'élasticité des legs à l'impôt est faible, que la concentration des legs est élevée et que la société se préoccupe surtout des personnes qui reçoivent un héritage modeste.

L'argument de l'égalité des chances a également d'importantes conséquences pour la conception même de l'impôt. Plus spécifiquement, si l'un des principaux objectifs de l'impôt sur les successions est de favoriser l'égalité des chances, il paraît plus justifié d'imposer le patrimoine reçu par l'héritier plutôt que le patrimoine du donateur. De fait, c'est le montant de l'héritage reçu par chaque bénéficiaire qui importe, et non le montant total légué par le donateur (Mirrlees et al., 2011[14]). Toujours selon le critère de l'égalité des chances, il serait également logique de prendre en compte l'ensemble du patrimoine reçu par une personne au cours de sa vie, quelle que soit l'identité des donateurs. Les différentes structures possibles de l'impôt sont examinées au chapitre 3.

2.2.2. Les impôts sur les successions et donations peuvent renforcer l'équité horizontale et verticale

L'impôt sur les successions peut améliorer l'équité horizontale. En vertu du principe d'équité horizontale, les personnes qui reçoivent la même quantité de revenus ou de patrimoine devraient se voir imposer la même charge fiscale. Par conséquent, toutes choses étant égales par ailleurs, des personnes qui reçoivent un transfert d'un tiers devraient être soumises à la même charge fiscale que ce transfert prenne la forme de revenus d'activité ou d'une donation ou d'un héritage. La mise en œuvre d'un impôt sur les successions peut donc être justifiée pour uniformiser le traitement des héritages et des revenus tirés du travail ou de l'épargne.

L'impôt sur les successions, en particulier s'il est progressif, peut aussi améliorer l'équité verticale. En vertu du principe d'équité verticale, les contribuables qui ont une capacité contributive plus élevée devraient payer plus d'impôts en termes relatifs. En taxant les transmissions de patrimoine, l'impôt sur les successions – en particulier si son taux est progressif – fait en sorte que les personnes qui reçoivent un patrimoine plus important paient davantage d'impôts. À dire vrai, l'impôt sur les successions fait généralement partie des composantes les plus progressives du système fiscal des pays (Piketty et Saez, 2007[15]), même si la façon dont les impôts sur les successions et donations sont conçus amoindrit souvent leur progressivité effective (voir chapitre 3).

Pour certains analystes, les transmissions de patrimoine devraient être taxées plus lourdement que les revenus du travail, au motif que les héritiers sont privilégiés par rapport aux personnes qui tirent leurs revenus de leur travail. Batchelder (2020[16]) a récemment formulé une proposition de réforme de l'impôt sur les successions aux États-Unis (impôt actuellement appliqué au patrimoine du donateur), qui consisterait à traiter l'héritage comme un revenu personnel imposable du bénéficiaire. Elle ajoute cependant que les « gros » héritages devraient être imposés à un taux plus élevé que les revenus du travail. Le fait est que les héritiers sont mieux lotis que les personnes qui accumulent la même somme d'argent grâce au fruit de leur travail, dans la mesure où les premiers n'ont aucun coût d'opportunité : ils ne sont pas tenus de renoncer à des loisirs pour hériter. En outre, les personnes qui héritent d'un patrimoine substantiel bénéficient souvent d'autres avantages économiques et sociaux par ailleurs, ce qui pourrait donner encore plus de poids à l'argument selon lequel les héritages devraient être taxés à un taux plus élevé que les revenus du travail (Batchelder, 2020[16]). Or, dans les systèmes d'imposition existants, le traitement fiscal des héritages est souvent beaucoup plus favorable que celui des revenus du travail et de l'épargne (voir chapitre 3 ; et Batchelder, 2020[3], pour les États-Unis et Resolution Foundation, 2018[10], pour le Royaume-Uni).

2.2.3. Les impôts sur les successions et donations peuvent réduire les inégalités de patrimoine, en particulier sur le long terme et si les recettes fiscales sont redistribuées

Un certain nombre d'études ont simulé la transmission intergénérationnelle de patrimoine pour examiner l'impact des successions sur la répartition du patrimoine, obtenant des résultats contrastés. Les conclusions dépendent des hypothèses retenues. Certaines études concluent que les héritages peuvent avoir un effet égalisateur, qui reflète le rôle de la corrélation imparfaite des caractéristiques du conjoint (au sens où, dans un ménage moins privilégié financièrement, le conjoint de la personne qui hérite profite de cet héritage (Laitner, 1979[17])) ou la tendance qu'ont les parents de laisser davantage à leurs enfants si ceux-ci sont moins bien lotis (Tomes, 1981[18]). Pour d'autres études, en revanche, l'héritage a un effet déségalisateur (Davies, 1982[19] ; De Nardi, 2004[20]).

Les études plus récentes fondées sur des données d'enquête ou des données administratives recueillies à l'échelon des individus constatent en général que les héritages réduisent les inégalités relatives de patrimoine mais accroissent sa dispersion absolue. S'appuyant sur des données issues de l'Enquête sur les finances des consommateurs aux États-Unis (Survey of Consumer

Finances), Wolff et Gittleman (2014[21]) observent que les riches héritent plus que les moins riches, mais que le montant dont héritent les riches est inférieur en termes relatifs par rapport à leur patrimoine existant, de sorte que les héritages exercent un effet égalisateur sur la répartition du patrimoine. Utilisant la même méthodologie, appliquée aux données de l'enquête sur les finances et la consommation des ménages (Household Finance and Consumption Survey), Bönke, Werder et Westermeier (2017[22]) parviennent aux mêmes résultats pour huit pays européens. D'autres études fondées sur des données administratives aboutissent à des conclusions analogues. À partir des données des registres de population suédois portant sur les successions et le patrimoine, Elinder, Erixson et Waldenström (2018[23]) observent que les héritages réduisent les inégalités de patrimoine mesurées par le coefficient de Gini ou par les parts du patrimoine détenues par les personnes les plus aisées. Les auteurs constatent néanmoins que les héritages accentuent la dispersion absolue du patrimoine parmi les héritiers, mesurée par la différence de patrimoine entre les héritiers appartenant respectivement au 25e et au 75e centiles de la distribution. Dans une étude similaire fondée sur des données individuelles sur le patrimoine tirées des registres fiscaux danois, Boserup, Kopczuk et Kreiner (2016[24]) notent également que les héritages entraînent une augmentation de la dispersion absolue et une baisse des inégalités relatives de patrimoine.

Dans les pays où les héritages exercent un effet égalisateur, cet effet tend à s'amenuiser avec le temps, dans la mesure où les héritages reçus par les pauvres sont beaucoup plus susceptibles d'être consommés à long terme. Nekoei et Seim (2018[25]) montrent que l'effet égalisateur des héritages en Suède s'inverse en l'espace de dix ans. Les héritiers des 99 % inférieurs de la distribution du patrimoine épuisent la quasi-totalité du patrimoine dont ils ont hérité en une décennie. À l'inverse, pour le 1 % supérieur de la distribution, le patrimoine transmis par héritage demeure pratiquement intact dans la durée. Elinder, Erixson et Waldenström (2018[23]) constatent aussi que l'effet égalisateur des héritages se dilue au fil du temps, ce qui rejoint l'observation selon laquelle les héritiers moins fortunés dépensent une plus large part de leur héritage que les plus fortunés.

En outre, l'impact global de l'impôt sur les successions – c'est-à-dire l'impact après prise en compte de la redistribution des revenus – a plus de chance d'être égalisateur. Dans le cas de la Suède, Elinder, Erixson et Waldenström (2018[23]) constatent que l'impôt sur les successions contrebalance l'effet égalisateur des héritages mais que cet effet s'inverse lorsque les recettes fiscales sont utilisées pour réduire les inégalités. L'impact à long terme de l'impôt sur les successions pourrait être encore plus important que l'effet redistributif immédiat. Le modèle de simulation des transmissions intergénérationnelles de patrimoine utilisé par Cowell, Van De Gaer et He (2017[26]) montre que l'effet de réduction des inégalités de patrimoine exercé par l'impôt sur les successions sur le long terme (c'est-à-dire l'effet « pré-distributif ») devrait être beaucoup plus important que l'impact « redistributif » immédiat, étant donné que le travail, les loisirs et les taux d'épargne évoluent tous d'une façon qui contribue à réduire les inégalités de patrimoine. Dans des travaux antérieurs, l'OCDE a également constaté que, de manière générale, les systèmes fiscaux qui recourent davantage aux impôts sur les transmissions de patrimoine sont associés à des niveaux d'inégalité des revenus plus faibles (Akgun, Cournède et Fournier, 2017[27]). Ces constatations renforcent l'idée selon laquelle l'effet global des impôts sur les successions – tenant compte de la redistribution du fruit de ces impôts – est égalisateur.

Ces résultats apportent des éclairages précieux pour la conception des impôts sur les successions. Ils donnent en effet à penser que l'application d'un seuil d'exonération autorisant la transmission d'héritages modestes en franchise d'impôt, conjuguée à un barème de taux d'imposition des successions progressifs, sont de nature à réduire les inégalités absolues et relatives de patrimoine. Cette solution évite de taxer les petits héritages, qui peuvent avoir un effet égalisateur, au moins à court terme, mais permet en revanche de taxer les héritages plus élevés. En outre, étant donné que les réponses comportementales varient le long de l'échelle de distribution du patrimoine (les héritiers les plus fortunés conservant leur héritage intact, tandis que la majorité des héritiers consomment le leur) et que les héritiers plus riches reçoivent des legs plus importants, le fait de taxer les gros héritages exercera un effet sur la répartition du patrimoine à long terme (Nekoei et Seim, 2018[25]).

2.2.4. L'impôt sur les successions peut contribuer à prévenir la constitution de patrimoines dynastiques

Cette section examine l'impact de différents impôts sur l'accumulation de patrimoine au fil des générations, en s'appuyant sur un modèle simplifié du cycle de vie. L'objectif des simulations présentées ici est de modéliser les effets de différents types d'impôt sur le rythme d'accumulation patrimoniale de générations successives pour différentes catégories de ménages et différents taux de rendement de l'épargne.

Ces simulations doivent s'interpréter comme de simples illustrations et reposent sur des hypothèses extrêmement simplifiées. La première partie de la simulation consiste à modéliser l'accumulation de patrimoine sur cinq générations pour trois catégories de ménages, à raison d'un taux de rendement de 4 %, en faisant varier la nature de l'impôt prélevé. L'unique différence entre les catégories de ménages considérées est leur niveau de patrimoine initial. Mis à part le patrimoine initial, les hypothèses de modélisation demeurent inchangées pour les différentes catégories de ménages ; de la sorte, les résultats ne peuvent pas être influencés par d'éventuelles différences des revenus du travail ou de retraite, de la rentabilité de l'épargne ou du comportement de consommation. Pour toutes les catégories de ménages et dans tous les scénarios, à la fin de chaque cycle de vie, le patrimoine est divisé à parts égales entre deux héritiers. La deuxième partie de la simulation s'intéresse à la dynamique d'accumulation patrimoniale des ménages à patrimoine très élevé, générateur d'un rendement de 7 %. Les paramètres du modèle sont précisés dans l'encadré 2.1.

Ces simulations ne prennent pas en considération les effets dynamiques potentiels à l'échelle de l'économie entière, qui peuvent avoir des répercussions importantes sur l'accumulation et les inégalités de patrimoine. Si les stocks de capital continuent à augmenter, en particulier, on pourrait s'attendre à ce que le rendement du capital s'oriente à la baisse en fonction de l'élasticité de substitution entre travail et capital, c'est-à-dire de la mesure dans laquelle le travail peut être facilement remplacé par du capital dans le processus de production. Si l'élasticité de substitution est élevée (c'est-à-dire supérieure à un), le rendement du capital devrait rester stable et supérieur au taux de croissance (Piketty, 2014[28]), mais si l'élasticité est plus faible, le rendement du capital est susceptible de diminuer, et s'il diminue suffisamment vite à mesure que le stock de capital croît, la part du capital dans le revenu des facteurs pourrait baisser au lieu d'augmenter (Rognlie, 2014[29]). Ces effets dynamiques ne sont pas pris en compte dans ces simulations simples. De même, celles-ci font abstraction de l'impact potentiel des recettes collectées par le biais des différents impôts modélisés et de l'influence que peuvent exercer à leur tour l'augmentation des recettes et la taille de l'appareil de l'État sur l'accumulation patrimoniale privée.

Enfin, ces simulations ne tiennent pas compte des changements de comportement observés, notamment parmi les générations qui héritent. Dans les scénarios simplifiés présentés ici, le comportement des ménages demeure inchangé dans la durée. Autrement dit, le processus d'accumulation de patrimoine se poursuit au fil des générations sans interruption. Comme on le verra dans les sections 2.3.5 et 2.3.6, cette hypothèse va à l'encontre de l'observation empirique selon laquelle les générations qui héritent ont tendance à travailler moins, à consommer plus, et à diriger les entreprises avec moins d'efficacité que les générations qui les ont précédées.

Encadré 2.1. Spécifications du modèle

Le modèle est estimé sur cinq générations de même durée. Chaque génération est composée d'un contribuable unique, dont le cycle de vie de 60 ans se répartit entre une période d'activité professionnelle de 40 ans et une période de retraite de 20 ans (dans ce scénario, le contribuable entre sur le marché du travail à environ 20 ans et reçoit la même année, par héritage, un patrimoine initial).

Au début de la première génération, les contribuables possèdent une certaine quantité d'actifs, définie selon trois catégories : i) un contribuable moyennement riche dispose d'un patrimoine initial de 40 000 USD, ii) un contribuable riche un patrimoine initial de 500 000 USD et iii) un contribuable très riche un patrimoine initial de 10 000 000 USD. À leur décès, leurs actifs sont également répartis entre deux héritiers, dont un seul est suivi dans la suite de l'analyse. Cet héritier travaille lui aussi pendant 40 ans, passe 20 ans à la retraite, transmet le patrimoine qu'il a accumulé à deux héritiers, et le même cycle se répète. Le modèle fait abstraction du fait que même si le patrimoine est réparti entre deux héritiers, il est possible qu'il continue de s'accumuler dans le périmètre de la même famille.

En plus de leur patrimoine, les contribuables perçoivent un salaire de 50 000 USD par an et une pension de 20 000 USD par an pendant leur retraite. Les niveaux de salaire et de pension sont maintenus constants pour tous les niveaux de patrimoine et toutes les générations successives. Chaque année, les contribuables consomment 30 % de leur salaire ou de leur pension et 1 % de leur patrimoine accumulé. Le reste est réinvesti en actifs, qui sont supposés produire un rendement de 4 %. Par souci de simplicité, le modèle ne tient pas compte de l'inflation (même si celle-ci a une incidence sur l'accumulation de patrimoine en termes réels).

Un impôt est prélevé sur les revenus de l'épargne provenant des revenus du patrimoine ou du travail. Le modèle applique un impôt forfaitaire annuel de 20 % ou un impôt progressif sur l'épargne. Un impôt sur les successions supérieures à 300 000 USD est également modélisé ; dans un scénario il s'agit d'un impôt forfaitaire de 10 %, dans l'autre d'un impôt progressif (le tableau 2.1 récapitule les niveaux de revenu, les seuils d'exonération et les taux d'imposition appliqués par le modèle). L'impact d'un impôt annuel de 1 % prélevé sur le stock de patrimoine est également modélisé.

Les salaires et les pensions sont soumis à l'impôt. Les salaires sont taxés à un taux effectif moyen d'imposition de 35 %, et les pensions de 20 %. La consommation est assujettie à un taux de TVA de 20 %.

Pour tenir compte du fait que le taux de rendement peut varier en fonction du niveau de patrimoine du ménage, un scénario tablant sur un rendement de 7 % pour les ménages très riches est également modélisé. À la suite, par exemple, de Lusardi, Michaud et Mitchell (2017[30]) et de Fagereng et al., (2020[31]) qui constatent des différences de rendement du capital systématiques et persistantes entre les individus, qui reflètent des différences dans les aptitudes, la prise de risque et le niveau de patrimoine, le second volet de la modélisation se concentre sur l'accumulation patrimoniale des très riches, en considérant que leur épargne produit un rendement plus élevé, de l'ordre des rendements récemment observés dans la vie réelle[1].

Tableau 2.1. Paramètres du modèle

	Ménage moyennement riche	Ménage riche	Ménage très riche
Patrimoine initial	40 000 USD	500 000 USD	10 000 000 USD
Revenus du travail	50 000 USD	50 000 USD	50 000 USD
Revenus de retraite	20 000 USD	20 000 USD	20 000 USD
Fraction consommée des revenus	30 %	30 %	30 %
Fraction consommée du patrimoine	1 %	1 %	1 %
Fraction consommée des revenus de retraite	30 %	30 %	30 %
Fraction consommée du patrimoine pendant la retraite	1 %	1 %	1 %
Rendement de l'épargne	4 %	4 %	4 % / 7 %
Progressivité de l'impôt sur l'épargne	20 % / 30 % / 40 % / 50 %	20 % / 30 % / 40 % / 50 %	20 % / 30 % / 40 % / 50 %
Seuils d'imposition de l'épargne	10 000 / 20 000 / 50 000 / 100 000 USD	10 000 / 20 000 / 50 000 / 100 000 USD	10 000 / 20 000 / 50 000 / 100 000 USD
Progressivité de l'impôt sur les successions	10 % / 15 % / 20 % / 30 %	10 % / 15 % / 20 % / 30 %	10 % / 15 % / 20 % / 30 %
Seuils d'imposition des successions	300 000 / 500 000 / 1 000 000 / 3 000 000 USD	300 000 / 500 000 / 1 000 000 / 3 000 000 USD	300 000 / 500 000 / 1 000 000 / 3 000 000 USD
Impôt sur le patrimoine	1 %	1 %	1 %
AETR sur le revenu du travail	35 %	35 %	35 %
AETR sur les revenus de retraite	20 %	20 %	20 %
Taux de TVA	20 %	20 %	20 %
Nombre d'héritiers dans chaque génération	2	2	2

Les résultats de la simulation montrent qu'en l'absence d'impôt sur l'épargne et le patrimoine, le patrimoine s'accumule sans discontinuer pour les trois catégories de ménages. Les estimations de la première ligne du Graphique 2.1 montrent qu'en dépit du fait que les stocks de patrimoine sont divisés entre deux héritiers à la fin de chaque cycle de vie, les contribuables n'en accumulent pas moins, au fil du temps, un stock de patrimoine un grand nombre de fois supérieur à leur patrimoine initial. Dans ce scénario, aucun impôt n'est prélevé et la transmission aux héritiers est le seul choc exercé sur la croissance du patrimoine. D'autres facteurs peuvent avoir des répercussions sur l'accumulation de patrimoine (crises, faible croissance de la productivité, etc.), mais ils ne sont pas pris en considération dans le modèle. Dans ce contexte, et en l'absence d'imposition, le patrimoine croît rapidement en s'auto-renforçant, pour atteindre des niveaux extrêmes, en particulier parmi les ménages très riches (on notera à cet égard les échelles différentes utilisées pour les trois catégories de ménages).

L'instauration d'un impôt progressif sur l'épargne ralentit l'accumulation de patrimoine dans une mesure considérable pour toutes les catégories de ménages. Par rapport à un impôt forfaitaire sur l'épargne de 20 %, qui ralentit déjà l'accumulation de patrimoine dans la durée, l'impôt progressif sur l'épargne modélisé la freine encore davantage (Graphique 2.1, deuxième ligne). Si le processus de formation de patrimoine au cours de la première génération colle étroitement à la trajectoire d'accumulation de patrimoine observée avec un impôt forfaitaire de 20 % pour les contribuables moyennement riches et riches, il ralentit dans les générations suivantes. Les niveaux de patrimoine des très riches augmentent moins que ceux des autres ménages en termes relatifs dans le scénario de l'impôt forfaitaire de 20 % (quoiqu'ils augmentent plus en montants absolus), et déclinent dans le scénario de l'impôt progressif sur l'épargne. Cette observation s'explique par plusieurs paramètres du modèle. Le surcroît d'épargne financé par les revenus du travail non consommés, qui constitue une part relativement plus élevée du patrimoine total pour les contribuables moyennement riches et riches, est réinvesti, de sorte que leurs niveaux de patrimoine augmentent initialement plus vite en termes relatifs. De même, l'impôt progressif sur l'épargne affecte moins les patrimoines plus modestes, car ils génèrent moins de revenus d'épargne. *A contrario*, l'épargne issue des revenus du travail qui est réinvestie forme une part plus restreinte du patrimoine existant des très riches et l'impôt progressif sur l'épargne les affecte davantage en raison des revenus plus élevés qu'ils tirent de leur épargne. L'impact de l'impôt progressif sur l'épargne est par ailleurs directement déterminé par les taux d'imposition retenus dans le modèle, et il est à noter que ces taux sont (sensiblement) supérieurs à ceux actuellement appliqués dans la plupart des pays de l'OCDE. Dans le scénario de l'impôt progressif sur l'épargne, les niveaux de patrimoine des différentes catégories de ménages finissent par converger, mais cela nécessite un nombre de générations supérieur à celui considéré dans le Graphique 2.1.

Combiné à un impôt forfaitaire de 20 % sur l'épargne, l'impôt progressif sur les successions exerce des effets correctifs similaires sur l'accumulation de patrimoine. Si l'application d'un impôt de 10 % sur les successions de plus de 300 000 USD ne semble pas modifier sensiblement la trajectoire de croissance pour les contribuables moyennement riches et riches, un impôt progressif sur les successions réduit l'accumulation de patrimoine au fil des générations de moitié en comparaison d'un scénario où seul un impôt forfaitaire de 20 % sur l'épargne est prélevé (Graphique 2.1, troisième et quatrième lignes). Pour les contribuables très riches, l'impôt progressif sur les successions conduit à un déclin du patrimoine dans la durée. En fonction du taux d'imposition appliqué, l'impôt progressif sur les successions exerce sur la dynamique d'accumulation patrimoniale des générations successives des effets semblables (quoique légèrement inférieurs) à ceux d'un impôt progressif sur l'épargne ; par conséquent, ce peut être un substitut (imparfait) de l'impôt progressif sur l'épargne.

Comparativement à un impôt progressif sur l'épargne, un impôt annuel de 1 % sur le patrimoine combiné à un impôt forfaitaire de 20 % sur l'épargne exerce impact global plus limité sur la formation de patrimoine. Lorsque l'on associe un impôt forfaitaire de 20 % sur l'épargne à un impôt annuel de 1 % sur le patrimoine, les trajectoires de croissance du patrimoine s'aplatissent pour les trois catégories de contribuables, la croissance devenant négative pour les très riches (Graphique 2.1, dernière ligne). Le fléchissement de la croissance du patrimoine (ou sa croissance négative pour les très riches) est légèrement moins marqué que dans le scénario à impôt progressif sur l'épargne. Dans ce contexte, il est important de rappeler que l'impôt sur l'épargne et l'impôt sur le patrimoine sont très semblables en l'absence d'imperfections des marchés de capitaux. Si l'épargne génère un rendement de 4 %, un impôt de 1 % sur le stock de patrimoine équivaut à un impôt de 25 % sur les revenus de l'épargne.

Graphique 2.1. Simulations de l'accumulation de patrimoine sur cinq générations pour différentes catégories de ménages et différents scénarios d'imposition

Accumulation de patrimoine estimée en millions USD pour un contribuable moyennement riche, un contribuable riche et un contribuable très riche, selon l'hypothèse d'un taux de rendement de 4 %

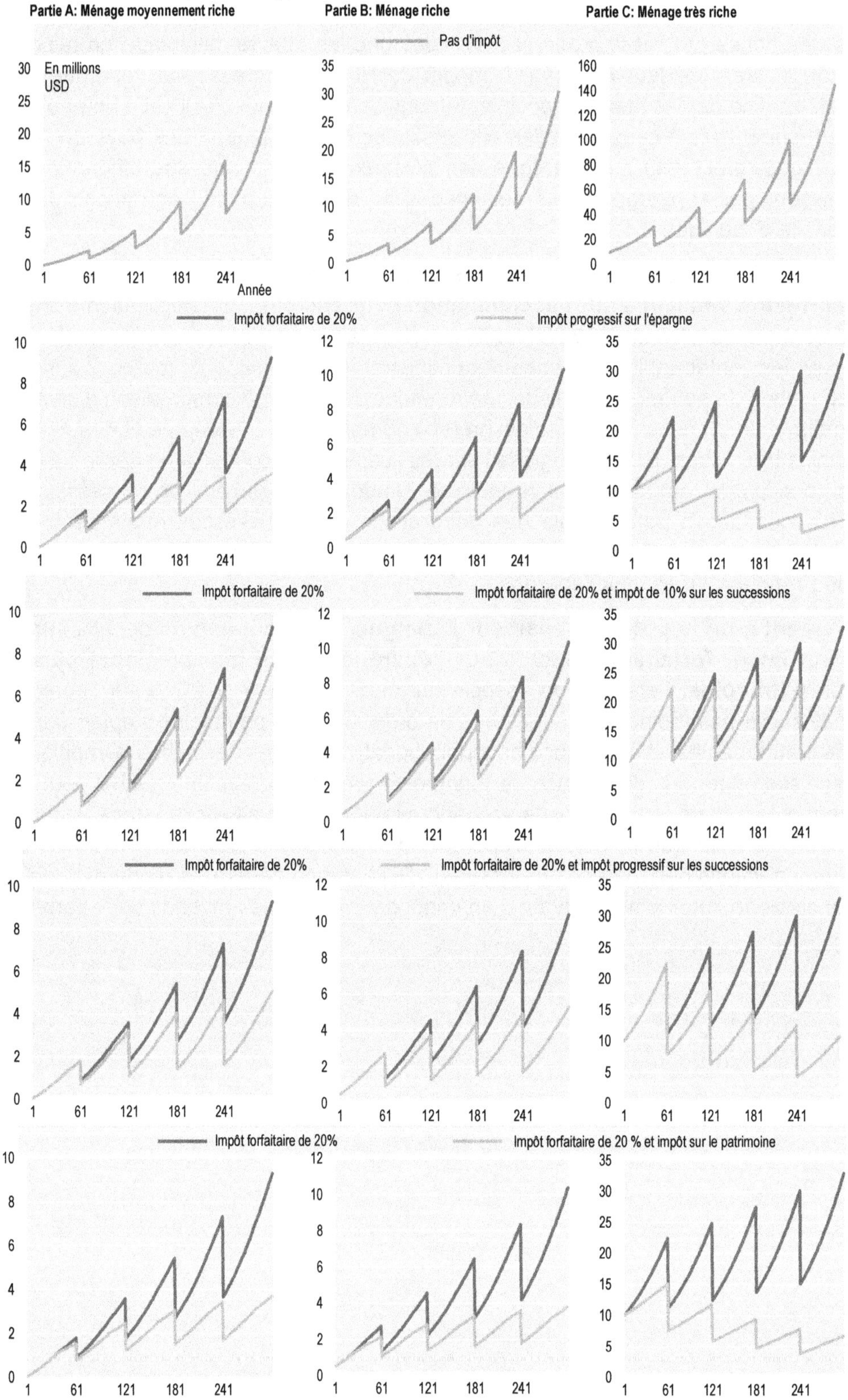

Source : Calculs du personnel de l'OCDE.

StatLink https://stat.link/jbe6um

Pour tenir compte du fait que le taux de rendement peut varier en fonction du niveau de patrimoine du ménage et exercer une influence significative sur la dynamique d'accumulation patrimoniale, un scénario fondé sur un rendement de 7 % pour les ménages très riches est également modélisé. La partie A du Graphique 2.2 montre que dans ce scénario, le patrimoine croît de façon exponentielle lorsqu'aucun impôt n'est appliqué : il grimpe de 10 millions USD initialement à plus de 50 milliards USD au bout de cinq générations (et ce en dépit du fait que le patrimoine est divisé en deux à la fin de chaque génération). La tendance est la même avec un impôt forfaitaire de 20 % sur l'épargne, mais elle est moins prononcée. Il faut recourir à un impôt progressif sur l'épargne pour ralentir la croissance exponentielle du patrimoine (Graphique 2.2, partie C) ; dans l'exemple considéré ici, le patrimoine total est multiplié par « seulement » six sur la période considérée, et l'accumulation suit une trajectoire relativement linéaire. Cet exemple montre que lorsque les contribuables réussissent à obtenir un rendement très élevé sur leur épargne, l'application d'un impôt progressif sur l'épargne ne sera pas forcément suffisante pour empêcher le patrimoine de croître de façon substantielle au fil des générations. Pour limiter une telle accumulation, il faudrait que l'impôt progressif sur l'épargne soit prélevé à un taux marginal très élevé, ou qu'il soit complété par un impôt sur les successions.

Graphique 2.2. Simulations de l'accumulation de patrimoine sur cinq générations pour un ménage très riche obtenant un rendement de 7 % sur son épargne

Accumulation de patrimoine estimée en millions USD. Scénarios d'imposition : pas d'impôt, impôt forfaitaire sur l'épargne et impôt progressif sur l'épargne

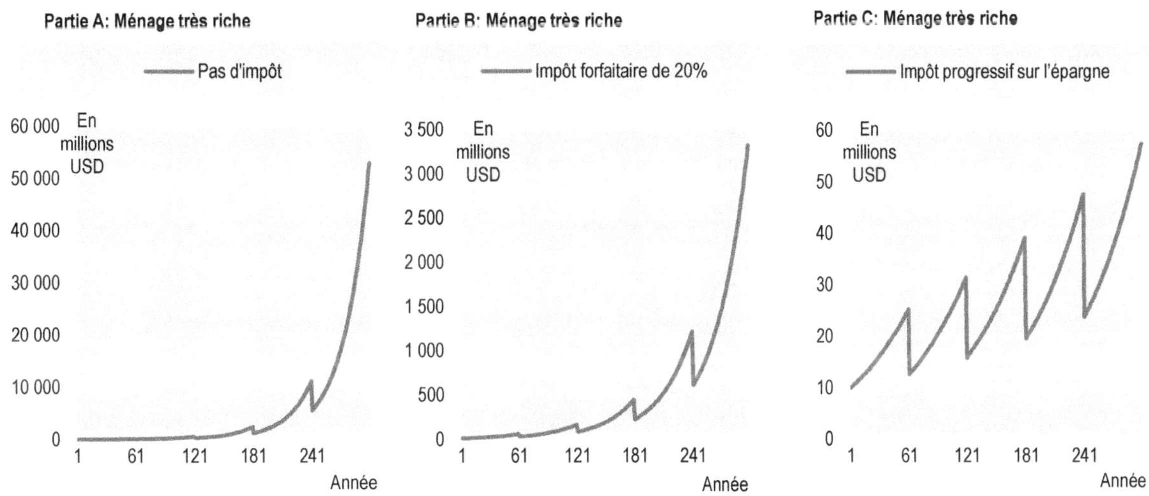

Source : Calculs du personnel de l'OCDE.

StatLink https://stat.link/lo8qa9

Comme cela a été indiqué précédemment, l'application d'un impôt progressif sur les successions ou d'un impôt sur le patrimoine peut aussi contribuer à prévenir l'accumulation d'une richesse extrême. Par rapport à un scénario dans lequel seul un impôt forfaitaire sur l'épargne est prélevé, l'ajout d'un impôt progressif sur les successions ou d'un impôt sur le patrimoine ralentit notablement la croissance du stock de patrimoine au fil des générations (Graphique 2.3). En présence d'un impôt forfaitaire sur l'épargne, le stock de patrimoine à la fin de la dernière génération s'élève à environ 3.5 milliards USD ; si on combine ce prélèvement à un impôt progressif sur les successions, le stock de patrimoine tombe à légèrement plus de de 700 millions USD, et si on le combine à un impôt sur le patrimoine, le stock de patrimoine reflue à moins de 500 millions USD à la fin de la cinquième génération. Ces deux impôts évitent la croissance exponentielle du patrimoine, mais dans les deux cas, le niveau de patrimoine final demeure considérablement plus élevé que dans le scénario de l'impôt progressif sur l'épargne (comme on peut le constater en comparant les graphiques 2.2 et 2.3). Cette comparaison montre que, dans l'ensemble, l'impôt progressif sur l'épargne se révèle plus apte à prendre en compte une rentabilité plus élevée de l'épargne. De fait, lorsque le rendement des actifs augmente, la charge fiscale augmente également en présence d'un impôt sur l'épargne, tandis qu'elle reste identique en cas d'impôt sur le patrimoine, ce qui implique une baisse du taux effectif de l'impôt sur le rendement. En outre, l'impôt forfaitaire sur les successions n'exerce pas d'impact majeur sur la croissance, au fil des générations, du patrimoine à rendement élevé dont disposent les contribuables très riches. En dernier lieu, le Graphique 2.4 illustre les trajectoires suivies par le stock de patrimoine lorsqu'un impôt sur les successions ou sur le patrimoine est associé à un impôt progressif sur l'épargne. Lorsque l'impôt progressif sur l'épargne est complété par un impôt progressif sur les successions ou un impôt annuel sur le patrimoine, les niveaux de patrimoine diminuent progressivement au fil des générations pour les ménages très riches dont les actifs génèrent un rendement de 7 %.

Graphique 2.3. Simulations de l'accumulation de patrimoine sur cinq générations pour un ménage très riche obtenant un rendement de 7 % sur son épargne

Accumulation de patrimoine estimée en millions USD. Scénarios d'imposition : impôt sur les successions ou sur le patrimoine, combiné à un impôt forfaitaire sur l'épargne

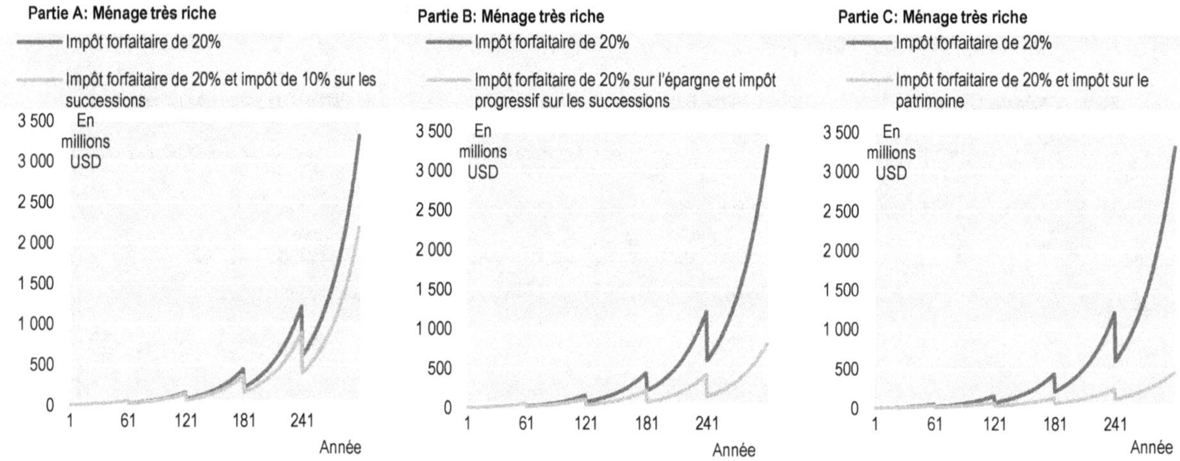

Source : Calculs du personnel de l'OCDE.

StatLink https://stat.link/ilwzsp

Graphique 2.4. Simulations de l'accumulation de patrimoine sur cinq générations pour un ménage très riche obtenant un rendement de 7 % sur son épargne

Accumulation de patrimoine estimée en millions USD. Scénarios d'imposition : impôt sur les successions ou sur le patrimoine, combiné à un impôt progressif sur l'épargne

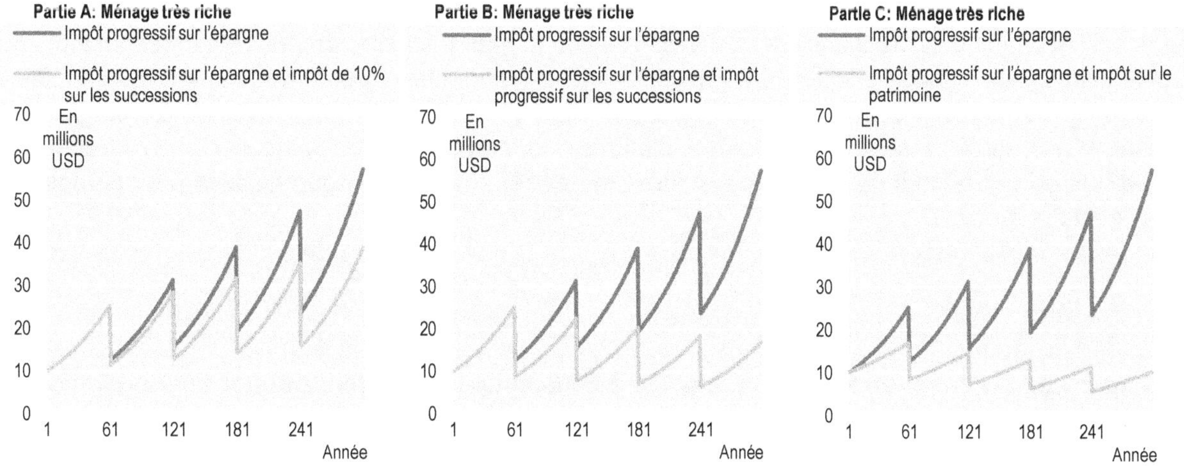

Source : Calculs du personnel de l'OCDE.

StatLink https://stat.link/thisd3

De manière générale, les résultats indiquent que l'adoption d'un impôt progressif élevé sur l'épargne, ou d'un impôt sur l'épargne plus bas associé à un impôt progressif sur les successions, peut contribuer à prévenir une forte accumulation des richesses au fil des générations. Du point de vue de l'efficacité, il est peut-être préférable d'opter pour un impôt progressif sur l'épargne plus modéré combiné à un impôt progressif sur les successions, l'impact négatif des impôts sur les successions sur l'efficacité étant généralement limité (voir section 2.3). L'association d'un impôt progressif sur l'épargne et d'un impôt annuel sur le patrimoine peut aussi être un bon moyen de réduire la concentration des richesses au fil des générations, mais selon la façon dont elle est conçue, cette option risque de conduire à des taux d'imposition effectifs marginaux très élevés, en particulier dans les scénarios à rendement faible. De plus, comme on le verra dans la suite du chapitre, l'impôt sur le patrimoine est plus complexe à administrer que l'impôt sur les successions.

Les résultats de ces simulations laissent également penser que certains facteurs pourraient avoir une profonde influence sur les tendances de l'accumulation de patrimoine à l'avenir. Par exemple, les taux d'intérêt réels faibles à négatifs qui prévalent actuellement mettent à mal le rendement de l'épargne et l'accumulation de patrimoine, en particulier pour les ménages moins aisés. Depuis la crise financière, les grandes banques centrales ont abaissé drastiquement leurs taux directeurs et engagé des programmes d'achat d'actifs pour injecter davantage de liquidités sur le marché dans un contexte d'inflation faible. Ces opérations ont fait baisser les taux du crédit, conformément à leur objectif, mais les taux de rendement des actifs sûrs s'en sont ressentis corrélativement. D'un autre côté, la politique monétaire expansionniste récente pourrait alimenter l'inflation de certaines catégories d'actifs, par exemple sur les marchés de l'immobilier ou des actions, et accentuer encore par ce biais les inégalités de patrimoine. Autre tendance qui pourrait avoir un effet important sur l'accumulation et la répartition du patrimoine à l'avenir, le déclin des taux de fécondité[2]. Comme les simulations l'ont montré, l'augmentation du nombre d'héritiers produit le même type d'effet que l'ajout d'un impôt successoral sur le stock de patrimoine. Le déclin du nombre d'héritiers, sorte de « choc démographique sur l'accumulation de patrimoine » (Piketty, 2015[32]), risque d'exacerber les inégalités intra- et intergénérationnelles de patrimoine dans la mesure où les héritages seront répartis entre un moins grand nombre de personnes.

Enfin, bien que ce cas de figure ne soit pas pris en considération dans les simulations, la constitution d'un patrimoine important en l'espace d'une seule génération a des conséquences majeures pour la conception de l'impôt. Les simulations présentées ci-avant décrivent un processus d'accumulation de patrimoine sur plusieurs générations, fondé sur l'épargne et l'investissement. Cependant, la constitution d'un patrimoine extrêmement élevé est souvent le fruit de la réussite entrepreneuriale d'une seule génération, soutenue par des changements technologies rapides (industrialisation, innovation financière ou transformation numérique par exemple) et par des facteurs qui favorisent les rentes économiques ou l'obtention de rendements super-normaux, tels qu'une faible concurrence sur le marché. Ces considérations montrent que l'impôt sur les successions n'est pas une panacée et qu'il est nécessaire d'entreprendre d'autres réformes fiscales (en particulier en ce qui concerne les revenus du capital des personnes physiques) et des réformes autres que fiscales pour corriger les inégalités de patrimoine.

2.3. Considérations liées à l'efficacité

Ce chapitre passe en revue les arguments liés à l'efficacité qui plaident pour et contre l'impôt sur les successions. Comme indiqué précédemment, l'une des caractéristiques spécifiques de l'impôt sur les successions est qu'il affecte les incitations des donateurs et des héritiers. Il peut également avoir une incidence sur leurs comportements à différents égards : il peut influencer les comportements du donateur en matière d'accumulation de patrimoine, de donation, de migration et d'optimisation, et les décisions des héritiers en matière d'épargne et d'offre de travail. Cette section examine dans un premier temps l'impact de l'impôt sur les successions sur les comportements des donateurs, avant d'aborder ses effets sur les héritiers. Elle examine ensuite les répercussions potentielles de cet impôt sur l'entrepreneuriat et les successions d'entreprise. D'autres arguments liés à l'efficacité, certains favorables et d'autres défavorables à l'impôt sur les successions, seront évoqués, notamment la double imposition et les externalités négatives de la concentration des richesses. Cette section compare également les effets de l'impôt sur les successions et d'autres types d'impôt en termes d'efficacité, et analyse l'influence de la structure de l'impôt sur les réponses comportementales à l'impôt sur les successions.

2.3.1. L'impôt sur les successions peut avoir un effet faiblement négatif sur l'accumulation de patrimoine des donateurs

L'impôt sur les successions réduit directement l'accumulation patrimoniale des générations successives (voir section 2.2.4). Néanmoins, si l'on fait abstraction des conséquences possibles sur le comportement des donateurs, cet effet ne se matérialise qu'au moment où les biens sont transmis à la génération suivante en réduisant le patrimoine net légué aux héritiers. Comme on le verra plus loin, les impôts sur les successions peuvent également avoir une influence sur l'accumulation de patrimoine avant leur prélèvement, en incitant les donateurs à adapter leur comportement.

D'un point de vue théorique, l'impôt sur les successions peut avoir des effets variables sur le comportement des donateurs. Les donateurs potentiels peuvent être tentés d'épargner moins s'ils savent qu'une partie de leur patrimoine ne sera pas transmise à leurs héritiers (effet de substitution). D'un autre côté, si les donateurs sont résolus à transmettre une quantité déterminée de leur patrimoine à la génération suivante, un impôt sur les successions pourrait les inciter à épargner davantage (effet de revenu). Dans les pays où les transmissions entre vivants sont moins taxées que les transmissions au moment du décès, les donateurs peuvent également chercher à transmettre leur patrimoine plus tôt. Enfin, les donateurs potentiels peuvent préférer investir davantage dans l'éducation de leurs enfants plutôt qu'accumuler du patrimoine soumis à l'impôt.

Un abondant corpus théorique a mis en évidence le rôle des motivations du legs dans la réponse des donateurs à l'impôt sur les successions et donations. Les donateurs potentiels accumulent du patrimoine pour des raisons diverses (voir encadré 2.2) et les études théoriques constatent que les motivations du legs ont une influence notable sur la réponse comportementale des donateurs à des modifications de la fiscalité des successions. Les donateurs potentiels peuvent épargner en prévision de leurs besoins au moment de la retraite (épargne du cycle de vie). Ils peuvent aussi épargner parce qu'ils apprécient d'être riches et sont attachés au pouvoir et au prestige que leur confèrent leur fortune de leur vivant (épargne dite « égoïste »). Dans ces cas de figure, les donateurs effectueront peut-être un legs non intentionnel ou « accidentel » s'ils décèdent avant d'avoir consommé l'intégralité de leur patrimoine. On peut supposer que ces legs non intentionnels sont peu sensibles à l'impôt sur les successions (Gale et Slemrod, 2001[33]). Aussi pourrait-il être justifié, du point de vue de la structure de l'impôt, de taxer davantage les transmissions en faveur de parents éloignés ou d'héritiers hors famille, la probabilité de transmissions accidentelles étant sans doute plus élevée dans leur cas qu'elle ne l'est pour les legs à des descendants directs (Cremer et Pestieau, 2009[34]). Dans d'autres cas, cependant, le legs n'est pas accidentel mais planifié au moins en partie par le donateur ; dès lors, l'impôt sur les successions est susceptible d'influencer dans une certaine mesure les décisions d'épargne et de consommation du donateur. Pour les parents altruistes qui se soucient du bien-être de leurs enfants, l'effet de l'impôt sur les successions est ambigu, car il dépend des effets de revenu et de substitution. D'un côté, les parents peuvent être moins incités à épargner et travailler s'ils ne peuvent transmettre qu'une partie de leur patrimoine à leurs enfants. D'un autre côté, des parents altruistes pourraient décider d'épargner davantage si un impôt est prélevé sur les successions, de manière à compenser l'impôt que leurs héritiers auront à acquitter (Joulfaian, 2016[35]). Si les transmissions entre vivants sont plus avantageuses fiscalement, il faut également s'attendre à ce que les parents altruistes transmettent un montant plus élevé de leur vivant, pour éviter de réduire le patrimoine net d'impôt qui reviendra à leurs enfants (Niimi, 2019[36]). D'autres modèles s'intéressent aux motivations fondées sur l'échange, en vertu desquelles les parents transmettent un patrimoine à leurs descendants en échange de services – par exemple, s'occuper des parents lorsqu'ils seront âgés. Si les transmissions entre vivants bénéficient d'un traitement fiscal plus avantageux par rapport aux legs, ces parents, comme les parents altruistes, choisiront peut-être d'accélérer la transmission de leur patrimoine pour éviter que celui-ci ne soit frappé d'un impôt plus élevé. Mais ils pourraient aussi décider de ne pas avancer le moment de la transmission et subordonner le legs de leur patrimoine à la condition que leurs enfants s'occupent d'eux dans leurs vieux jours (Niimi, 2019[36]).

Encadré 2.2. Motivations des legs

Le rôle des motivations des legs dans la détermination des réponses comportementales à l'impôt sur les successions a été étudié de près. Un corpus d'études théoriques pointe les motivations suivantes (Cremer et Pestieau, 2009[34]) :

(1) **legs accidentels** : la transmission du patrimoine peut être non intentionnelle ou « accidentelle » lorsque la personne décède avant d'avoir pu consommer l'intégralité de ce qu'elle possédait (Abel, 1985[37] ; Hurd, 1987[38]). Ces legs accidentels peuvent se produire lorsqu'une partie de l'épargne constituée par le donateur à des fins de lissage de sa consommation n'a pas été consommée au moment du décès. Ils peuvent également être le fait de ménages fortunés qui accumulent du patrimoine pour l'utilité que celui-ci leur procure, et non dans un but dynastique ou lié au cycle de vie (Carroll, 2000[39]). L'hypothèse retenue est que les donateurs ne retirent aucune utilité des legs accidentels.

(2) **Motivation stratégique** : les donateurs peuvent transmettre leur patrimoine à leurs héritiers en échange d'un service, pour les inciter à adopter un certain comportement – s'occuper du donateur lorsqu'il sera âgé par exemple (Bernheim, Shleifer et Summers, 1985[40]).

(3) **Motivations altruistes** : les donateurs peuvent retirer une utilité directe du bien-être de leurs héritiers et vouloir compenser le moindre niveau des revenus d'activité ou des capacités de revenus de leur enfants (Becker, 1974[41] ; McGarry et Schoeni, 1995[42]).

(4) **Motivations liées au « plaisir de donner »** – également appelé « warm glow » : les donateurs peuvent retirer une utilité du simple fait de donner à leurs enfants (Andreoni, 1990[43]). Contrairement au legs altruiste, le « plaisir de donner » est un avantage privé ressenti uniquement par le donateur, qui n'attache pas de valeur aux avantages procurés par le legs aux héritiers.

Les estimations de ces motivations diverses sont variables. Par exemple, Hurd (1987[38]) observait que les ménages avec enfants n'épargnaient pas davantage et en concluait que les legs étaient en grande partie accidentels. Pour leur part, Kopczuk et Lupton (2007[44]) ont calculé que 75 % environ de la population âgée avaient une motivation pour effectuer un legs. Quant à savoir si ces motivations sont altruistes ou stratégiques, les auteurs n'ont pas obtenu de résultats statistiquement significatifs. La fortune joue un rôle déterminant dans la motivation du legs, car les personnes fortunées « possèdent plus de patrimoine qu'il ne leur en faut pour satisfaire leurs besoins de consommation pendant leur retraite » (Burman, Mcclelland et Lu, 2018[45] ; Kopczuk et Lupton, 2007[44]). Comme indiqué dans le corps du texte, on peut s'attendre à ce que l'impact des impôts sur les successions et donations sur le comportement des donateurs varie suivant que le donateur ait ou non une motivation pour effectuer un legs et suivant la nature de celle-ci.

Quoi qu'il en soit, cette littérature hautement théorique sur les motivations des legs n'a eu qu'une influence limitée dans la pratique. Bien qu'il existe un corpus abondant sur les motivations des legs, aucun consensus ne se dégage quant aux déterminants des comportements de legs. Il est en fait extrêmement difficile de connaître l'intention des donateurs, et leurs motivations sont souvent multiples. En outre, différentes personnes peuvent avoir différentes motivations (Kopczuk, 2013[1]). Ainsi, une personne plus fortunée est plus susceptible d'avoir une motivation (non accidentelle) pour effectuer un legs, car elle possède plus d'actifs qu'il ne lui en faut pour financer sa consommation au moment de sa retraite (Burman, Mcclelland et Lu, 2018[45] ; Kopczuk et Lupton, 2007[44]). Si les travaux théoriques mettent largement en exergue le rôle des motivations des legs, la plupart des études empiriques qui ont examiné les réponses comportementales à l'impôt sur les successions n'ont pas cherché à établir de liens explicites avec les motivations des donateurs (Niimi, 2019[36]). De même, du point de vue pratique de la conception de l'impôt, les constats relatifs aux motivations des legs ont été peu mis en pratique dans la mesure où il ne serait pas réalisable d'adapter les règles fiscales aux diverses motivations des legs.

Les études empiriques consacrées à l'impact de l'impôt sur les successions sur l'accumulation de patrimoine des donateurs sont très limitées et concluent généralement que ces effets sont négatifs mais faibles. Il existe très peu d'études empiriques sur les conséquences de l'impôt sur les successions pour l'accumulation de patrimoine. En utilisant des méthodes différentes, Holtz-Eakin et Marples (2001[46]), Slemrod et Kopczuk (2000[47]) et Joulfaian (2006[48]) obtiennent des résultats concordants concernant l'élasticité de la masse successorale imposable par rapport au taux d'imposition des successions, qui ressort à un niveau modeste compris entre 0.1 et 0.2 – autrement dit, une augmentation de 1 % du taux marginal d'imposition réduit le patrimoine de la succession de 0.1 à 0.2 % (Kopczuk, 2009[49]). Toutefois, dans la mesure où Slemrod et Kopczuk (2000[47]) et Joulfaian (2006[48]) ont utilisé des données sur la fiscalité des successions, il n'est pas possible d'établir une distinction nette entre les effets en termes d'accumulation de patrimoine et les comportements d'optimisation fiscale. De leur côté, Holtz-Eakin et Marples (2001[46]) utilisent des données directes sur le patrimoine, mais leurs estimations ne couvrent pas les ménages les plus riches, c'est-à-dire ceux sur lesquels l'impôt sur les successions a le plus d'impact. Plus récemment, en observant les discontinuités du traitement fiscal français des produits d'assurance-vie légués au moment du décès, qui dépend de l'âge auquel les primes ont été versées et de la date à laquelle le contrat a été souscrit, Goupille-Lebret et Infante (2018[50]) ont cherché à distinguer les effets réels sur l'accumulation de patrimoine des réponses d'optimisation, et constaté des effets modestes sur l'accumulation de capital.

Globalement, les comportements d'épargne et d'accumulation de patrimoine ne réagissent pas autant à l'impôt sur les successions qu'à l'impôt sur le patrimoine. Les impôts périodiques sur le patrimoine net devraient exercer un effet contre-incitatif plus marqué sur les décisions d'épargne et d'accumulation de patrimoine que les impôts sur les successions, étant donné que les épargnants doivent les acquitter chaque année alors que l'impôt sur les successions est prélevé une seule fois à la fin de la vie du donateur et que, s'il s'applique au patrimoine reçu par le bénéficiaire, il est payé par l'héritier et non par l'épargnant. En outre, l'impôt sur les successions génère sans doute moins de distorsions que l'impôt sur le patrimoine net dans la mesure où l'on peut supposer qu'une partie des héritages n'est pas préparée et, partant, n'est pas influencée par les règles d'imposition des successions. De façon empirique, on estime que le patrimoine imposable présente en moyenne une élasticité plus élevée à l'impôt sur le patrimoine net qu'aux impôts ponctuels sur les legs (Advani et Tarrant, 2020[51] ; OCDE, 2018[52]).

2.3.2. Des études font état d'importantes pratiques d'optimisation fiscale des successions et des donations

L'un des reproches les plus fréquemment adressés à l'impôt sur les successions est qu'il encourage l'optimisation fiscale. Invoquant la facilité avec laquelle il est possible d'échapper aux impôts sur les successions, certains commentateurs considèrent que ce sont en grande partie des « impôts volontaires » (Cooper, 1979[53]). Comme on l'a indiqué précédemment, le fait que les impôts sur les successions soient prélevés au moment du décès laisse aux intéressés un long délai pour prendre leurs dispositions, et l'ampleur potentielle de la masse successorale peut constituer une incitation à l'optimisation fiscale (Kopczuk, 2013[54]). Dans certains pays, l'impôt sur les successions ne s'applique qu'au-delà d'un seuil élevé, et concerne donc principalement les ménages très fortunés et bien conseillés. Schmalbeck (2001[55]) montre qu'il existe aux États-Unis de nombreuses possibilités d'échapper à l'impôt sur les successions, et qu'elles peuvent réduire considérablement la charge fiscale des legs. Ces stratégies comprennent notamment la transmission du patrimoine sous forme de donation entre vivants, la conversion de patrimoine à transmettre en actifs assortis d'une exonération ou d'un allègement d'impôt (actifs commerciaux ou agricoles par exemple), l'utilisation de trusts, les déductions au titre des legs caritatifs, et l'utilisation de généreuses décotes de valorisation.

D'après les données, l'optimisation de l'impôt sur les successions, notamment par le biais de donations entre vivants, est une pratique très répandue. L'une des stratégies d'optimisation fiscale les plus courantes consiste à transmettre le patrimoine sous la forme de donation entre vivants si celle-ci bénéficie d'un traitement fiscal préférentiel. Non seulement la donation met à profit la différence de traitement fiscal entre dons et legs, mais elle permet de soustraire l'appréciation future de la valeur du bien à l'impôt sur les successions. La plupart des études constatent que le montant des donations et le moment où elles sont effectuées sont sensibles à l'imposition des successions et des donations (Bernheim, Lemke et Scholz, 2004[56] ; Joulfaian, 2004[57] ; Joulfaian, 2005[58]). Examinant la fiscalité des successions en Allemagne, Sommer (2017[59]) note que dans le cas de donations entre proches parents, le montant des dons est particulièrement sensible aux incitations fiscales. Par ailleurs, le comportement des contribuables est hétérogène, la sensibilité des donations à l'impôt étant plus importante parmi les ménages plus fortunés. Dans le cas de la France, par exemple, Arrondel et Laferrère (2001[60]) montrent, à partir de données sur les successions, que la probabilité de donation dépend du montant du patrimoine soumis à l'impôt. Escobar, Ohlsson et Selin (2019[61]) concluent que la forte élasticité de la base d'imposition des successions en Suède est due au traitement fiscal favorable des donations entre vivants et qu'il existe une corrélation étroite entre la sollicitation de conseils juridiques et la réalisation de donations entre vivants. Cela étant, certaines études parviennent à la conclusion que la fonction d'optimisation fiscale des donations n'est pas pleinement exploitée. Par exemple, McGarry (1999[62]) et Poterba (2001[63]) montrent que les contribuables ne profitent pas entièrement de l'abattement annuel au titre des dons qui existe aux États-Unis.

Les études empiriques sur l'optimisation fiscale « sur le lit de mort » parviennent à des résultats différents selon les pays. À partir des déclarations d'impôt sur les successions déposées en 1977 aux États-Unis, Kopczuk (2007[64]) a examiné les comportements adoptés par les déclarants après l'apparition d'une maladie terminale. Il relève que des modifications importantes sont apportées au montant et à la structure des successions peu de temps avant le décès, comportement révélateur d'une optimisation fiscale « sur le lit de mort ». Cela signifie que les personnes fortunées se soucient du montant qu'elles vont léguer mais aussi qu'elles reportent leurs décisions importantes en matière de succession à un moment très proche du décès. En suivant l'approche empirique de Kopczuk (2007[64]), Erixson et Escobar (2020[65]) ne trouvent aucune preuve de pratiques d'optimisation fiscale sur le lit de mort en Suède. L'une des explications qu'ils avancent est que les Suédois n'ont pas autant de contacts avec les conseillers fiscaux professionnels que n'en ont les citoyens des États-Unis et qu'ils sont peut-être moins bien informés sur les stratégies d'optimisation fiscale. Dans le cas de l'Allemagne également, Sommer (2017[59]) ne trouve aucun élément attestant de pratiques d'optimisation fiscale sur le lit de mort. Ces résultats concernant la Suède et l'Allemagne pourraient également s'expliquer en partie par le fait que les possibilités d'échapper à l'impôt sur les successions sont plus limitées dans ces deux pays qu'aux États-Unis.

Le fait que les stratégies de minimisation de l'impôt ne soient pas pleinement exploitées pourrait tenir à différents facteurs. Bon nombre des stratégies d'optimisation fiscale concernant l'impôt sur les successions et donations, y compris les donations entre vivants, exigent que la personne renonce au contrôle de ses actifs, ce à quoi elle peut ne pas consentir (Kopczuk, 2007[64] ; Schmalbeck, 2001[55]). Une telle réticence peut s'expliquer par l'attachement de la personne à son patrimoine ou par des considérations d'épargne de précaution, même si l'épargne de précaution n'est sans doute pas la principale motivation tout en haut de la distribution. La volonté de garder la main sur ses actifs n'est peut-être pas la seule raison qui fait que l'optimisation fiscale n'est pas davantage utilisée. En France, par exemple, où les contrats d'assurance-vie sont un outil d'optimisation fiscale courant, Goupille-Lebret et Infante (2018[50]) observent des réponses comportementales de faible ampleur qui ne peuvent pas s'expliquer par le souhait des souscripteurs de conserver le contrôle de leurs avoirs, puisque les détenteurs de contrats d'assurance-vie conservent justement la main sur leurs actifs jusqu'à leur décès. La méconnaissance des stratégies de minimisation de l'impôt et le biais de courte vue sont des explications possibles mais qui valent surtout pour les ménages disposant d'un patrimoine modéré, les ménages très fortunés disposant des conseils avisés de professionnels.

Les possibilités d'optimisation fiscale ont amoindri la progressivité effective de l'impôt sur les successions. Des données montrent qu'en plus de réduire l'équité horizontale, l'optimisation de l'impôt sur les successions a affaibli l'équité verticale du fait que l'optimisation fiscale est surtout accessible aux ménages fortunés. Dans le cas de la Suède, Henrekson et Waldenström (2016[66]) observent que l'adoption de nouvelles lois, conjuguée à l'efficacité accrue des stratégies d'optimisation fiscale dans les années 1990, ont permis aux personnes les plus riches d'échapper à l'impôt sur les successions, tandis que de vastes segments de la population étaient confrontés à une hausse rapide de leurs obligations fiscales au titre des successions. Diverses études montrent que les exonérations et allègements proposés ont réduit la progressivité de l'impôt sur les successions. Une étude récente menée en France fait apparaître que les actifs exonérés de droits de succession engendrent une réduction du taux effectif d'imposition beaucoup plus importante pour les très grosses transmissions que pour les petites (Dherbécourt, 2017[67]). Aux États-Unis, Gravelle et Maguire (2006[68]) constatent que les déductions caritatives sont le principal facteur qui explique le taux effectif moyen d'imposition inférieur appliqué à la tranche de patrimoine la plus élevée. Au Royaume-Uni, une étude récente a montré que les allègements appliqués aux actifs commerciaux et agricoles profitaient essentiellement aux ménages les plus fortunés, de sorte que certaines des plus grosses successions bénéficient d'une charge fiscale effective sensiblement réduite (Office of Tax Simplification, 2018[69]). Ces points seront examinés plus en détail au chapitre 3.

Les possibilités d'optimisation fiscale sont cependant loin de se limiter à l'impôt sur les successions, et montrent qu'il est nécessaire non pas d'abroger cet impôt mais de le réformer. Les possibilités d'optimisation fiscale et le déficit d'équité horizontale et verticale causé par l'étroitesse de l'assiette fiscale ne sont pas propres à l'impôt sur les successions. À vrai dire, le même reproche peut être fait aux impôts sur le patrimoine net et aux impôts sur les revenus du capital des personnes physiques (OCDE, 2018[52] ; OCDE, 2018[70]). Qui plus est, les possibilités d'optimisation fiscale résultent principalement de la façon dont les impôts sur les successions et donations sont conçus et pourraient donc être corrigées en grande partie au travers de réformes. Des réformes judicieusement conçues permettraient de remédier aux problèmes que soulève l'optimisation fiscale pratiquée par les ménages aisés, ôtant de leur force aux arguments en faveur de la suppression de l'impôt sur les successions.

2.3.3. La réponse migratoire face à l'imposition des successions apparaît globalement limitée

Les impôts sur les successions peuvent avoir une influence sur les choix de résidence des contribuables, mais le peu d'études empiriques disponibles trouvent généralement peu de preuves d'une forte mobilité induite par la fiscalité, sauf s'agissant des très riches. Bakija et Slemrod (2004[71]) font le constat qu'aux États-Unis, les impôts sur les successions au niveau des États ont un effet négatif statistiquement significatif mais modeste sur le nombre de déclarations d'impôt fédéral sur les successions déposées dans un État. Conway et Rork (2006[72]) ne trouvent pas de preuve statistique que les impôts sur les legs ont une incidence sur les comportements migratoires inter-États des contribuables âgés aux États-Unis. Concernant la Suisse, pays beaucoup plus petit caractérisé par une grande hétérogénéité de la fiscalité des successions entre cantons, Brülhart et Parchet (2014[73]) constatent également que l'allègement des impôts successoraux dans certains cantons a eu peu d'effets tangibles sur la mobilité des contribuables âgés. Cela tendrait à montrer que des facteurs plus importants interviennent peut-être dans les décisions de résidence des contribuables âgés, par exemple le fait de vivre à proximité de sa famille ou de services médicaux fiables. Pour Moretti et Wilson (2020[74]), en revanche, la réponse migratoire des milliardaires face à l'hétérogénéité de la fiscalité des successions entre les États des États-Unis est forte et augmente avec l'âge. Ce résultat dénote une sensibilité plus élevée tout en haut de l'échelle de distribution. Toutefois, en dépit de la forte élasticité de la localisation géographique par rapport à l'impôt sur les successions, les auteurs relèvent que dans la plupart des États, le surcroît de recettes généré par l'impôt sur les successions est largement supérieur au manque à gagner dû aux recettes d'impôt sur le revenu non perçues. Il n'en demeure pas moins important, au vu de ce résultat, d'évaluer attentivement et de prévenir le risque d'exil des contribuables très fortunés vers d'autres pays. La conception de l'impôt peut limiter ce risque : dans plusieurs pays, les contribuables restent redevables de l'impôt sur les successions pendant un certain nombre d'années après avoir quitté le pays. L'imposition à la sortie (via une « exit tax » par exemple) peut également être une piste à explorer (voir chapitre 3).

L'impôt sur les successions pourrait susciter une réponse plus faible en termes de mobilité que d'autres impôts acquittés par les ménages fortunés, tels que les impôts sur le patrimoine net ou sur le revenu des personnes physiques. Un impôt périodique sur le patrimoine net crée peut-être davantage d'incitations à émigrer qu'un impôt ponctuel ou peu fréquent sur les transmissions de patrimoine. Il existe très peu d'études sur les réponses migratoires aux impôts sur le patrimoine, mais celles dont on dispose observent que les impôts sur le patrimoine net entraînent une réponse migratoire intranationale substantielle. Dans le cas de la Suisse, Brülhart et al. (2020[75]) observent que 24 % de la réponse globale aux changements des impôts sur le patrimoine net sont dus à la mobilité des contribuables. Dans leur étude sur l'Espagne, Agrawal, Foremny et Martínez-Toledano (2020[76]) témoignent du fait que les personnes fortunées se sont pressées en nombre à Madrid après la restauration de l'impôt sur le patrimoine net en 2011, la capitale espagnole offrant un taux d'imposition nul. Les auteurs constatent que cinq ans après la réforme, le nombre de personnes fortunées dans la région de Madrid avait augmenté de 10 % par rapport aux autres régions. Des études récentes qui se sont intéressées aux impôts sur le revenu des personnes physiques ont elles aussi constaté que l'exil fiscal était fréquent parmi les contribuables aisés, quoique les réponses comportementales soient étroitement liées au contexte et à la population (Kleven et al., 2020[77]) et qu'au bout du compte, l'impact économique de ces migrations soit sans doute limité.

2.3.4. L'impôt sur les successions encourage les dons caritatifs

D'un point de vue théorique, le fait de prélever un impôt sur les successions et d'en exonérer les dons caritatifs est susceptible de produire deux effets antagonistes. L'impôt sur les successions crée une incitation par les prix à donner aux organismes caritatifs plutôt qu'à d'autres bénéficiaires. Mais en parallèle, il génère un effet de richesse en réduisant le patrimoine reçu par les héritiers, ce qui peut entraîner une baisse globale du montant des dons caritatifs (Kopczuk, 2013[54]).

Des données empiriques montrent que l'impôt sur les successions encourage les dons caritatifs. Les études empiriques relèvent généralement des effets de prix et de richesse marqués, les premiers l'emportant sur les seconds, ce qui signifie que la suppression de l'impôt sur les successions conduirait vraisemblablement à une diminution des dons caritatifs (Kopczuk, 2013[1]). S'appuyant sur les déclarations d'impôt sur les successions de défunts déposées aux États-Unis en 1992, Joulfaian (2000[78]) constate que les impôts constituent un déterminant important des transmissions à des organismes caritatifs et conjecturent qu'en l'absence de l'impôt sur les successions, les legs caritatifs pourraient décliner de 12 % environ. Bakija, Gale et Slemrod (2003[79]) estiment pour leur part que le déclin de ces legs serait beaucoup plus prononcé en cas de suppression de l'impôt sur les successions, allant jusqu'à 37 %. McClelland (2004[80]) réexamine les résultats de Joulfaian (2000[78]) et de Bakija, Gale et Slemrod (2003[79]) en appliquant leurs méthodes aux données de 1999 et 2000 et parvient à une estimation d'environ 20 % (McClelland, 2004[80]).

Néanmoins, les abattements accordés au titre des dons caritatifs tendent à avoir un caractère régressif et peuvent dans certains cas être utilisés à des fins d'optimisation fiscale. Les abattements dont bénéficient les dons caritatifs sont principalement utilisés par les ménages les plus aisés, ce qui, au bout du compte, réduit la progressivité des impôts sur les successions (voir par exemple Gravelle et Maguire, 2006[55], pour les États-Unis). Par ailleurs, ils peuvent procurer des avantages plus importants aux ménages fortunés, dont les héritages seraient imposés à un taux marginal plus élevé dans les pays qui prélèvent un impôt progressif sur les successions. Qui plus est, le traitement fiscal préférentiel des dons caritatifs peut dans certains cas ouvrir des possibilités d'optimisation fiscale. Aux États-Unis, par exemple, il arrive que des structures spéciales exploitant le traitement fiscal préférentiel des dons caritatifs soient établies dans le but principal de transmettre un patrimoine à des membres de la famille en franchise partielle ou totale d'impôt. Ces structures impliquent généralement un transfert partiel du patrimoine à des organismes caritatifs et permettent aux bénéficiaires finaux de recevoir les actifs à une valeur réduite (voir chapitre 3).

2.3.5. Il est établi que l'impôt sur les successions accroît l'offre de travail et l'épargne des héritiers

L'impôt sur les successions est également susceptible d'influer sur le comportement des héritiers. Un niveau d'imposition des successions plus élevé se traduit pour les héritiers par un héritage net d'un montant moindre, ce qui peut les inciter à travailler et épargner davantage. Cela étant, l'impôt sur les successions pourrait réduire la probabilité que les héritiers créent une entreprise, dans la mesure où les legs servent souvent de capital de démarrage pour les entrepreneurs potentiels (voir exposé dans la sous-section suivante).

Des données empiriques montrent que les héritages qu'ils reçoivent amoindrissent l'offre de travail des héritiers, tandis que les impôts sur les successions pourraient les inciter davantage à travailler. Dans une étude ancienne, Holtz-Eakin, Joulfaian et Rosen (1993[81]) ont utilisé des données tirées de déclarations fiscales pour comparer le comportement sur le marché du travail des héritiers avant et après la réception de leur héritage, et obtenu des résultats qui corroborent « l'effet Carnegie ». Les auteurs ont constaté que les personnes qui avaient reçu un gros héritage étaient plus susceptibles de quitter le marché du travail, et que parmi celles qui continuaient de travailler, les bénéficiaires d'un héritage élevé affichaient généralement une croissance plus lente de leurs revenus d'activité en comparaison des bénéficiaires d'un héritage modeste, laissant penser que l'héritage entraîne une diminution du temps de travail des héritiers. À partir de données de l'Étude sur la santé et la retraite aux États-Unis 1992-2002, Brown, Coile et Weisbenner (2010[82]) montrent que le fait de recevoir un héritage est associé à une augmentation importante de la probabilité de départ anticipé à la retraite et que cet effet augmente avec le montant de l'héritage. Ils notent également que les héritages inattendus produisent un effet plus marqué que les héritages attendus. S'appuyant sur des données tirées des registres fiscaux suédois, Elinder, Erixson et Ohlsson (2012[83]) constatent que la réception d'un héritage fait baisser les revenus du travail, l'effet augmentant avec l'âge du bénéficiaire. Ils relèvent également des effets d'anticipation, au sens où les revenus du travail commencent à décliner avant la transmission du patrimoine. À l'aide d'un modèle du cycle de vie qu'ils calibrent sur l'économie allemande, Kindermann, Mayr et Sachs (2020[84]) montrent que l'impôt sur les successions produit une externalité budgétaire positive. Ils calculent que pour chaque euro de recettes généré directement par l'impôt sur les successions, l'État engrange 9 centimes d'euro supplémentaires via l'impôt sur les revenus du travail (en valeur actualisée nette) du fait de l'augmentation de l'offre de travail.

En plus de ses effets sur l'offre de travail, certaines études indiquent que l'impôt sur les successions pourrait accroître l'épargne potentielle des héritiers. Différentes approches ont été utilisées pour étudier l'impact des successions sur le comportement d'épargne des héritiers. L'une d'elles consiste à examiner les variations de la consommation après la réception d'un héritage. Par exemple, en utilisant les données de l'Étude par panel sur la dynamique du revenu, Joulfaian et Wilhelm (1994[85]) notent que la réception d'un héritage est suivie d'une légère augmentation de la consommation. Une autre approche consiste à examiner les variations du patrimoine après la réception d'un héritage. En croisant les données des registres fiscaux sur les successions et des registres d'impôt sur le revenu pour les bénéficiaires, Joulfaian (2006[86]) montre que le patrimoine augmente d'un montant inférieur au montant total de l'héritage reçu. Elinder, Erixson et Ohlsson (2012[83]) relèvent que les revenus du capital augmentent temporairement après la réception d'un héritage, ce qui, selon eux, pourrait s'expliquer en partie par la réalisation de plus-values latentes et indiquer une hausse de la consommation. L'interprétation qui peut être faite de ces études, dans l'ensemble, est que l'épargne tend à diminuer après la réception d'un héritage, quoiqu'il n'y ait pas d'équivalence directe entre hausse de la consommation et diminution de l'épargne, car il est possible que les ménages épargnent malgré tout une part significative de leur héritage. Les résultats d'Akgun, Cournède et Fournier (2017[27]) indiquent que, dans l'ensemble, le recours accru aux impôts sur les successions et donations, ainsi qu'à d'autres impôts ponctuels sur la propriété, tend à stimuler la croissance en comparaison d'autres sources de recettes. Même si ces résultats doivent être interprétés avec prudence, ils semblent indiquer que les effets négatifs de l'impôt sur les successions sur l'efficacité (tels qu'une incitation réduite à épargner pour les donateurs) peuvent être plus que compensés par ses effets positifs sur l'efficacité (sous la forme d'une incitation accrue à travailler et épargner pour les héritiers par exemple).

2.3.6. L'impôt sur les successions peut avoir un effet négatif sur l'activité entrepreneuriale des héritiers et sur les transmissions d'entreprises familiales, mais il réduit les risques de transmission du capital à des héritiers moins qualifiés

L'impôt sur les successions est susceptible de réduire les activités entrepreneuriales des héritiers dans la mesure où les legs peuvent servir de « capital de démarrage » pour de telles activités. L'impôt sur les successions peut réduire la probabilité que les héritiers créent une entreprise, les legs servant souvent de capital de démarrage (Burman, Mcclelland et Lu, 2018[45]). Par conséquent, une diminution des legs pourrait en théorie entraîner une réduction du nombre de créations d'entreprise. En combinant les déclarations d'impôt fédéral sur le revenu d'un groupe de personnes ayant reçu un héritage en 1982 et 1983 et des informations sur le montant de ces héritages, tirées des déclarations d'impôt sur les successions, Holtz-Eakin, Joulfaian et Rosen (1994[87]) constatent de façon empirique que le montant de l'héritage a un impact substantiel sur la probabilité que les héritiers fondent une entreprise. Ils observent en outre que pour les héritiers qui se lancent dans l'entrepreneuriat, le montant de l'héritage a un impact quantitativement important et statistiquement significatif sur le volume de capital employé dans la nouvelle entreprise. Par conséquent, l'imposition des successions pourrait réduire l'activité entrepreneuriale des héritiers. Ces résultats sont toutefois anciens, et le contexte a sans doute changé depuis. Ainsi les entrepreneurs ont-ils sans doute plus de facilités aujourd'hui pour se procurer des capitaux et démarrer une entreprise, en empruntant auprès d'une banque ou en faisant appel au capital-risque, de sorte que le lien entre la réception d'un héritage et la création d'une entreprise s'est peut-être affaibli.

L'impôt sur les successions pourrait également compromettre les entreprises existantes au moment de leur transmission si les propriétaires de l'entreprise n'ont pas assez d'actifs liquides pour acquitter l'impôt. Certaines études ont mis en lumière les difficultés que l'impôt sur les successions peut engendrer pour les entreprises, mais sans examiner directement si ces difficultés se soldent par une obligation de vendre l'entreprise. Par exemple, à partir de deux échantillons de personnes d'âge mûr représentatifs au niveau national, Holtz-Eakin, Phillips et Rosen (2001[88]) observent qu'en prévision du paiement de l'impôt sur les successions, les personnes qui possèdent une entreprise achètent davantage d'assurances-vie que celles qui n'en possèdent pas, mais que ces placements ne sont malgré tout pas suffisants pour permettre aux propriétaires d'entreprise d'acquitter le montant de l'impôt. S'appuyant sur une enquête auprès de petits propriétaires d'entreprise dans l'Upstate New York, Holtz-Eakin (1999[89]) ont examiné l'effet de l'impôt sur les successions sur la croissance de l'emploi et constaté une forte relation négative entre l'impôt sur les successions attendu et le nombre d'emplois créés. D'autres études ont analysé de façon plus directe le lien entre l'impôt sur les successions et les ventes d'entreprises. Utilisant les registres des successions de San Francisco sur la période 1980-1982, Brunetti (2006[90]) relève une relation faiblement positive entre l'impôt sur les successions et les ventes d'entreprise effectuées par les héritiers, mais aucune donnée statistiquement significative établissant une relation entre ces ventes et le manque de liquidités. Cette étude reposait néanmoins sur un échantillon de petite taille (Kopczuk, 2013[1] ; Houben et Maiterth, 2011[91]). En se servant d'une réforme de 2002 qui a entraîné une réduction substantielle de l'impôt sur les transmissions familiales d'entreprise en Grèce, Tsoutsoura (2015[92]) a montré qu'en plus de provoquer une baisse marquée de l'investissement, un ralentissement de la croissance du chiffre d'affaires et un assèchement des réserves de trésorerie, l'impôt sur les successions avait une forte influence sur la décision de vendre ou de conserver une entreprise familiale.

Les problèmes de liquidités pourraient être plus aigus pour les petites entreprises. Premièrement, les PME pourraient se ressentir plus fortement de l'imposition des successions dans la mesure où l'on compte parmi elles davantage d'entreprises familiales que parmi les entreprises plus grandes, dont la structure actionnariale est généralement plus diffuse (Redonda, 2017[93]). De plus, l'accès aux marchés du crédit est souvent plus compliqué pour les PME, ce qui peut accentuer leurs problèmes de liquidités. Dans son analyse, Tsoutsoura (2015[92]) observe que l'impôt sur les successions a un impact négatif sur les petites entreprises comme sur les grandes, mais que l'impact est plus marqué pour les entreprises familiales dont les actifs sont peu tangibles et pour les entreprises détenues par des personnes qui ont peu d'autres sources de revenus.

Ces pressions sur les liquidités ont souvent été invoquées pour justifier l'application d'allègements d'impôt sur les successions généreux pour les actifs commerciaux. De fait, dans la plupart des pays, les actifs commerciaux bénéficient de tels allègements. Toutefois, ces avantages ne sont pas toujours correctement ciblés, profitent essentiellement aux riches et peuvent se révéler inutilement généreux (voir chapitre 3). Par exemple, Houben et Maiterth (2011[91]) ont examiné l'expansion massive des allègements fiscaux appliqués aux successions d'entreprise en Allemagne en 2009, et conclu que cette réforme n'était pas nécessaire pour protéger les entreprises contre les problèmes de liquidités étant donné que, selon leurs analyses, le système précédent (moins généreux) n'avais pas mis en péril les entreprises transmises. Aux États-Unis, Gravelle et Maguire (2010[94]) ont montré que, même à l'époque où le seuil d'exonération de l'impôt fédéral sur les successions était considérablement inférieur à son niveau actuel, très peu d'entreprises familiales acquittaient cet impôt, puisque moins de 5 % seulement des entreprises et des exploitations agricoles étaient concernées. Les auteurs ont également constaté que seule une très petite fraction des entreprises familiales (moins de la moitié de 1 %) n'avaient pas suffisamment de ressources liquides pour acquitter l'impôt sur les successions dû, et que, de surcroît, ces entreprises avaient la possibilité de payer leur impôt en plusieurs fois, d'emprunter ou de vendre un intérêt partiel dans l'entreprise (Gravelle et Maguire, 2010[94]).

Plus fondamentalement, cependant, le fait même de vouloir soutenir les successions d'entreprises familiales a été remis en cause, en raison notamment de données montrant que les entreprises gérées par les héritiers sont moins performantes. Compte tenu du poids économique des entreprises familiales et de leur importance pour l'emploi, les pays peuvent avoir pour objectif de soutenir la transmission de ces entreprises ; or, des données montrent que les héritiers sont en général moins aptes à diriger l'entreprise que ne l'étaient leurs parents. En utilisant un ensemble de données portant sur plus de 5 000 successions de sociétés à responsabilité limitée au Danemark entre 1994 et 2002, Bennedsen et al. (2007[95]) observent que les transmissions familiales ont un impact causal fortement négatif sur la performance des entreprises : au moment du changement de PDG, la rentabilité opérationnelle des actifs baisse d'au moins quatre points de pourcentage. Bloom et Van Reenen (2007[96]) ont utilisé des données portant sur 732 entreprises manufacturières de taille moyenne en Allemagne, aux États-Unis, en France et au Royaume-Uni, tirées d'une enquête sur la mesure des pratiques managériales, et constaté que les entreprises familiales étaient plus sujettes à de mauvaises pratiques de gestion lorsque le contrôle de l'entreprise était transmis au fils aîné. D'autres études qui se sont intéressées à des entreprises plus grandes ou cotées en bourse parviennent aux mêmes résultats. À partir de données portant sur 355 sociétés américaines cotées en bourse ayant changé de PDG dans le cadre d'une succession, Pérez-González (2006[97]) constate que les performances de l'entreprise en termes de taux de rentabilité et de ratio cours/valeur comptable se dégradent lorsque le PDG entrant est lié par le sang ou par mariage au PDG sortant, à un fondateur ou à un gros actionnaire. À l'aide de données indirectes portant sur l'ensemble des entreprises du classement Fortune 500 pour la période 1994-2000, Villalonga et Amit

(2006[98]) concluent que la propriété familiale ne crée de la valeur que lorsque le fondateur occupe le poste de PDG ou celui de Président aux côtés d'un PDG embauché, tandis que les entreprises dans lesquelles le poste de PDG est confié à un descendant sont sous-performantes.

Par conséquent, si les impôts sur les successions sont susceptibles de porter préjudice à l'activité entrepreneuriale des héritiers et aux successions d'entreprises familiales, ils peuvent aussi réduire les décalages entre niveau de qualification et capital et procurer des gains d'efficience. S'il s'avère que les héritiers ne font pas aussi bien que leurs parents ou ne font pas mieux que d'autres personnes, le fait de diminuer le capital qu'ils reçoivent via un impôt sur les successions est de nature à réduire le risque de transmission du capital à des personnes moins qualifiées et, le cas échéant, à améliorer la productivité.

2.3.7. L'argument de la double imposition apparaît peu convaincant

La double imposition est un argument fréquemment avancé à l'encontre de l'impôt sur les successions, mais qui est loin d'être unique à cet impôt. Si le patrimoine transmis a été constitué à partir de salaires, d'épargne ou de revenus personnels provenant d'une entreprise, les flux correspondants auront déjà été imposés dans de nombreux cas. Toutefois, ces strates d'imposition multiples ne concernent pas seulement l'impôt sur les transmissions de patrimoine, loin s'en faut. Les taxes sur la consommation, par exemple, sont prélevées sur le revenu après impôt. Dans le domaine de la fiscalité du patrimoine, l'argument de la double imposition a plus de force dans le cas de l'impôt sur le patrimoine net, prélevé périodiquement (généralement tous les ans) sur le patrimoine de création propre, que dans celui de l'impôt sur les successions, prélevé une seule fois à la fin de la vie du donateur (OCDE, 2018[52]). Il est important de souligner que sur le plan économique, ce qui importe réellement, ce sont les taux effectifs d'imposition globaux, et non le nombre de fois que des actifs ou des revenus sont taxés.

Ceux qui s'opposent à l'impôt sur les successions en arguant qu'il engendre une double imposition ont tendance à considérer le problème du point de vue des donateurs. En vertu de cet argument, des donateurs qui ont accumulé une épargne de leur vivant et payé des impôts tout au long de leur vie ne devraient pas être assujettis à une nouvelle vague d'impôts au moment de leur décès. Des données montrent cependant que dans certains cas, le rendement d'un actif peut n'avoir encore jamais été taxé avant d'être soumis à l'impôt sur les successions. C'est particulièrement le cas si certaines formes de revenu du capital des personnes physiques, notamment certaines plus-values, échappent à l'impôt (voir ci-après). L'argument en faveur d'un impôt sur les successions pourrait donc peser plus lourd dans les pays où il existe de fortes disparités dans la façon dont le patrimoine a été préalablement taxé et où l'efficacité de l'imposition de l'épargne est sujette à caution.

L'argument de la double imposition tient moins bien quand l'impôt sur les successions est appréhendé du point de vue des bénéficiaires. Le patrimoine transmis par héritage n'est imposé qu'une fois lorsque le bénéficiaire en a pris possession et le patrimoine reçu procure à l'héritier ce qui peut être considéré comme un revenu « non gagné », susceptible d'exacerber les inégalités existantes dans certaines circonstances. Plus généralement, ceux qui s'opposent à l'impôt sur les successions au motif qu'il engendre une double imposition ont tendance à considérer le problème du point de vue des donateurs, tandis que les partisans de cet impôt adoptent plutôt le point de vue du bénéficiaire (Mirrlees et al., 2011[14]).

Dans certains cas, l'impôt sur les successions peut être un moyen de taxer certains revenus qui sinon échapperaient à l'impôt. Par exemple, l'augmentation de la valeur de la résidence principale est généralement exemptée de l'impôt sur les plus-values. Par conséquent, même si le prix d'achat initial de la résidence a été acquitté avec des revenus déjà imposés, sa valorisation ultérieure éventuelle est, quant à elle, exonérée d'impôt, de sorte que l'impôt sur les successions sera probablement le premier prélèvement fiscal appliqué aux plus-values associées (Boadway, Chamberlain et Emmerson, 2010[5]). Gale et Slemrod (2001[33]) font valoir qu'aux États-Unis, l'impôt sur les successions sert aussi à compléter l'impôt sur le revenu, dans la mesure où il s'applique à certaines formes de revenu, en particulier les plus-values latentes, qui ne seraient pas imposées en d'autres circonstances. Les impôts sur les plus-values ne sont prélevés qu'au moment de la réalisation, ce qui signifie que les plus-values ne seront pas imposées si le propriétaire conserve ses actifs jusqu'à son décès et si le pays ne traite pas le décès comme un événement valant réalisation aux fins de l'impôt sur les plus-values. Dans la plupart des pays de l'OCDE, la valeur des actifs légués aux bénéficiaires est « majorée » à leur juste valeur marchande (« step-up in basis »), de sorte que lorsque les héritiers vendent les actifs, les impôts sur les plus-values ne sont prélevés que sur les plus-values accumulées depuis qu'ils ont reçu l'héritage (voir chapitre 3). Cela incite fortement les détenteurs de biens dont la valeur s'est appréciée à conserver ceux-ci jusqu'à leur décès. En fait, Poterba et Weisbenner (2000[99]) constatent que les plus-values latentes représentent plus de la moitié de la valeur des successions supérieures à 10 millions USD aux États-Unis. Auten et Joulfaian (2001[100]) observent que l'impôt sur les successions réduit ces incitations au blocage des actifs en encourageant les détenteurs d'actifs à réaliser plus tôt leurs plus-values, ce qui peut contribuer par ricochet à améliorer l'affectation du capital et l'efficacité économique. Ces données laissent également penser que l'instauration d'un impôt sur les successions se justifie peut-être davantage pour les transmissions de patrimoines élevées, car les ménages les plus fortunés sont plus susceptibles d'avoir accumulé des formes sous-taxées de revenu du capital, telles que des plus-values latentes.

2.3.8. Les externalités négatives dues à la concentration des richesses pourraient apporter des arguments supplémentaires en faveur de l'imposition des successions

L'existence d'externalités négatives dues à la concentration des richesses signifie que l'impôt sur les successions peut se justifier pour des raisons d'efficacité. Des externalités négatives se manifestent lorsque les coûts sociaux d'un comportement déterminé l'emportent sur ses coûts privés. En pareil cas, le recours à un impôt correctif peut permettre que les agents internalisent (en partie) les coûts sociaux négatifs de leurs actions. S'il apparaissait que la concentration du patrimoine est préjudiciable au bien-être de la société en général, un impôt sur les successions visant à corriger cette concentration aurait sa place dans une structure fiscale optimale (Kopczuk, 2009[49]). Néanmoins, si l'on utilise cet argument pour instaurer un impôt sur les successions, il faut pouvoir déterminer les externalités qui résultent directement des transmissions de patrimoine entre générations ou de la concentration des richesses, par opposition aux externalités causées par le revenu ou la consommation découlant du patrimoine.

De fait, les successions et la concentration des richesses peuvent être associés à un certain nombre d'effets indésirables. S'agissant des externalités directement imputables aux successions, les sections qui précèdent ont montré que les héritiers bénéficiaient de possibilités accrues et que les transmissions pouvaient s'accompagner d'une mauvaise affectation des talents entrepreneuriaux et managériaux, comme en témoigne la sous-performance des entreprises dirigées par des héritiers. Par ailleurs, le fait que l'accumulation de patrimoine et les successions familiales d'entreprise se perpétuent au fil des générations peut nuire à la concurrence et, par conséquent, porter préjudice à l'entrepreneuriat et à l'innovation sur le long terme. En outre, le renforcement de la concentration du patrimoine au fil des générations peut avoir un effet délétère sur les processus politiques démocratiques (Solt, 2008[101]) et alimenter les tensions sociales.

2.4. Considérations liées à l'administration de l'impôt

Cette section se penche brièvement sur les aspects administratifs de l'impôt sur les successions. Fait intéressant, alors que la complexité administrative est un argument fréquemment avancé à l'encontre de l'impôt sur les successions, force est de constater que certaines formes de patrimoine sont plus faciles à observer que le revenu, et qu'historiquement, les impôts sur le patrimoine – successions comprises – sont apparus avant les impôts sur le revenu (Kopczuk, 2013[1]) (voir également chapitre 3, tableau 3.1). Il est montré dans cette section que l'impôt sur les successions peut également présenter des avantages sur d'autres formes d'imposition du patrimoine et que les possibilités de fraude fiscale ont considérablement diminué grâce aux progrès récents en matière de transparence fiscale internationale.

2.4.1. L'impôt sur les successions présente des avantages administratifs sur d'autres formes d'imposition du patrimoine

Les coûts d'administration de l'impôt sur les successions pour les autorités fiscales et les obligations fiscales des contribuables peuvent paraître élevés en comparaison du volume limité de recettes que rapporte généralement cet impôt. Le chapitre 3 donne des informations sur les recettes générées par les impôts sur les successions et donations, ainsi que sur les procédures d'administration et de mise en conformité associées. L'application d'un impôt sur les successions nécessite généralement de disposer d'une déclaration complète du patrimoine du donateur (c'est-à-dire des actifs qu'il détenait au moment de son décès), de procéder à des évaluations détaillées le cas échéant, de calculer l'impôt qui s'applique à tout un éventail d'actifs susceptibles de bénéficier de divers allègements, après quoi ces impôts sont acquittés par le contribuable. S'ils peuvent paraître élevés, ces coûts d'administration et de conformité comprennent un certain nombre de coûts fixes inévitables qui sont liés à la reconnaissance légale des transmissions et aux transferts de propriété des biens. De plus, étant donné qu'une partie de ces coûts est liée à la façon dont les impôts sur les successions ont été conçus, et notamment à l'étroitesse de leur assiette, il serait possible de les réduire par le biais de réformes fiscales.

L'impôt sur les successions présente des avantages administratifs vis-à-vis de l'impôt sur le patrimoine net. L'un des avantages des impôts sur les successions réside dans le fait qu'ils sont prélevés une seule fois (ou un petit nombre de fois dans le cas des impôts sur les donations) et non pas chaque année, et qu'ils le sont à un moment où l'administration fiscale est en mesure d'observer correctement les actifs hérités et où il faut de toute façon, dans bien des cas, évaluer ces actifs (Kopczuk, 2013[1]). L'impôt sur le patrimoine net impose à l'administration de réévaluer régulièrement les actifs, alors que l'impôt sur les successions nécessite en général d'évaluer les actifs à leur valeur de marché (ou leur prix de vente réaliste) une seule fois, au moment de la transmission du donateur au bénéficiaire (OCDE, 2018[52]). Par conséquent, les coûts d'administration et de conformité rapportés aux recettes collectées sont sans doute plus faibles pour l'impôt sur les successions que pour un impôt récurrent sur le patrimoine net (OCDE, 2018[52]). L'imposition des transmissions de patrimoine soulève néanmoins d'autres problèmes importants de valorisation et d'administration, par exemple dans les cas complexes où les actifs sont détenus conjointement et ceux où les deux parties (donateur et bénéficiaire) ne relèvent pas de la même juridiction (Iara, 2015[102]) (voir également chapitre 3). On pourrait arguer que l'impôt sur le patrimoine net, qui peut être prélevé à un taux annuel bas, est moins « douloureux » et donc susceptible de favoriser une meilleure conformité fiscale comparativement à l'impôt sur les successions, prélevé une seule fois à un taux plus élevé. Par ailleurs, les impôts sur les successions laissent largement le temps aux contribuables d'adopter une stratégie d'optimisation fiscale en comparaison des impôts annuels sur le patrimoine net. Mais les données empiriques montrent que les impôts annuels sur le patrimoine net peuvent avoir un effet appréciable sur les pratiques de déclaration de patrimoine et d'optimisation fiscale (Brülhart et al., 2020[75] ; Durán-Cabré, Esteller-Moré et Mas-Montserrat, 2019[103]).

La mise au jour des patrimoines et l'identification des propriétaires sont sans doute également plus aisées dans le cas d'un impôt sur les successions que dans celui d'un impôt sur le patrimoine net. De fait, les impôts sur les transmissions de patrimoine sont calculés au moment où les actifs changent de mains. Comme cela a déjà été indiqué, ces événements sont peu fréquents, ce qui signifie que l'impôt sur les transmissions de patrimoine peut être plus facile à administrer que les impôts périodiques sur le patrimoine. Autre point important, les bénéficiaires de la transmission ont tout intérêt à s'assurer que l'ensemble des obligations légales d'attestation du transfert de propriété ont été correctement exécutées pour pouvoir faire valoir leurs droits de propriété (Rudnick et Gordon, 1996[104]). Des règles peuvent également être adoptées pour empêcher que le transfert de propriété n'ait lieu si l'impôt sur les successions n'a pas été dûment acquitté (Rudnick et Gordon, 1996[104]).

S'ils ne sont pas à exclure, les problèmes de liquidités sont sans doute plus limités avec un impôt sur les successions qu'avec d'autres impôts sur la propriété ou sur le patrimoine net. Des problèmes de liquidités peuvent survenir si les contribuables n'ont pas suffisamment d'actifs liquides pour payer l'impôt sur les successions. Néanmoins, contrairement à d'autres impôts sur la propriété, l'impôt sur les successions pose peut-être moins de problèmes de liquidités dans la mesure où les biens immobiliers transmis par héritage sont susceptible d'avoir plusieurs bénéficiaires, qui doivent dès lors vendre ce patrimoine pour répartir sa valeur entre eux (Boadway, Chamberlain et Emmerson, 2010[5]). S'agissant d'entreprises et d'exploitations agricoles familiales, en revanche, la situation peut être plus problématique s'il n'y a pas suffisamment de liquidités pour acquitter l'impôt sur les successions. Il existe malgré tout un certain nombre de solutions pratiques qui peuvent atténuer ces difficultés (voir chapitre 3). Les problèmes de liquidités devraient également être moins aigus avec un impôt sur les successions qu'avec un impôt sur le patrimoine net prélevé chaque année (en fonction du niveau de l'impôt sur le patrimoine).

2.4.2. *À la faveur des progrès récents en matière de transparence fiscale internationale, la fraude à l'imposition sur le capital est devenue plus difficile*

Historiquement, l'augmentation de la mobilité internationale des capitaux s'est accompagnée d'une difficulté croissante à taxer le capital. L'augmentation de la mobilité des actifs financiers et l'utilisation de juridictions à faible taux d'imposition, conjuguées au développement des technologies de l'information et des communications et à la suppression des obstacles aux transferts transfrontaliers de capitaux, ont permis aux contribuables de placer leurs avoirs à l'étranger sans les déclarer à leurs autorités fiscales et rendu la mise en œuvre des impôts sur le capital beaucoup plus difficile (Krenek et Schratzenstaller, 2018[105]). En fait, la mobilité des capitaux est l'un des principaux facteurs à l'origine de la diminution des impôts sur le capital observée depuis quelques décennies. En plus du manque à gagner qu'elle entraîne, la mobilité des capitaux pourrait avoir d'importants effets sur l'incidence des impôts sur les transmissions de capital et de patrimoine, de sorte que la charge de ces impôts risque à terme de peser en majeure partie sur les contribuables qui ne pratiquent pas l'optimisation fiscale et sur les biens immobiliers.

Rares sont les données empiriques qui mettent en évidence des pratiques de fraude fiscale directement liées à l'impôt sur les successions. Certaines études fondées sur des contrôles fiscaux effectués aux États-Unis ont estimé que le non-respect des obligations en matière d'impôt sur les successions représentait entre 8 % et 13 % du montant total de l'impôt exigible (Kopczuk, 2013[54]), même si certains résultats laissent penser que la proportion est sans doute plus élevée (Eller, Erard et Ho, 2000[106]). Étant donné que les contrôles des déclarations d'impôt sur les successions étaient relativement fréquents au moment de ces études, Kopczuk (2013[54]) conclut que les cas de fraude fiscale facilement détectable et indubitablement illégale sont plutôt limités et que les situations de non-conformité correspondent sans doute à des « stratégies dont le caractère légal est plausible mais souvent incertain ». Des recherches menées récemment aux États-Unis montrent que les patrimoines figurant sur les déclarations d'impôt sur les successions des défunts appartenant au classement Forbes 400 des Américains les plus riches représentent la moitié du patrimoine estimé par le magazine Forbes (Raub, Johnson et Newcomb, 2010[107]). Les auteurs observent que les montants déclarés à des fins fiscales et ceux estimés par Forbes sont plus proches lorsque les évaluations des actifs sont relativement objectives et les dettes faibles, et beaucoup plus divergentes lorsque les portefeuilles sont principalement constitués d'actifs dont l'évaluation est malaisée ou sujette à une part de subjectivité – ce qui est souvent le cas pour le patrimoine des personnes très fortunées, qui détiennent généralement des actifs uniques et difficiles à évaluer – ainsi que pour les personnes qui détiennent relativement plus de dettes. Si, dans les études antérieures, la fraude fiscale était avancée comme une cause possible des écarts entre les montants indiqués à l'administration fiscale et les estimations de Forbes, les auteurs ont souligné que les déclarations qu'ils avaient consultées concernaient des personnes très fortunées, dont les déclarations sont souvent remplies minutieusement par des professionnels agréés. Ils concluaient que « les montants indiqués sur les déclarations fiscales peuvent paraître minorés, mais entrent dans des paramètres juridiquement défendables ».

D'après certaines estimations, cependant, des patrimoines d'un montant significatif sont détenus à l'étranger et les pratiques de délocalisation se concentrent parmi les ménages les plus fortunés. Alstadsaeter, Johannesen et Zucman (2018[108]) estiment que, globalement, c'est l'équivalent de 10 % environ du PIB mondial qui est détenu à l'étranger, mais les variations entre régions sont très marquées : la proportion est limitée en Scandinavie mais s'élève à environ 15 % en Europe continentale et à plus de 50 % en Russie, dans certains pays d'Amérique latine et dans les pays du Golfe. Par ailleurs, le patrimoine détenu à l'étranger est très concentré. À partir de données qui ont filtré d'établissements financiers « offshore » et de données sur l'amnistie fiscale, croisées avec les registres administratifs des revenus et du patrimoine de l'ensemble de la population en Norvège, en Suède et au Danemark, Alstadsæter, Johannesen et Zucman (2019[109]) constatent que les 0.01 % les plus fortunés des ménages possèdent environ 50 % du patrimoine placé dans des paradis fiscaux. Les auteurs observent également que ces 0.01 % échappent au paiement d'environ 25 % des impôts sur le revenu et le patrimoine qu'ils devraient acquitter en dissimulant des actifs et des revenus de placements à l'étranger. Ces résultats reposent sur des données antérieures à la mise en œuvre de l'échange automatique de renseignements (voir ci-après), mais le fait que les pratiques de délocalisation de patrimoine se concentrent parmi les ménages très fortunés pourrait signifier qu'elles constituent une réponse potentiellement importante à l'impôt sur le patrimoine (Advani et Tarrant, 2020[51]) et, le cas échéant, à l'impôt sur les successions.

Les progrès récemment accomplis en matière de normes internationales de transparence fiscale améliorent grandement la capacité des pays à taxer le capital de façon efficace. Les accords d'échange de renseignements et le renforcement de la coopération internationale en matière d'échange de renseignements sur demande et d'échange automatique de renseignements réduisent les possibilités de fraude fiscale. En vertu de ces normes, les autorités fiscales des pays du monde s'échangent les informations dont elles disposent sur les actifs financiers détenus par des non-résidents, de sorte qu'il est désormais plus difficile pour les contribuables de se soustraire à l'impôt en dissimulant leurs actifs à l'étranger. Des recherches ont montré que ces accords exercent un effet dissuasif, puisque le montant des dépôts bancaires à l'étranger diminue à mesure que le réseau d'échange de renseignements se densifie (O'Reilly, Parra Ramirez et Stemmer, 2019[110]). Dans le contexte de l'impôt sur les successions, les règles relatives à la disponibilité et à l'accessibilité des renseignements sur la propriété effective contribuent également à empêcher les donateurs et les bénéficiaires de dissimuler les biens qu'ils possèdent par le biais de structures opaques. Ces avancées renforcent la capacité des pays à taxer les successions de façon efficace, mais il faudra déployer davantage d'efforts pour s'assurer que les pays appliquent de façon efficace les normes d'échange de renseignements et que les personnes, actifs et institutions qui ne sont pas couverts actuellement par les normes d'échange de renseignements n'offrent pas des opportunités de fraude fiscale (voir chapitre 3).

Bilbliographie

Abel, A. (1985), “Precautionary Saving and Accidental Bequests”, *The American Economic Review*, Vol. 75/4, pp. 777-791. [37]

Adermon, A., M. Lindahl and D. Waldenström (2018), “Intergenerational Wealth Mobility and the Role of Inheritance: Evidence from Multiple Generations”, *The Economic Journal*, Vol. 128/612, pp. F482-F513, http://dx.doi.org/10.1111/ecoj.12535. [7]

Advani, A. and H. Tarrant (2020), *Behavioural responses to a wealth tax, Wealth Tax Commission, Evidence Paper 5.* [51]

Agrawal, D., D. Foremny and C. Martínez-Toledano (2020), “Paraísos Fiscales, Wealth Taxation, and Mobility”, *SSRN Electronic Journal*, http://dx.doi.org/10.2139/ssrn.3676031. [76]

Akgun, O., B. Cournède and J. Fournier (2017), “The effects of the tax mix on inequality and growth”, *OECD Economics Department Working Papers*, No. 1447, OECD Publishing, Paris, https://dx.doi.org/10.1787/c57eaa14-en. [27]

Alan J. Auerbach, R. (ed.) (2013), *Taxation of Intergenerational Transfers and Wealth*, http://dx.doi.org/10.3386/w18584. [1]

Alstadsæter, A., N. Johannesen and G. Zucman (2019), “Tax evasion and inequality”, *American Economic Review*, Vol. 109/6, pp. 2073-2103, http://dx.doi.org/10.1257/aer.20172043. [109]

Alstadsaeter, A., N. Johannesen and G. Zucman (2018), “Who owns the wealth in tax havens? Macro evidence and implications for global inequality”, *Journal of Public Economics*, Vol. 162, pp. 89-100, http://dx.doi.org/10.1016/j.jpubeco.2018.01.008. [108]

Alstott, A. (2007), “Equal Opportunity and Inheritance Taxation”, *Yale Law School, Public Law Working Paper No. 117.* [4]

Andreoni, J. (1990), “Impure Altruism and Donations to Public Goods: A Theory of Warm-Glow Giving”, Vol. 100/401, pp. 464-477. [43]

Arrondel, L. and A. Laferrere (2001), *Taxation and wealth transmission in France*, http://www.elsevier.nl/locate/econbase (accessed on 4 November 2020). [60]

Atkinson, A. and J. Stiglitz (1976), “The design of tax structure: Direct versus indirect taxation”, *Journal of Public Economics*, Vol. 6/1-2, pp. 55-75, http://dx.doi.org/10.1016/0047-2727(76)90041-4. [11]

Auten, G. and D. Joulfaian (2001), “Bequest taxes and capital gains realizations”, *Journal of Public Economics*, Vol. 81/2, pp. 213-229, http://dx.doi.org/10.1016/S0047-2727(00)00088-8. [100]

Bakija, J., W. Gale and J. Slemrod (2003), *Charitable bequests and taxes on inheritances and estates: Aggregate evidence from across states and time*, http://dx.doi.org/10.1257/000282803321947362. [79]

Bakija, J. and J. Slemrod (2004), “Do the Rich Flee from High State Taxes? Evidence from Federal Estate Tax Returns”, *NBER Working Paper* No. 10645, http://dx.doi.org/10.3386/w10645. [71]

Bastani, S. and D. Waldenström (2020), "How should capital be taxed?", *Journal of Economic Surveys*, Vol. 34/4, http://dx.doi.org/10.1111/joes.12380. [6]

Batchelder, L. (2020), *Leveling the Playing Field between Inherited Income and Income from Work through an Inheritance Tax*. [16]

Becker, G. (1974), "A Theory of Social Interactions", *Journal of Political Economy*, Vol. 82/6, pp. 1063-1093, http://dx.doi.org/10.1086/260265. [41]

Bennedsen, M. et al. (2007), "Inside the family firm: The role of families in succession decisions and performance", *Quarterly Journal of Economics*, Vol. 122/2, pp. 647-691, http://dx.doi.org/10.1162/qjec.122.2.647. [95]

Bernheim, B., R. Lemke and J. Scholz (2004), "Do estate and gift taxes affect the timing of private transfers?", *Journal of Public Economics*, Vol. 88/12, pp. 2617-2634, http://dx.doi.org/10.1016/j.jpubeco.2003.11.004. [56]

Bernheim, B., A. Shleifer and L. Summers (1985), "The Strategic Bequest Motive," Journal of Political Economy, University of Chicago Press, vol. 93(6), pages 1045-1076, December. [40]

Bloom, N. and J. Van Reenen (2007), "Measuring and Explaining Management Practices Across Firms and Countries" The Quarterly Journal of Economics, Volume 122, Issue 4, November, Pages 1351–1408, https://doi.org/10.1162/qjec.2007.122.4.1351. [96]

Boadway, R., E. Chamberlain and C. Emmerson (2010), "Taxation of Wealth and Wealth Transfers", in *Dimensions of Tax Design; The Mirrlees Review*, Oxford University Press, Oxford. [5]

Bönke, T., M. Werder and C. Westermeier (2017), "How inheritances shape wealth distributions: An international comparison", *Economics Letters*, Vol. 159, http://dx.doi.org/10.1016/j.econlet.2017.08.007. [22]

Boserup, S., W. Kopczuk and C. Kreiner (2018), "Born with a Silver Spoon? Danish Evidence on Wealth Inequality in Childhood", *The Economic Journal*, Vol. 128/612, pp. F514-F544, http://dx.doi.org/10.1111/ecoj.12496. [8]

Boserup, S., W. Kopczuk and C. Kreiner (2016), "The Role of Bequests in Shaping Wealth Inequality: Evidence from Danish Wealth Records", *American Economic Review*, Vol. 106/5, pp. 656–661, http://dx.doi.org/10.1257/aer.p20161036. [24]

Brown, J., C. Coile and S. Weisbenner (2010), "The effect of inheritance receipt on retirement", *Review of Economics and Statistics*, Vol. 92/2, pp. 425-434, http://dx.doi.org/10.1162/rest.2010.11182. [82]

Brülhart, M. et al. (2020), *Behavioral Responses to Wealth Taxes: Evidence from Switzerland*, http://www.hec.unil.ch/mbrulhar/papers/wealthtax.pdf (accessed on 4 November 2020). [75]

Brülhart, M. and R. Parchet (2014), "Alleged tax competition: The mysterious death of bequest taxes in Switzerland", *Journal of Public Economics*, Vol. 111, pp. 63-78, http://dx.doi.org/10.1016/j.jpubeco.2013.12.009. [73]

Brunetti, M. (2006), "The estate tax and the demise of the family business", *Journal of Public Economics*, Vol. 90/10-11, pp. 1975-1993, http://dx.doi.org/10.1016/j.jpubeco.2006.05.012. [90]

Burman, L., R. Mcclelland and C. Lu (2018), *The Effects of Estate and Inheritance Taxes on Entrepreneurship*, Tax Policy Center. [45]

Conway, K. and J. Rork (2006), "State "Death" Taxes and Elderly Migration-The Chicken or the Egg?", *National Tax Journal*, Vol. 59/1, pp. 97-128. [72]

Cooper, G. (1979), *A Voluntary Tax? New Perspectives on Sophisticated Estate Tax Avoidance*, Brookings Institution Press. [53]

Cowell, F., D. Van De Gaer and C. He (2017), *Inheritance Taxation: Redistribution and Predistribution*. [26]

Cremer, H. and P. Pestieau (2009), *Wealth and wealth transfer taxation: a survey. 1*. [34]

Davies, J. (1982), "The Relative Impact of Inheritance and other Factors on Economic Inequality", *The Quarterly Journal of Economics*, Vol. 97/3, p. 471, http://dx.doi.org/10.2307/1885873. [19]

De Nardi, M. (2004), "Wealth inequality and intergenerational links", *Review of Economic Studies*, Vol. 71/3, pp. 743-768, http://dx.doi.org/10.1111/j.1467-937X.2004.00302.x. [20]

Dherbécourt, C. (2017), "Peut-on éviter une société d'héritiers ? Estimation haute Estimation basse", *La note d'analyse*, No. 51, France Stratégie, Paris. [67]

Durán-Cabré, J., A. Esteller-Moré and M. Mas-Montserrat (2019), "Behavioural responses to the (re)introduction of wealth taxes. Evidence from Spain", *Working Papers 2019*, No. 04, Institut d'Economia de Barcelona (IEB). [103]

Elinder, M., O. Erixson and H. Ohlsson (2012), "The Impact of Inheritances on Heirs' Labor and Capital Income", *The B.E. Journal of Economic Analysis & Policy*, Vol. 12/1, pp. 1-37, https://EconPapers.repec.org/RePEc:bpj:bejeap:v:12:y:2012:i:1:p:1-37:n:61 (accessed on 4 November 2020). [83]

Elinder, M., O. Erixson and D. Waldenström (2018), "Inheritance and wealth inequality: Evidence from population registers", *Journal of Public Economics*, Vol. 165, pp. 17-30, http://dx.doi.org/10.1016/j.jpubeco.2018.06.012. [23]

Eller, M., B. Erard and C. Ho (2000), *The Magnitude and Determinants of Federal Estate Tax Noncompliance*. [106]

Erixson, O. and S. Escobar (2020), "Deathbed tax planning", *Journal of Public Economics*, Vol. 185, p. 104170, http://dx.doi.org/10.1016/j.jpubeco.2020.104170. [65]

Escobar, S., H. Ohlsson and H. Selin (2019), "Taxes, frictions and asset shifting: when Swedes disinherited themselves", *Working Paper Series*, https://ideas.repec.org/p/hhs/ifauwp/2019_006.html (accessed on 4 November 2020). [61]

Fagereng, A. et al. (2020), "Heterogeneity and Persistence in Returns to Wealth", *Econometrica*, Vol. 88/1, pp. 115-170, http://dx.doi.org/10.3982/ecta14835. [31]

Farhi, E. and I. Werning (2013), "Estate Taxation with Altruism Heterogeneity", *NBER Working Paper No. 18792*, http://dx.doi.org/10.3386/w18792. [12]

Farhi, E. and I. Werning (2010), "Progressive Estate Taxation [*]", *Quarterly Journal of Economics*, Vol. 125/2, pp. 635-673, http://dx.doi.org/10.1162/qjec.2010.125.2.635. [10]

Gale, W. and J. Slemrod (2001), "Rethinking Estate and Gift Taxation", *NBER Working Paper* No. 8205, p. 532, http://dx.doi.org/10.3386/w8205. [33]

Goupille-Lebret, J. and J. Infante (2018), "Behavioral responses to inheritance tax: Evidence from notches in France", *Journal of Public Economics*, Vol. 168, pp. 21-34, http://dx.doi.org/10.1016/j.jpubeco.2018.09.016. [50]

Gravelle, J. and S. Maguire (2010), *Estate Taxes and Family Businesses: Economic Issues Estate Taxes and Family Businesses*, Economic Issues Congressional Research Service, http://www.crs.govRL33070.c11173008 (accessed on 4 November 2020). [94]

Gravelle, J. and S. Maguire (2006), *CRS Report for Congress: Estate Taxes and Family Businesses: Economic Issues*. [68]

Henrekson, M. and D. Waldenström (2016), "Inheritance taxation in Sweden, 1885–2004: the role of ideology, family firms, and tax avoidance", *Economic History Review*, Vol. 69/4, pp. 1228–1254, http://dx.doi.org/doi.org/10.1111/ehr.12280. [66]

Holtz-Eakin, D. (1999), *The Death Tax: Impact on Investment, Employment, and Entrepreneurs*. [89]

Holtz-Eakin, D., D. Joulfaian and H. Rosen (1994), *Entrepreneurial Decisions and Liquidity Constraints*. [87]

Holtz-Eakin, D., D. Joulfaian and H. Rosen (1993), *The Carnegie Conjecture: Some Empirical Evidence*. [81]

Holtz-Eakin, D. and D. Marples (2001), "Distortion Costs of Taxing Wealth Accumulation: Income Versus Estate Taxes", *NBER Working Papers*. [46]

Holtz-Eakin, D., J. Phillips and H. Rosen (2001), "Estate taxes, life insurance, and small business", *Review of Economics and Statistics*, Vol. 83/1, pp. 52-63, http://dx.doi.org/10.1162/003465301750160036. [88]

Houben, H. and R. Maiterth (2011), "Endangering of Businesses by the German Inheritance Tax? — An Empirical Analysis", *Business Research*, Vol. 4/1, pp. 32-46, http://dx.doi.org/10.1007/BF03342725. [91]

Hurd, M. (1987), "Savings of the Elderly and Desired Bequests", *The American Economic Review*, Vol. 77/3, pp. 298-312. [38]

Iara, A. (2015), "Wealth distribution and taxation in EU Members", *Taxation Papers*. [102]

Jordà, Ò. et al. (2019), "The Rate of Return on Everything, 1870–2015*", *The Quarterly Journal of Economics*, Vol. 134/3, pp. 1225-1298, http://dx.doi.org/10.1093/qje/qjz012. [111]

Joulfaian, D. (2016), "What Do We Know About the Behavioral Effects of the Estate Tax?", *Boston College Law Review*, Vol. 57/3, https://lawdigitalcommons.bc.edu/bclr/vol57/iss3/5 (accessed on 4 November 2020). [35]

Joulfaian, D. (2006), *Inheritance and Saving*, National Bureau of Economic Research, Cambridge, MA, http://dx.doi.org/10.3386/w12569. [86]

Joulfaian, D. (2006), "The Behavioral Response of Wealth Accumulation to Estate Taxation: Time Series Evidence", *National Tax Journal*, Vol. 59/2, pp. 253-268. [48]

Joulfaian, D. (2005), "Choosing between gifts and bequests: How taxes affect the timing of wealth transfers", *Journal of Public Economics*, Vol. 89/11-12, pp. 2069-2091, http://dx.doi.org/10.1016/j.jpubeco.2004.11.005. [58]

Joulfaian, D. (2004), "Gift taxes and lifetime transfers: Time series evidence", *Journal of Public Economics*, Vol. 88/9-10, pp. 1917-1929, http://dx.doi.org/10.1016/j.jpubeco.2003.06.002. [57]

Joulfaian, D. (2000), "Estate Taxes and Charitable Bequests by the Wealthy", *NBER Working Papers, No 7663*. [78]

Joulfaian, D. and M. Wilhelm (1994), "Inheritance and labor supply", *Journal of Human Resources*, Vol. 29/4, pp. 1205-1234, http://dx.doi.org/10.2307/146138. [85]

Kindermann, F., L. Mayr and D. Sachs (2020), "Inheritance taxation and wealth effects on the labor supply of heirs", *Journal of Public Economics*, p. 104127, http://dx.doi.org/10.1016/j.jpubeco.2019.104127. [84]

Kleven, H. et al. (2020), "Taxation and migration: Evidence and policy implications", *Journal of Economic Perspectives*, Vol. 34/2, pp. 119-142, http://dx.doi.org/10.1257/JEP.34.2.119. [77]

Kopczuk, W. (2013), "Taxation of intergenerational transfers and wealth", in *Handbook of Public Economics*, Elsevier B.V., http://dx.doi.org/10.1016/B978-0-444-53759-1.00006-6. [54]

Kopczuk, W. (2009), *Economics of estate taxation: Review of theory and evidence.* [49]

Kopczuk, W. (2007), "Bequest and Tax Planning: Evidence from Estate Tax Returns", *The Quarterly Journal of Economics*, Vol. 122/4, pp. 1801-1854, https://doi.org/10.1162/qjec.2007.122.4.1801 (accessed on 27 April 2020). [64]

Kopczuk, W. and J. Lupton (2007), "To Leave or Not to Leave: The Distribution of Bequest Motives", *Review of Economic Studies*, Vol. 74/1, pp. 207-235. [44]

Krenek, A. and M. Schratzenstaller (2018), "A European Net Wealth Tax", *WIFO Working Papers*. [105]

Laitner, J. (1979), "Household Bequests, Perfect Expectations, and the National Distribution of Wealth", *Econometrica*, Vol. 47/5, p. 1175, http://dx.doi.org/10.2307/1911957. [17]

Lusardi, A., P. Michaud and O. Mitchell (2017), "Optimal financial knowledge and wealth inequality", *Journal of Political Economy*, Vol. 125/2, pp. 431-477, http://dx.doi.org/10.1086/690950. [30]

McClelland, R. (2004), "Charitable Bequests and the Repeal of the Estate Tax", *Congressional Budget Office Technical Paper Series*, Vol. 2004/8. [80]

McGarry, K. (1999), "Inter vivos transfers and intended bequests", *Journal of Public Economics*, Vol. 73/3, pp. 321-351, http://dx.doi.org/10.1016/S0047-2727(99)00017-1. [62]

McGarry, K. and R. Schoeni (1995), "Transfer Behavior in the Health and Retirement Study: Measurement and the Redistribution of Resources within the Family", *The Journal of Human Resources*, Vol. 30/special, pp. S184-226. [42]

Mirrlees, J. et al. (2011), *Chapter 15: Taxes on Wealth Transfers*, Oxford University Press. [14]

Moretti, E. and D. Wilson (2020), *Taxing Billionaires: Estate Taxes and the Geographical Location of the Ultra-Wealthy*, National Bureau of Economic Research, Cambridge, MA, http://dx.doi.org/10.3386/w26387. [74]

Nekoei, A. and D. Seim (2018), "How do Inheritances Shape Wealth Inequality? Theory and Evidence from Sweden", *CEPR Discussion Papers*. [25]

Niimi, Y. (2019), "The Effect of the Recent Inheritance Tax Reform on Bequest Behaviour in Japan", *Fiscal Studies*, Vol. 40/1, pp. 45-70, http://dx.doi.org/10.1111/1475-5890.12181. [36]

O'Reilly, P., K. Parra Ramirez and M. Stemmer (2019), "Exchange of information and bank deposits in international financial centres", *OECD Taxation Working Papers*, No. 46, OECD Publishing, Paris, https://dx.doi.org/10.1787/025bfebe-en. [110]

OECD (2018), *Taxation of Household Savings*, OECD Tax Policy Studies, No. 25, OECD Publishing, Paris, https://dx.doi.org/10.1787/9789264289536-en. [70]

OECD (2018), *The Role and Design of Net Wealth Taxes in the OECD*, OECD Tax Policy Studies, No. 26, OECD Publishing, Paris, https://dx.doi.org/10.1787/9789264290303-en. [52]

Office of Tax Simplification (2018), *Inheritance Tax Review - first report: Overview of the tax and dealing with administration*, Office of Tax Simplification, London. [69]

Pérez-González, F. (2006), "Inherited control and firm performance", *American Economic Review*, Vol. 96/5, pp. 1559-1588, http://dx.doi.org/10.1257/aer.96.5.1559. [97]

Piketty, T. (2015), "Capital and Wealth Taxation in the 21st Century", *National Tax Journal*, Vol. 68/2, pp. 449-458. [32]

Piketty, T. (2014), *Capital in the Twenty-First Century*, Harvard University Press. [28]

Piketty, T. and E. Saez (2013), "A Theory of Optimal Inheritance Taxation", *Econometrica*, Vol. 81/5, pp. 1851-1886, http://dx.doi.org/10.3982/ECTA10712. [13]

Piketty, T. and E. Saez (2007), *How Progressive is the U.S. federal tax system? A historical and international perspective*, http://dx.doi.org/10.1257/jep.21.1.3. [15]

Piketty, T., E. Saez and G. Zucman (2013), *Rethinking capital and wealth taxation*. [9]

Piketty, T. and G. Zucman (2015), *Wealth and Inheritance in the Long Run*, Elsevier. [3]

Poterba, J. (2001), "Estate and gift taxes and incentives for inter vivos giving in the US", *Journal of Public Economics*, Vol. 79/1, pp. 237-264, http://dx.doi.org/10.1016/S0047-2727(00)00102-X. [63]

Poterba, J. and S. Weisbenner (2000), "The Distributional Burden of Taxing Estates and Unrealized Capital Gains at the Time of Death", *NBER Working Papers*. [99]

Raub, B., B. Johnson and J. Newcomb (2010), *A Comparison of Wealth Estimates for America's Wealthiest Decedents Using Tax Data and Data from the Forbes 400*. [107]

Redonda, A. (2017), "Inheritance Taxation, Corporate Succession and Sustainability", *Discussion Notes*. [93]

Rognlie, M. (2014), *A note on Piketty and diminishing returns to capital*, http://mattrognlie.com/piketty_diminishing_returns.pdf (accessed on 23 November 2021). [29]

Rudnick, R. and R. Gordon (1996), *Taxation of Wealth*, IMF. [104]

Schmalbeck, R. (2001), "Avoiding Federal Wealth Transfer Taxes", in Gale, W., J. Hines Jr. and J. Slemrod (eds.), *Rethinking Estate and Gift Taxation*, Brookings Institution Press, Washington, D. C. [55]

Slemrod, J. (ed.) (2000), *Why do the Rich Save so Much?*, Harvard University Press. [39]

Slemrod, J. and W. Kopczuk (2000), "The Impact of the Estate Tax on the Wealth Accumulation and Avoidance Behavior of Donors", *NBER Working Papers*. [47]

Solt, F. (2008), "Economic inequality and democratic political engagement", *American Journal of Political Science*, Vol. 52/1, pp. 48-60, http://dx.doi.org/10.1111/j.1540-5907.2007.00298.x. [101]

Sommer, E. (2017), *Wealth Transfers and Tax Planning: Evidence for the German Bequest Tax*, http://www.iza.org (accessed on 4 November 2020). [59]

Tomes, N. (1981), "The Family, Inheritance, and the Intergenerational Transmission of Inequality", *Journal of Political Economy*, Vol. 89/5, pp. 928-958. [18]

Tsoutsoura, M. (2015), "The Effect of Succession Taxes on Family Firm Investment: Evidence from a Natural Experiment", *Journal of Finance*, Vol. 70/2, pp. 649-688, http://dx.doi.org/10.1111/jofi.12224. [92]

Villalonga, B. and R. Amit (2006), "How do family ownership, control and management affect firm value?", *Journal of Financial Economics*, Vol. 80/2, pp. 385-417, http://dx.doi.org/10.1016/j.jfineco.2004.12.005. [98]

Wolff, E. (2015), *Inheriting Wealth in America. Future Boom or Bust?*, Oxford University Press. [2]

Wolff, E. and M. Gittleman (2014), "Inheritances and the distribution of wealth or whatever happened to the great inheritance boom?", *Journal of Economic Inequality*, Vol. 12/4, pp. 439-468, http://dx.doi.org/10.1007/s10888-013-9261-8. [21]

Notes

[1] Ces hypothèses sont proches des rendements observés dans la vie réelle. Par exemple, le taux de rendement annuel des bons du Trésor américains à 30 ans, relativement exempts de risque, s'est établi à 3.28 % en moyenne au cours des dix dernières années (Federal Reserve Bank of St. Louis, 2020). Les données de Jordà et al. (2019[111]) indiquent que le rendement moyen des différentes catégories d'actifs immobiliers résidentiels et d'actions s'est élevé à environ 7 % à l'échelle mondiale sur la période 1870-2015. Il a été constaté, en Norvège par exemple, que ces deux catégories d'actifs étaient prépondérantes dans les portefeuilles d'investissement des 5 % supérieurs de la distribution du patrimoine net (Fagereng et al., 2020[31]).

[2] https://www.oecd.org/els/family/SF_2_1_Fertility_rates.pdf.

3 Conception des impôts sur les successions et les donations dans les pays de l'OCDE

Le chapitre 3 présente et évalue la manière dont les impôts sur les successions et les donations sont conçus dans les pays de l'OCDE. Il décrit d'abord les recettes qui en sont tirées puis présente un examen comparatif des principales caractéristiques de ces impôts dans ces pays.

Ce chapitre décrit et évalue la manière dont les impôts sur les successions et les donations sont conçus et appliqués dans les pays de l'OCDE[1]. Après un bref examen des recettes qui en sont tirées et de leur évolution au fil du temps, il présente une description comparative des principales caractéristiques de ces impôts dans les pays de l'OCDE[2], abordant notamment les règles relatives aux faits générateurs, les seuils d'exonération, les barèmes des taux d'imposition, le traitement de divers actifs bénéficiant d'un traitement fiscal préférentiel, les procédures de déclaration et de paiement, les règles de valorisation, la conception des impôts sur les donations et l'interaction entre le traitement fiscal des plus-values latentes à la date du décès et l'impôt sur les successions. La dernière partie du chapitre est consacrée à l'optimisation fiscale et aux risques de fraude fiscale. Les informations fournies dans ce chapitre proviennent essentiellement des réponses à un questionnaire de l'OCDE sur les impôts sur les successions et les donations, réponses qui ont été fournies par les délégués au Groupe de travail n° 2 sur l'analyse des politiques et les statistiques fiscales du Comité des affaires fiscales de l'OCDE.

Il existe de nombreux points communs entre les pays de l'OCDE en ce qui concerne les caractéristiques des impôts sur les successions et les donations. La majorité des pays prélèvent l'impôt sur la part du patrimoine reçue par chaque bénéficiaire, mais quelques pays le prélèvent sur le patrimoine total du donateur. La plupart des pays appliquent des règles favorables au conjoint et aux descendants en ligne directe sous la forme de seuils d'exonération plus élevés et de taux d'imposition plus faibles. En principe, les pays exonèrent les dons aux organismes caritatifs et appliquent un traitement fiscal préférentiel à certains actifs, ce qui a pour effet de réduire l'assiette fiscale. Parmi les actifs qui bénéficient généralement d'un traitement fiscal préférentiel figurent la résidence principale, les actifs professionnels, l'épargne-retraite et l'assurance-vie. Dans certains pays, le traitement fiscal des donations du vivant (entre vifs) et d'autres caractéristiques de la fiscalité créent des possibilités d'optimisation fiscale. Dans l'ensemble, ce chapitre démontre qu'il est important que les impôts sur les successions et les donations soient bien conçus pour atteindre leurs objectifs.

3.1. Utilisation des impôts sur les successions et les donations dans les pays de l'OCDE

3.1.1. La majorité des pays de l'OCDE imposent les successions

Vingt-quatre pays de l'OCDE sur 36 imposent les transmissions de patrimoine. Parmi eux, 20 recouvrent cet impôt auprès des bénéficiaires de ces transmissions. Quatre pays seulement (Corée, Danemark, États-Unis et Royaume-Uni) le recouvrent auprès des donateurs décédés. La plupart des pays où existe un impôt sur les successions taxent également les donations du vivant, en général en recouvrant l'impôt auprès des bénéficiaires. Un pays – l'Irlande – prélève un impôt mixte sur les successions et les donations (il s'agit d'un impôt sur l'ensemble des donations et legs reçus à l'échelle d'une vie) qui tient compte de toutes les transmissions de patrimoine reçues par les bénéficiaires au cours de leur vie. La Lettonie et la Lituanie taxent les donations du vivant dans le cadre de l'impôt sur le revenu des personnes physiques (IRPP), mais la Lettonie n'impose pas les successions et la Lituanie prélève un impôt sur les successions distinct.

Un petit nombre de pays de l'OCDE imposent les successions au niveau infranational. Dans certains pays, les autorités centrales conservent une compétence partielle en matière de conception des impôts sur les successions, mais les autorités infranationales jouissent d'une grande autonomie. Ainsi, la décision d'imposer les successions et les donations et les caractéristiques de ces impôts relèvent de la compétence exclusive des régions en Belgique et des cantons en Suisse. Les communes lituaniennes et les régions espagnoles imposent les successions dans le cadre d'une compétence partagée avec l'administration centrale, qui définit les principales caractéristiques des impôts, étant entendu que les autorités infranationales peuvent s'en écarter. Aux États-Unis, l'État fédéral applique un impôt sur les successions perçu sur le patrimoine total du défunt, et certains États perçoivent un impôt supplémentaire prélevé sur la part reçue par chaque bénéficiaire. Le rapport décrit les impôts prélevés par les autorités centrales ou fédérales en Lituanie, en Espagne et aux États-Unis, et ceux perçus au niveau local ou régional en Belgique (région de Bruxelles-Capitale) et en Suisse (région de Zurich).

Dix pays de l'OCDE ont supprimé leur impôt sur les successions et deux n'ont jamais imposé les transmissions de patrimoine (Tableau 3.1). Depuis le début des années 2000, l'Autriche, la Norvège, la République slovaque, la Suède et la République tchèque ont aboli leurs impôts sur les successions. Israël et la Nouvelle-Zélande ont supprimé cet impôt entre 1980 et 2000, tandis que l'Australie, le Canada et le Mexique l'ont supprimé avant 1980. L'Estonie et la Lettonie n'ont jamais imposé les successions. Dans leurs réponses au questionnaire de l'OCDE, les pays ont indiqué les raisons qui les ont conduits à supprimer l'impôt sur les successions et les donations ou à ne jamais en instituer. Il en ressort que l'absence de soutien politique en faveur de cet impôt a joué un rôle central dans la décision de le supprimer ou de ne pas le créer, ce qui corrobore les données révélant son impopularité (section 3.14). Dans certains cas, cette impopularité pourrait s'expliquer par la manière dont l'impôt est conçu. Ainsi, avant de cesser d'imposer les successions, la Suède appliquait des seuils d'exonération très bas (de l'ordre de 31 000 USD pour le conjoint et de 8 000 pour les enfants). En outre, des possibilités d'optimisation fiscale profitant essentiellement aux contribuables aisés avaient affaibli la légitimité des impôts sur les successions et les donations et engendré un mouvement en faveur de leur suppression (Henrekson et Waldenström, 2016[1]). Certains pays ont invoqué la lourdeur administrative de la gestion de cet impôt et les recettes comparativement faibles qui en sont tirées, notamment en raison du traitement préférentiel réservé à certains actifs.

Tableau 3.1. Impôts sur les successions actuels et passés dans les pays de l'OCDE

Pays	Nom de l'impôt (langue nationale)	Nom de l'impôt (français)	Date de création de l'impôt	Date d'introduction de l'impôt actuel	Date de suppression	Niveau d'administration[1]
		Impôts sur les successions actuellement en vigueur				
Belgique	Droit de succession	Droit de succession	1795	1936	..	Région/État[2]
Chili	Impuesto a las Herencias y Donaciones	Impôts sur les successions et les donations	1915	1915	..	National
Danemark	Boafgiftsloven	Impôts sur les successions et les donations	1792	1995	..	National
Finlande	Perintövero	Impôt sur les successions	1940	1940	..	National
France	Droits de mutation à titre gratuit	Droits de mutation à titre gratuit	1791	1791	..	National
Allemagne	Erbschaftsteuer und Schenkungsteuer	Impôts sur les successions et les donations	1906	1974	..	National
Grèce	Φόρος Κληρονομιάς	Impôt sur les successions	1836	2001	..	National
Hongrie	öröklési illeték	Droit de succession	1918	1918	..	National
Islande	Erfðafjárskattur	Impôt sur les successions	1792	2004	..	National
Irlande	Capital Acquisitions Tax	Impôt sur les mutations de capital	1894	1976	..	National
Italie	Imposta sulle successioni e donazioni	Impôt sur les successions et les donations	1862	2006	..	National
Japon	相続税	Impôt sur les successions	1950	1950	..	National
Corée	상속세및증여세법	Impôt sur les successions et les donations	1950	1950	..	National
Lituanie	Paveldimo turto mokesčio įstatymas	Loi relative à l'impôt sur les successions	1990[3]	2003	..	National/local
Luxembourg	Droits de succession	Droits de succession	1817	1817	..	National
Pays-Bas	Erfbelasting en schenkbelasting	Impôt sur les successions et les donations	1859	1956	..	National
Pologne	Podatek od spadków i darowizn	Impôt sur les successions et les donations	1920	1983	..	National
Portugal	Imposto do selo sobre transmissões gratuitas	Droit de timbre sur les successions et les donations	1959	2004	..	National

Slovénie	Davek na dediščine in darila	Impôt sur les successions et les donations	1988	2006	..	National
Espagne	Impuesto sobre Sucesiones y Donaciones	Impôt sur les successions et les donations	1798	1988	..	National / régional[4]
Suisse	Erbschafts- und Schenkungssteuer	Impôt sur les successions et les donations	1870	1986	..	Region / État[5]
Turquie	Veraset ve İntikal Vergisi	Impôt sur les successions et les donations	1959	1959	..	National
Royaume-Uni	Droits de succession	Droits de succession	1894	1986	..	National
États-Unis	Impôt sur les successions et les donations	Impôt sur les successions et les donations	1916	1916	..	National[6]
			Anciens impôts sur les successions			
Australie	Impôt sur le patrimoine total du donateur décédé	Impôt sur le patrimoine total du donateur décédé	1851	1914	1979	National / État
Autriche	Erbschaftssteuer	Impôt sur les successions	1759	1955	2008	National
Canada	Estate Tax	Impôt sur les biens transmis par décès	1941	1958	1972	National
République tchèque	Zákon o dani dědické, darovací a dani z převodu nemovitostí	Loi sur l'impôt sur les successions, l'impôt sur les donations et le transfert de biens immobiliers	1993	1993	2014	National
Estonie	..	..	..	..	..	..
Israël	עזבון מס חוק	Loi sur l'impôt sur les successions	1949	1949	1980	National
Lettonie	..	..	..	..	..	..
Mexique	Impuesto sobre Sucesiones y Donaciones	Impôt sur les successions et les donations	1926[7]	1926	1961	National / État
Nouvelle-Zélande	Estate duty	Droit sur le patrimoine total du donateur décédé	1866	1866	1992	National
Norvège	Avgift på arv og gave	Impôt sur les successions et les donations	1792	1792	2014	National
République slovaque	Daň z dedičstva	Impôt sur les successions	1993	1993	2004	National
Suède	Arvskatt	Impôt sur les successions	1884	1884	2004	National

1. Correspond au principal niveau d'administration compétent en matière d'imposition, c'est-à-dire au niveau qui est compétent pour créer ou supprimer un impôt, fixer les taux d'imposition, définir la base d'imposition ou accorder des abattements ou allègements fiscaux. Dans certains pays, un niveau d'administration est compétent pour légiférer, mais un autre perçoit les recettes fiscales. L'indication « .. » signifie que le pays n'a pas supprimé ses impôts sur les successions et les donations ou qu'il n'a jamais imposé les successions et les donations. Les données relatives à la Belgique se rapportent à la région de Bruxelles-Capitale. Celles relatives à la Suisse se rapportent au canton de Zurich.
2. Les données relatives à la Belgique se rapportent à la région de Bruxelles-Capitale.
3. En pratique, en raison d'allègements fiscaux, les successions n'ont pas été imposées entre 1990 et 1995.
4. L'administration centrale est chargée d'administrer l'impôt sur les successions et les donations, mais les autorités régionales peuvent adopter des règles en matière d'abattements sur la base imposable, de taux d'imposition, de déductions fiscales et concernant certaines procédures administratives.

5. Les données relatives à la Suisse se rapportent au canton de Zurich.
6. Les impôts sur les successions prélevés par les États fédérés ne sont pas présentés dans ce rapport même si certains États prélèvent un impôt sur la part perçue par chaque bénéficiaire en sus de l'impôt recouvré par l'État fédéral sur le patrimoine total du donateur.
7. Données se rapportant aux impôts prélevés au niveau fédéral. Avant 1926, certaines municipalités recouvraient un impôt sur les successions et les donations.
Source : Questionnaire de l'OCDE sur les impôts sur les successions et les donations (2020).

3.2. Recettes fiscales et part des successions imposables

3.2.1. Les recettes tirées de l'impôt sur les successions sont généralement faibles parce que dans certains pays, la majeure partie du patrimoine transmis n'est pas imposable

Les recettes tirées de l'impôt sur les successions et les donations ne représentent qu'une part très faible des recettes fiscales totales dans les pays de l'OCDE (Graphique 3.1). En moyenne (non pondérée), elles représentent 0.36 % du total des recettes fiscales pour l'ensemble des pays de l'OCDE et 0.51 % lorsque seuls les pays imposant les successions et donations sont pris en compte. Ces recettes ne dépassent 1 % du total des recettes fiscales que dans quatre pays de l'OCDE (Belgique, Corée, France et Japon). Comme expliqué plus loin, ce résultat est en grande partie lié au fait que dans ces pays, l'assiette fiscale est plus large et les taux d'imposition plus élevés, en particulier pour les héritiers qui ne sont pas des parents proches du défunt. L'impôt sur les successions appliqué en Corée est décrit de manière plus précise dans l'encadré 3.1. Les recettes issues des impôts sur les successions et les donations représentent moins de 0.25 % du total des recettes fiscales dans 20 pays et elles sont nulles dans huit (Australie, Estonie, Israël, Mexique, Nouvelle-Zélande, Portugal, République slovaque et Suède). De ces pays, tous sauf le Portugal[3] n'imposent pas les successions et les donations.

Graphique 3.1. Recettes tirées des impôts sur les successions et les donations, 2019, ensemble des pays de l'OCDE

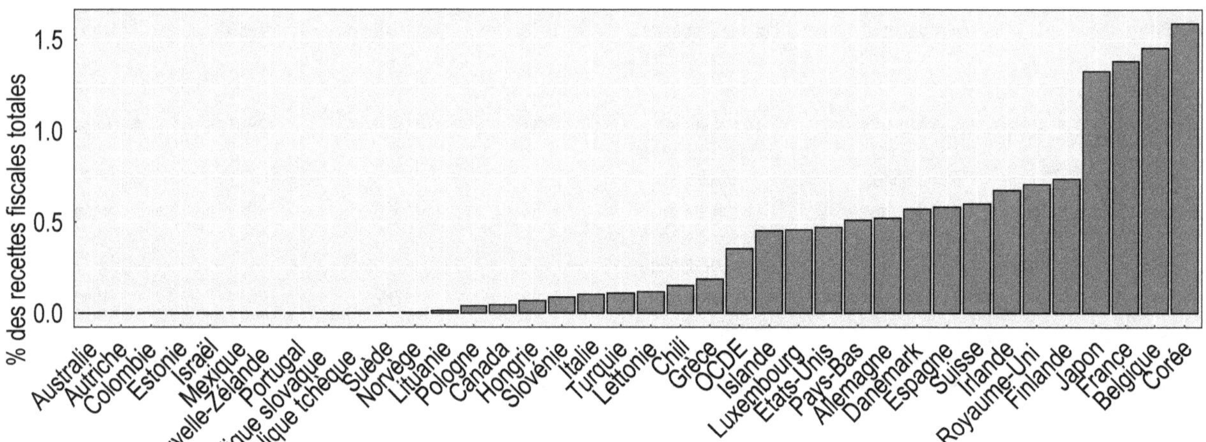

Note : Les données relatives à l'Australie, à la Grèce, au Japon, au Mexique et celles utilisées pour calculer la moyenne de l'OCDE se rapportent à 2018.
Source : Statistiques des recettes publiques de l'OCDE.

StatLink https://stat.link/c67z4o

La faiblesse des recettes tirées des impôts sur les successions s'explique en partie par la faible part des successions imposables sur le total des successions et transmissions. Le Graphique 3.2 présente la part des successions soumises à l'impôt sur les successions dans huit pays de l'OCDE pour lesquels des données sont disponibles. La plus grande partie des successions ne sont pas assujetties à l'impôt sur les successions et dans sept pays, la proportion de successions imposables est inférieure à 13 %. Cette proportion est comprise entre 0.2 % (États-Unis) et 48 % (Belgique, Bruxelles-Capitale).

Graphique 3.2. Part des successions soumises à l'impôt sur les successions, sélection de pays

2019 ou dernière année disponible

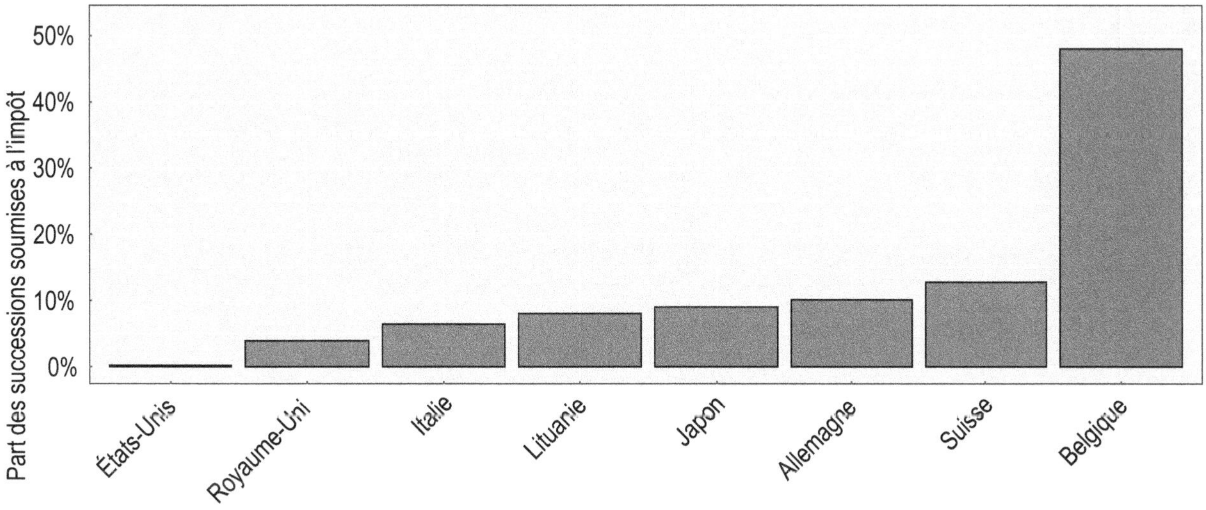

Note : Les résultats sont présentés pour les pays pour lesquels des données sont disponibles. Les données relatives à la Belgique se rapportent à la région de Bruxelles-Capitale. Celles relatives à la Suisse se rapportent au canton de Zurich.
Source : Questionnaire de l'OCDE sur les impôts sur les successions et les donations (2020).

StatLink https://stat.link/i6xmzc

3.2.2. Les recettes fiscales ont fortement diminué dans les années 70 mais sont relativement stables depuis

En moyenne dans les pays de l'OCDE, la part des recettes tirées de l'impôt sur les successions dans le total des recettes fiscales a beaucoup diminué durant les années 70 avant de se stabiliser (**Graphique 3.3**)[4]. Le rapport de ces recettes au PIB a connu une forte baisse en moyenne (non pondérée) dans les pays de l'OCDE durant les années 70. Cette baisse s'explique principalement par les évolutions observées en Australie, au Canada, en Irlande, en Nouvelle-Zélande, au Portugal et au Royaume-Uni. Plusieurs de ces pays ont supprimé ou réduit leur impôt sur les successions au cours de cette période et/ou ont vu les recettes tirées de cet impôt s'éroder sous l'effet de mécanismes d'optimisation fiscale de plus en plus sophistiqués. Les recettes n'ont ensuite guère évolué entre le milieu des années 1980 et 2018. À l'inverse, les recettes issues de l'impôt sur les donations sont restées stables tout au long de la période prise en compte par le Graphique 3.3, même si leur niveau est nettement inférieur à celui des recettes de l'impôt sur les successions.

Graphique 3.3. Recettes tirées des impôts sur les successions et les donations, 1965-2019, moyenne OCDE

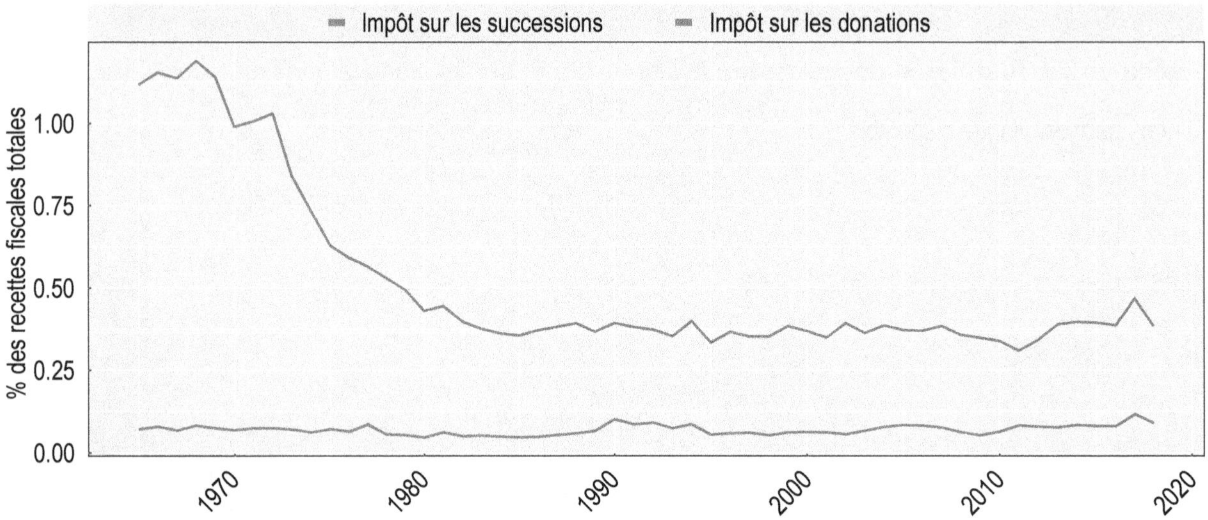

Note : Le graphique présente des moyennes non pondérées calculées en tenant compte de tous les pays de l'OCDE.
Source : Statistiques des recettes publiques de l'OCDE.

StatLink https://stat.link/95zm7c

Les seuils d'exonération appliqués pour calculer l'impôt sur les successions sont en hausse depuis les années 80 dans plusieurs pays. La partie A du Graphique 3.4 met en relation le seuil d'exonération appliqué aux enfants du donateur (axe de gauche) avec les recettes tirées de l'impôt sur les successions exprimées en part du PIB (axe de droite) pendant la période 1980-2020 (les données relatives aux seuils d'exonération proviennent de (Nolan et al., 2020[2])). Le seuil d'exonération appliqué aux enfants a augmenté dans tous les pays, sous l'effet de modifications périodiques (ex. Allemagne et Italie) ou de revalorisations annuelles (ex. Royaume-Uni). Toutes choses égales par ailleurs, un seuil d'exonération plus élevé devrait se traduire par des recettes plus faibles, mais cette relation transparaît peu sur le Graphique 3.4. Ainsi, alors que les seuils d'exonération ont été relevés, les recettes tirées de l'impôt sur les successions ont augmenté en France et en Allemagne et sont restées globalement stables au Royaume-Uni. Une baisse des recettes concomitante à des relèvements sensibles des seuils est cependant perceptible en Italie et aux États-Unis.

Parallèlement au rétrécissement de la base d'imposition, les taux d'imposition marginaux supérieurs ont été orientés à la baisse dans la plupart des pays. La partie B du Graphique 3.4 met en relation le taux marginal supérieur de l'impôt sur les successions appliqué aux enfants du donateur (axe de gauche) et les recettes tirées de cet impôt exprimées en part du PIB (axe de droite) pendant la période 1980-2020 (les données relatives aux seuils d'exonération proviennent de (Nolan et al., 2020[2])). Aux États-Unis, la diminution constante des taux marginaux supérieurs est allée de pair avec une baisse régulière des recettes, tandis qu'en Italie, les recettes ont légèrement diminué au moment où une forte baisse du taux marginal supérieur a été introduite. Au Royaume-Uni, la forte baisse du taux marginal supérieur, qui est passé de 75 % à 40 % entre 1980 et 1988, n'a pas eu d'effet sensible sur les recettes, lesquelles sont restées globalement stables tout au long de la période. En Irlande, les variations importantes du taux marginal supérieur, qui est passé de 55 % en 1984 à 20 % en 2000 avant d'être porté à 33 % en 2013, n'a pas eu d'impact sur la trajectoire des recettes, globalement stables tout au long de la période. Contrairement à d'autres pays figurant sur le Graphique 3.4, la France a augmenté son taux marginal supérieur entre 1980 et 2020 et a vu les recettes croître au cours de la période étudiée.

Graphique 3.4. Seuils d'exonération de l'impôt sur les successions et taux d'imposition marginaux supérieurs comparativement au montant des recettes des impôts sur les successions et donations en pourcentage du PIB, 1980-2020, sélection de pays

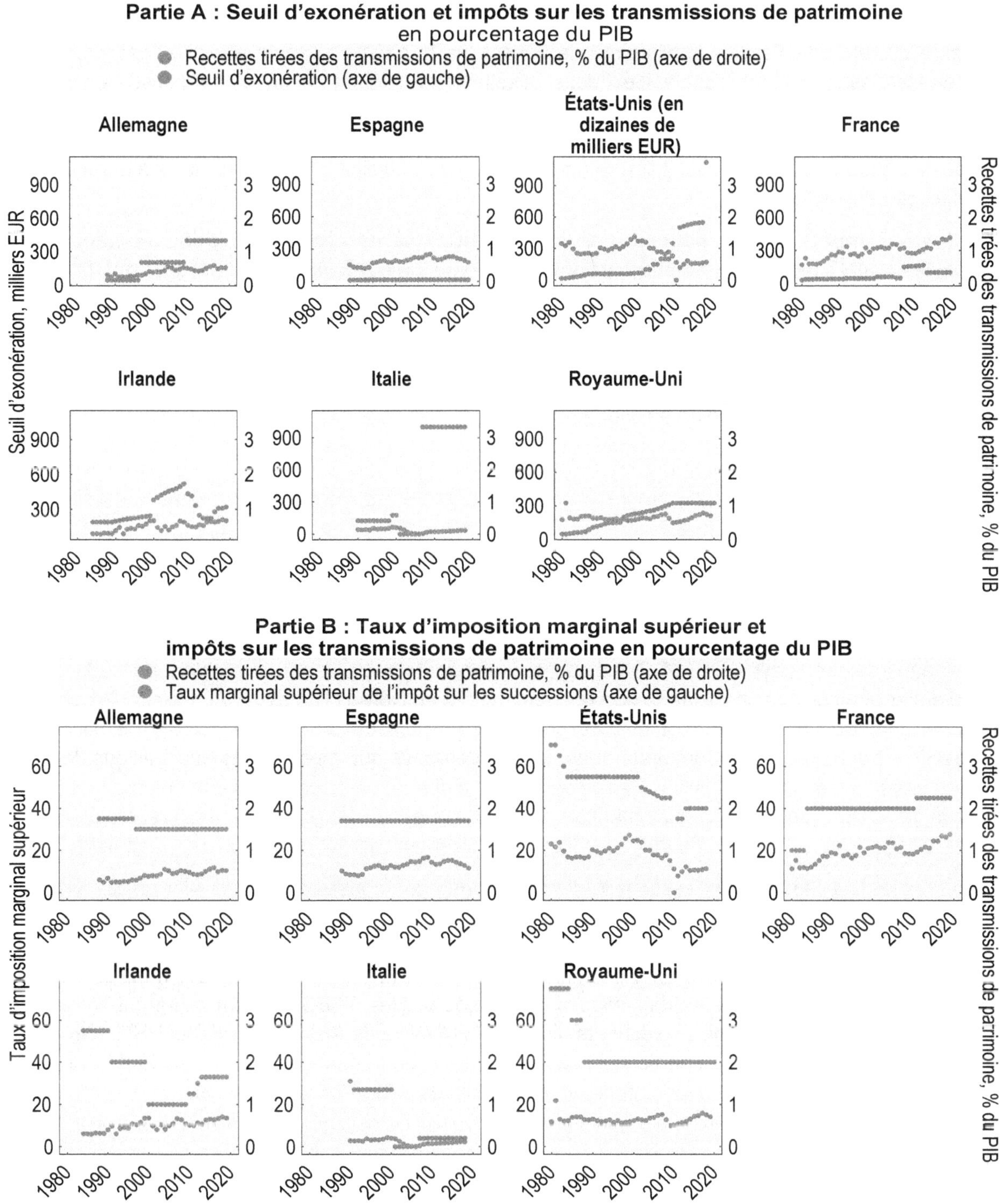

Note : Les seuils d'exonération et taux d'imposition marginaux supérieurs présentés sont ceux appliqués aux enfants du donateur. États-Unis : l'axe de gauche de la Partie A représente des dizaines de milliers et non des milliers comme pour les autres pays parce que le seuil d'exonération appliqué aux enfants s'établissait à environ 11.6 millions USD en 2020.

Source : Statistiques des finances publiques de l'OCDE et Nolan, B., J. Palomino, P. Van Kerm et S. Morelli (2020), « The Wealth of Families: The Intergenerational Transmission of Wealth in Britain in Comparative Perspective », Nuffield Foundation, Oxford.

StatLink https://stat.link/kytpd2

Différents facteurs peuvent expliquer que les recettes tirées des impôts sur les successions et les donations soient restées stables ou aient légèrement augmenté dans la plupart des pays figurant sur le Graphique 3.4 malgré le relèvement des seuils d'exonération et la diminution des taux marginaux supérieurs. Le fait que le montant des recettes se soit maintenu est probablement en partie dû à l'augmentation du patrimoine transmis (Graphique 1.15). Dans certains pays, il pourrait aussi être la résultante de réformes fiscales impliquant une hausse de la pression fiscale effective, par exemple de mesures élargissant l'assiette fiscale. Il est aussi possible que l'allègement de la charge fiscale pesant sur les enfants des donateurs, observé dans certains pays sur le Graphique 3.4, ait été compensé par un abaissement des seuils d'exonération et une hausse des taux appliqués aux autres héritiers. L'évolution des recettes peut aussi s'expliquer par une amélioration de la discipline fiscale et par une administration plus efficace de l'impôt.

Bien que les impôts sur les successions et les donations ne constituent généralement qu'une source de recettes marginale, ils peuvent poursuivre des objectifs importants autres que la hausse des recettes fiscales. Dans leurs réponses au questionnaire de l'OCDE, les pays justifient le plus souvent l'existence d'impôts sur les successions par la volonté de redistribuer les richesses et d'augmenter l'égalité des chances. Le chapitre 2 décrit les divers arguments qui justifient ces impôts du point de vue de l'équité, soulignant qu'ils sont de nature à renforcer l'égalité des chances et l'équité horizontale et verticale et à réduire les inégalités de patrimoine au fil du temps.

Encadré 3.1. La distribution des transmissions de patrimoine et l'imposition des successions en Corée

L'encadré décrit l'impôt sur les successions coréen à partir de données de l'Institut coréen des finances publiques (KIPF), qui a apporté un soutien financier à ce projet. En place depuis 1950, cet impôt calculé sur le patrimoine total du donateur a de nombreux points communs avec les impôts sur les successions existant dans d'autres pays de l'OCDE. Il s'applique aux actifs qu'un donateur résident possède dans le monde entier et à ceux qu'un donateur non résident détient en Corée (Tableau 3.2). Ce sont les conjoints qui bénéficient du traitement fiscal le plus généreux (Graphique 3.8) et les taux d'imposition sont progressifs (Graphique 3.11). Comme la quasi-totalité des pays qui imposent les successions, la Corée taxe également les donations du vivant (Tableau 3.9). À la différence de ce qui est observé dans la plupart des pays de l'OCDE, seuls les couples mariés hétérosexuels bénéficient du traitement réservé au conjoint (Tableau 3.5) et une seule série de taux s'applique à différentes catégories d'héritiers (Graphique 3.12).

L'impôt sur les successions est essentiellement exigé des contribuables relativement aisés. Alors que 2.2 % seulement des successions sont imposables (Graphique 3.2), les transmissions de patrimoine imposables représentent 39.3 % du total des transmissions. Les donateurs à l'origine de transmissions de patrimoine assujetties à l'impôt ont réalisé 18 278 milliards KRW (15.5 milliards USD) de transmissions imposables en 2018, alors que les transmissions réalisées par les 97.8 % de donateurs qui ont effectué des transmissions non imposables se sont établies à 28 344 milliards KRW (24 milliards USD) (Graphique 3.5). Ces chiffres s'expliquent en partie par l'application de l'abattement forfaitaire, de 500 KRW (environ 420 000 USD), et de l'abattement pour conjoint, de 3 milliards KRW (2.5 millions USD).

Graphique 3.5. Total du patrimoine transmis selon la valeur de la succession du donateur, 2018

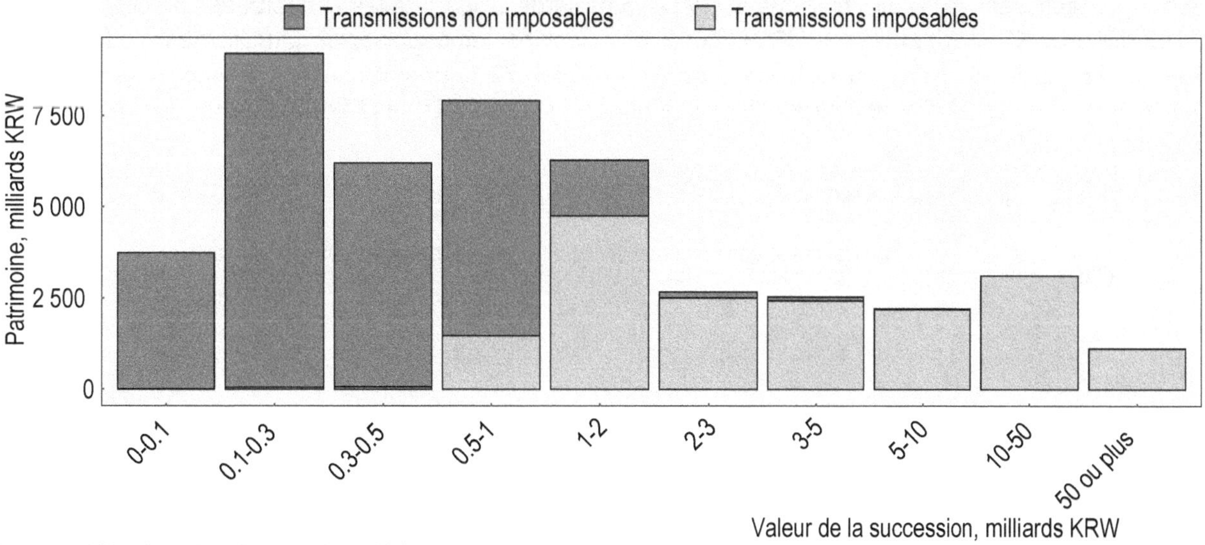

Source : Institut coréen des finances publiques, non publié.

StatLink https://stat.link/mepu19

Le graphique 3.6 présente la nature des actifs qui composent les successions imposables en fonction de la valeur de la succession du donateur. La principale composante des successions imposables d'une valeur inférieure ou égale à 2 milliards KRW (1.7 millions USD), est constituée par les bâtiments, alors que les terres représentent la principale composante des successions imposables dont la valeur est comprise entre 2 et 50 milliards KRW (1.7 million USD à 42.4 millions USD). Les valeurs mobilières représentent 54 % des successions d'une valeur supérieure à 50 milliards KRW (42.4 millions USD), contre 26 % des successions dont la valeur est comprise entre 10 et 50 milliards KRW (entre 8.5 millions USD et 42.4 millions USD) et 12 % des successions dont la valeur est comprise entre 5 et 10 milliards KRW (4.2 millions et 8.5 millions USD).

Graphique 3.6. Composition par types d'actifs des successions imposables, selon la valeur de la succession du donateur, 2018

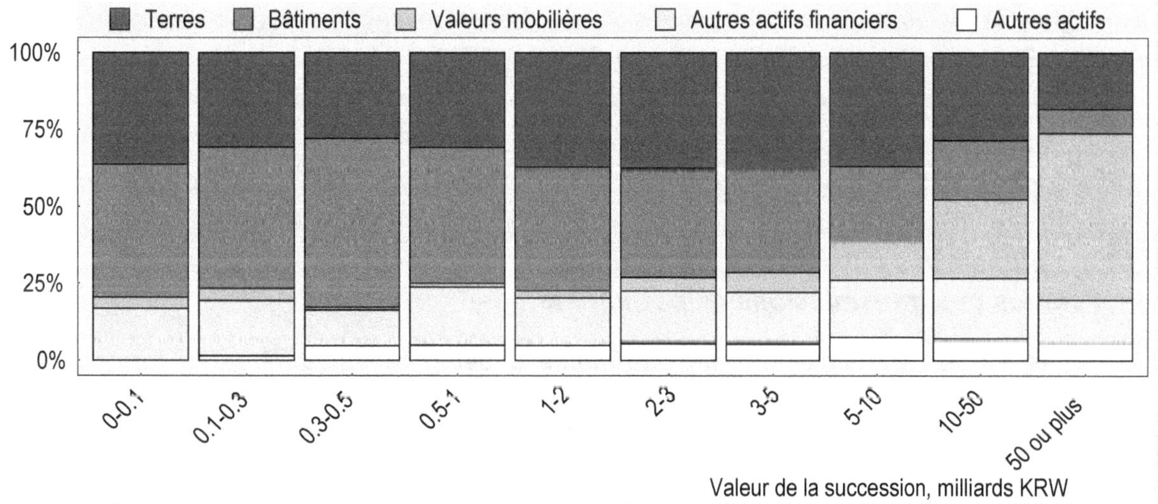

Source : Institut coréen des finances publiques, non publié.

StatLink https://stat.link/0dz6mq

Les donateurs qui transfèrent leur patrimoine sont dans une large mesure concentrés à Séoul, la capitale, et dans la province voisine du Gyeonggi (Graphique 3.7). Les transmissions imposables effectuées à Séoul s'établissent à 8 833 milliards KRW (7.5 milliards USD), celles effectuées au Gyeonggi à 3 782 milliards KRW (3.2 milliards USD). Les transmissions imposables les plus faibles s'effectuent à Sejong (25.5 milliards KRW ou 22 millions USD). Au total, 72 % des transmissions imposables et 46 % des transmissions non imposables sont le fait de donateurs résidant dans l'agglomération de Séoul (Séoul, Gyeonggi et Incheon).

Graphique 3.7. Total des transmissions de patrimoine par circonscription fiscale, 2018

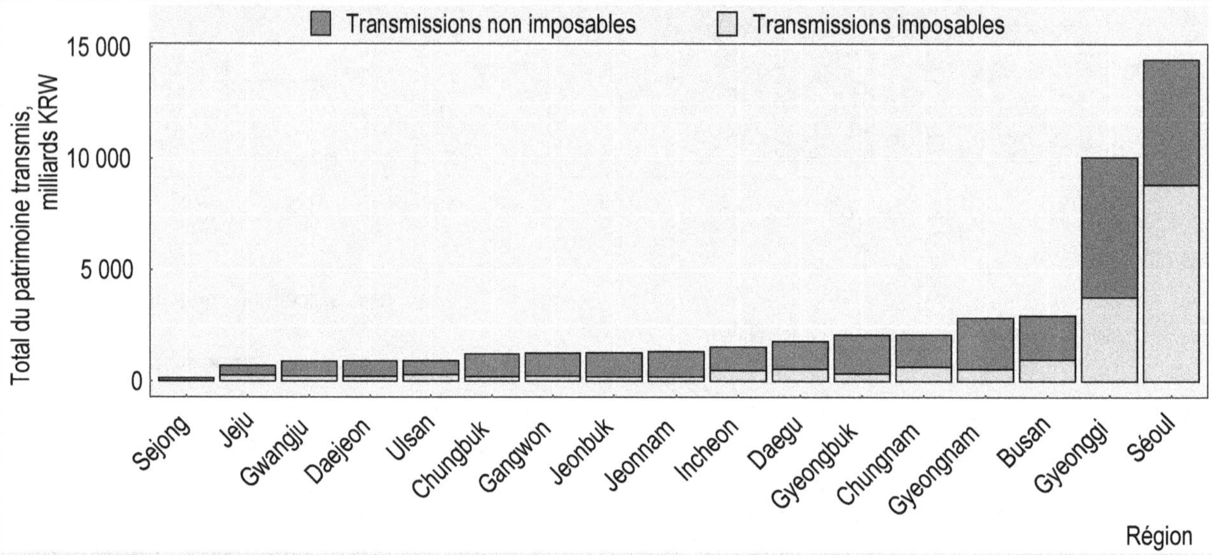

Source : Institut coréen des finances publiques, non publié.

StatLink https://stat.link/f185b7

L'impôt sur les successions a suscité un vif intérêt ces dernières années, en particulier parce que plusieurs *chaebol* – grands groupes industriels dirigés par les fondateurs et leur famille – vont être transmis à la prochaine génération dans les années à venir. Comme dans d'autres pays, les actifs professionnels sont soumis à l'impôt sur les successions et bénéficient d'un traitement préférentiel (voir la section 3.8.3), mais la question de la transmission d'entreprises a fait couler beaucoup d'encre.

3.3. Les différents types d'impôts sur les transmissions de patrimoine

3.3.1. La plupart des pays de l'OCDE recouvrent l'impôt sur les successions auprès des bénéficiaires des transmissions de patrimoine

Les impôts sur les transmissions de patrimoine peuvent revêtir différentes formes. Pour les successions à la mort du donateur, les pays peuvent prélever l'impôt soit sur le patrimoine net total du donateur soit sur la valeur des actifs reçus par les bénéficiaires. Pour les donations effectuées du vivant du donateur les pays peuvent appliquer un impôt sur les donations, le plus souvent recouvré auprès des bénéficiaires.

Dans les pays de l'OCDE, l'approche la plus courante consiste à imposer les transmissions de patrimoine en recouvrant l'impôt auprès des bénéficiaires. Sur les 24 pays de l'OCDE qui imposent les successions, 20 recouvrent l'impôt auprès des bénéficiaires. Ils appliquent généralement un traitement fiscal différent – notamment des seuils d'exonération et taux d'imposition différents – aux héritiers en fonction de leur relation avec le donateur. Quatre pays prélèvent l'impôt sur le patrimoine total du donateur (Corée, Danemark, États-Unis et Royaume-Uni), mais peuvent prendre en compte certains critères supplémentaires, par exemple la relation entre les bénéficiaires et le donateur, pour en calculer le montant. Tous ces pays recouvrent en outre un impôt sur les donations (à l'exception de la Lituanie, qui impose les donations par l'intermédiaire de l'IRPP).

La plupart des pays traitent chaque héritage comme un événement distinct. En conséquence, dans un pays où le seuil d'exonération s'établit à 300 000 EUR, par exemple, une personne recevant deux héritages d'une valeur de 200 000 EUR chacun ne serait pas redevable de l'impôt sur les successions tandis qu'une personne recevant un héritage de 400 000 EUR le serait. Une autre solution envisageable serait de tenir compte de l'ensemble des actifs reçus en héritage par un bénéficiaire au cours de sa vie en appliquant un impôt sur les transmissions de patrimoine à l'échelle d'une vie, comme le fait l'Irlande. Dans le scénario décrit ci-dessus, les deux bénéficiaires seraient redevables du même impôt puisqu'ils ont reçu le même montant.

Qu'il soit recouvré auprès des bénéficiaires ou des donateurs, l'impôt est en principe calculé sur la valeur nette de l'actif, même si certains pays subordonnent la déductibilité du passif à des conditions. Dans 12 pays, toutes les dettes du donateur sont fiscalement déductibles (Belgique, Corée, Danemark, États-Unis, Finlande, Hongrie, Irlande, Luxembourg, Pays-Bas, Pologne, Slovénie et Suisse). Dans certains pays, les dettes contractées pour acheter des actifs exonérés ne le sont pas (Allemagne, Chili, France, Italie, Japon et Royaume-Uni) et dans d'autres, les prêts d'héritiers ou de membres de la famille proche ne peuvent pas être déduits (Espagne). Quelques pays, peu nombreux, permettent la déduction des dettes à condition qu'elles aient été contractées dans des circonstances normales ou qu'elles ne l'aient pas été afin de réduire l'actif imposable (France, Grèce et Japon). En Lituanie, les dettes ne sont pas déductibles.

3.3.2. Le type d'impôt choisi suppose des arbitrages

Le recouvrement sur les parts perçues par les bénéficiaires présente plusieurs avantages comparativement au recouvrement sur le patrimoine total du donateur. Comme expliqué dans le chapitre 2, si la promotion de l'égalité des chances est un objectif important de l'imposition des successions, beaucoup d'arguments plaident en faveur d'un recouvrement auprès des bénéficiaires plutôt que des donateurs. C'est en effet le montant perçu par chaque bénéficiaire qui a une incidence sur l'égalité des chances et non le montant total légué par le donateur. En outre, comme le montant de l'impôt dépend ainsi du patrimoine reçu par chaque bénéficiaire, les donateurs qui répartissent leur succession entre un plus grand nombre d'héritiers peuvent réduire le montant total de l'impôt dû, ce qui est de nature à favoriser la division des successions et à réduire la concentration de la richesse. Le recouvrement auprès des bénéficiaires permet aussi aux pays d'accorder plus d'importance à la situation personnelle des intéressés – âge, handicap, patrimoine déjà reçu, par exemple. Le recouvrement de l'impôt auprès des bénéficiaires affaiblit en outre l'argument tiré du risque de double imposition avancé contre l'impôt sur les successions parce que le donateur ne risque pas d'être doublement imposé dans la mesure où le patrimoine transmis n'est taxé qu'une seule fois à la charge du bénéficiaire lorsqu'il perçoit l'héritage. D'un autre côté, l'impôt peut être plus facile à recouvrer lorsqu'il l'est auprès du donateur parce qu'il est prélevé sur la totalité de la succession.

Un impôt sur les transmissions reçues à l'échelle d'une vie présente des avantages par rapport au recouvrement sur la part perçue par les bénéficiaires ou sur le patrimoine total transmis par le donateur, mais il peut être plus difficile à administrer. Cet impôt est perçu sur les donations et successions qu'un bénéficiaire reçoit au cours de sa vie. À chaque nouvelle transmission de patrimoine, la charge fiscale est déterminée en tenant compte du montant de patrimoine précédemment reçu par le bénéficiaire. Un tel impôt peut être prélevé dès lors qu'est franchi un seuil d'exonération fiscale applicable à l'échelle d'une vie, c'est-à-dire un montant de patrimoine libre d'imposition que les bénéficiaires seraient en droit de recevoir au cours de leur vie. Ce type de mécanisme améliore l'équité horizontale, parce qu'il permet que les bénéficiaires paient un impôt du même montant dès lors qu'ils perçoivent un patrimoine de même valeur, qu'ils reçoivent un gros héritage ou plusieurs héritages plus petits. L'impôt calculé à l'échelle d'une vie améliore aussi l'équité verticale, en particulier lorsque les taux d'imposition sont progressifs, parce qu'il permet que ceux qui reçoivent un montant plus élevé durant leur vie paient un impôt plus lourd que ceux qui ne reçoivent qu'un petit montant. Il peut également encourager les donateurs à répartir leur patrimoine entre plusieurs bénéficiaires, y compris à le transmettre à ceux qui ont reçu un patrimoine plus faible au cours de leur vie. Dans sa version la plus pure, l'impôt serait calculé sans prendre en compte la relation entre le donateur et le bénéficiaire de la transmission. Toutefois, dans le cas du *Capital Acquisitions Tax* en vigueur en Irlande – seul pays de l'OCDE à appliquer un impôt sur les transmissions de patrimoine à l'échelle d'une vie –, des exonérations différentes sont consenties selon celle des trois catégories suivantes à laquelle appartient le donateur : parents, autre membre de la famille proche, autre donateur. Imposer les transmissions de patrimoine reçues au cours d'une vie limiterait aussi l'importance du moment auquel intervient la donation ou le legs, réduisant ainsi les possibilités d'optimisation fiscale. Ce mécanisme est plus complexe d'un point de vue administratif, mais les pays pourraient choisir entre deux options : assurer un suivi de l'historique des transmissions de patrimoine en faveur des contribuables ou faire appel à l'autodéclaration (comme le fait l'Irlande). Certaines administrations fiscales pourraient être contraintes de créer des systèmes d'enregistrement ou de les actualiser, mais cette opération serait simplifiée par la progression du numérique.

L'impôt sur les donations peut être fusionné avec celui sur les successions, ce qui garantit un même traitement fiscal des transmissions du vivant et au décès et constitue un moyen d'éviter l'optimisation fiscale. Il est important d'imposer les donations du vivant en complément des successions. L'harmonisation de ces deux impôts permet une plus grande égalité de traitement entre les transmissions faites du vivant du donateur et celles qui ont lieu à son décès, et garantit que le traitement fiscal du transfert de patrimoine dépende moins du moment auquel le transfert en question a lieu.

Il est aussi possible d'envisager de taxer les transmissions de patrimoine au moyen de l'impôt sur le revenu des personnes physiques au moment où les bénéficiaires reçoivent le patrimoine. Ainsi, la Lettonie et la Lituanie imposent les donations au moyen de l'IRPP. Batchelder (2020[3]) a récemment proposé cette approche pour les États-Unis, envisageant que les héritages puissent être imposés dans le cadre de l'impôt sur le revenu au-delà d'un seuil d'exonération calculé à l'échelle d'une vie. Cette méthode permettrait une égalité de traitement entre le revenu du travail et/ou du capital et les successions, mais n'est peut-être pas sans poser de problèmes. Il faudrait en particulier trouver le moyen d'étaler le revenu pour remédier au problème posé par l'indivisibilité des successions. En outre, selon la manière dont l'impôt est conçu, l'intégration des successions dans le régime de l'impôt sur le revenu pourrait conduire à des taux marginaux d'imposition effectifs très élevés pour les bénéficiaires qui ont un revenu du travail et qui reçoivent un héritage, ce qui aurait de forts effets contre-incitatifs sur l'offre de main-d'œuvre. Une taxation des successions avec les revenus du capital dans le cadre d'un système fiscal dual n'aurait pas cet effet sur l'offre de main-d'œuvre, mais nécessiterait aussi d'étaler le revenu pour les contribuables qui ont des revenus du capital élevés. À l'inverse, les contribuables qui peuvent influer davantage sur le moment où ils perçoivent leur revenu risquent d'être en mesure de réduire leur revenu soumis à l'IRPP au cours de l'année durant laquelle ils reçoivent un héritage. Si les héritages étaient redéfinis en tant que revenu des personnes physiques, il y aurait aussi d'importantes conséquences sur la répartition des droits d'imposition entre pays dans le cas de successions transfrontalières. Ces conséquences peuvent être évitées par l'instauration d'un impôt distinct sur les successions. De manière plus générale, comme évoqué dans le chapitre 2, les impôts n'ont sans doute pas les mêmes effets sur la répartition du revenu et sur le comportement selon qu'ils sont prélevés sur le revenu, sur les successions et sur les donations, ce qui peut aussi justifier de réserver un traitement fiscal distinct à ces différentes sources de revenu.

3.4. Règles déterminant l'assujettissement à l'impôt

3.4.1. Les règles qui régissent l'assujettissement à l'impôt sur les successions varient sensiblement d'un pays à l'autre

L'assujettissement à l'impôt sur les successions dépend le plus souvent soit de la nationalité ou de la résidence fiscale du donateur soit du lieu où se trouvent les actifs (Tableau 3.2). La plupart des pays de l'OCDE prélèvent l'impôt sur les successions sur l'ensemble des actifs détenus dans le monde lorsque le donateur est un résident fiscal et sur la totalité des actifs ou les actifs immeubles situés dans la juridiction fiscale lorsque le contribuable est un non-résident. Trois pays imposent les donateurs ressortissants du pays qu'ils soient ou non résidents fiscaux. Un pays – le Royaume-Uni – recouvre l'impôt auprès des contribuables domiciliés au Royaume-Uni, c'est-à-dire lorsque le Royaume-Uni est le pays avec lequel ils ont les liens les plus étroits, et non auprès de ceux qui ont leur résidence fiscale au Royaume-Uni, qui peuvent être domiciliés à l'étranger.[5] Quelques pays, peu nombreux, n'imposent pas les biens immeubles détenus à l'étranger par des ressortissants ou résidents fiscaux, n'imposant que les biens meubles situés à l'étranger et les actifs situés dans la juridiction fiscale. Certains pays appliquent des taux d'imposition ou des seuils spécifiques aux non-résidents. À titre d'exemple, la Belgique et le Luxembourg appliquent aux non-résidents des droits de mutation spéciaux plutôt que les droits de succession applicables aux résidents, et les États-Unis appliquent un seuil d'exonération nettement plus bas aux non-résidents. La résidence fiscale locale ou régionale du donateur ou le lieu où se trouvent les actifs jouent un rôle déterminant dans les pays qui prélèvent l'impôt sur les successions au niveau local ou régional.

Neuf pays prélèvent l'impôt sur les successions en fonction de la situation du bénéficiaire (Tableau 3.2). Dans ce cas, les bénéficiaires sont en général redevables de l'impôt s'ils étaient résidents fiscaux à la date à laquelle ils ont reçu l'héritage. En revanche, la Hongrie et la Pologne imposent les bénéficiaires ressortissants. L'Espagne, la Lituanie et la Pologne sont les seuls pays à ne tenir compte que des bénéficiaires, les autres pays tenant compte de la résidence ou de la nationalité du bénéficiaire et du donateur.

Diverses raisons administratives expliquent que la résidence fiscale ou la nationalité du donateur soit le critère le plus communément pris en compte pour déterminer le lieu d'imposition des actifs transmis. D'un point de vue administratif, cette approche peut faciliter l'identification du fait générateur, la répartition du patrimoine d'une personne après son décès supposant des démarches supplémentaires, par exemple des actes de succession, et des tiers ayant probablement déjà été désignés pour gérer la succession. Il est difficile de déterminer si l'expatriation fiscale concerne davantage les bénéficiaires que les donateurs. Toutefois, le lien entre le donateur et son patrimoine étant déjà établi tandis que celui qui existe entre les bénéficiaires et le patrimoine ne l'est qu'après qu'ils ont reçu leur part, il est peut-être plus facile d'appliquer des dispositions garantissant que les contribuables restent redevables de l'impôt un certain temps après leur départ à l'étranger – décrites dans le paragraphe qui suit – aux donateurs qu'aux bénéficiaires.

Tableau 3.2. Personnes et actifs imposables

Personnes imposables	Actifs imposables	Pays
Donateur ayant sa résidence fiscale ou son domicile fiscal dans le pays	Actifs situés dans le monde entier	Allemagne[1], Belgique, Corée, Danemark, États-Unis, Finlande, France, Irlande, Italie, Japon, Pays-Bas[2], Slovénie, Suisse, Royaume-Uni[3]
	Tous les actifs situés dans la juridiction et les biens meubles situés en dehors de la juridiction	Grèce[4], Hongrie[5], Luxembourg
Le donateur est un ressortissant du pays	Actifs situés dans le monde entier	Chili, États-Unis
	Tous les actifs situés dans la juridiction et les biens meubles situés en dehors de la juridiction	Hongrie
Bénéficiaire ayant sa résidence fiscale ou son domicile fiscal dans le pays	Actifs situés dans le monde entier	Allemagne, , Espagne, Finlande, France, Irlande, Japon[6], Lituanie, Pologne
Le bénéficiaire est un ressortissant du pays	Actifs situés dans le monde entier	Hongrie, Pologne
La personne imposable n'est ni une personne ayant sa résidence fiscale ou son domicile fiscal dans le pays ni un ressortissant du pays	Biens immeubles et meubles situés dans la juridiction	Allemagne, Chili[7], Corée, Espagne, États-Unis, France, Grèce, Hongrie, Irlande, Italie, Japon, Lituanie, Portugal[8], Royaume-Uni
	Actifs immeubles situés dans la juridiction	Belgique[9], Danemark, Finlande[10], Luxembourg[11], Pologne, Slovénie, Suisse

1. Un ressortissant allemand est considéré comme une personne imposable si le donateur est non résident fiscal depuis moins de cinq ans.
2. Un ressortissant néerlandais est considéré comme une personne imposable si le donateur est non résident fiscal depuis moins de dix ans.
3. Font partie de cette catégorie les contribuables qui avaient effectivement leur domicile fiscal au Royaume-Uni au cours des trois années précédentes, même s'ils étaient résidents fiscaux à l'étranger, et ceux qui ont eu leur résidence fiscale au Royaume-Uni pendant 15 des 20 dernières années, même s'ils étaient domiciliés à l'étranger. Certains actifs sont exonérés de l'impôt sur les successions ; pour les contribuables non domiciliés, certains fonds communs de placement sont exonérés (sociétés d'investissement à capital variable et fonds communs de placement autorisés), et les contribuables non résidents sont exonérés sur les obligations émises par l'État.
4. Un ressortissant grec est considéré comme une personne imposable si le donateur est non résident fiscal depuis moins de dix ans à la date de l'héritage.
5. La règle s'applique si le donateur n'est pas un ressortissant hongrois et si aucun impôt sur les successions n'a été prélevé sur les actifs situés en dehors de la Hongrie.
6. Un ressortissant japonais est considéré comme une personne imposable si le bénéficiaire et le donateur sont non résidents fiscaux depuis moins de dix ans. Les bénéficiaires résidents fiscaux mais non ressortissants du Japon sont imposés sur les actifs situés au Japon.
7. Englobe les actifs situés en dehors de la juridiction et acquis au moyen de ressources chiliennes.
8. Si la succession est composée d'actions cotées en bourse, le bénéficiaire doit être un résident fiscal.
9. Les actifs immeubles sont frappés d'un droit de mutation si le donateur n'est pas résident fiscal.
10. Recouvre les actions et autres droits dans une personne morale lorsque l'actif brut total est composé à plus de 50 % de biens immobiliers situés en Finlande.
11. Les actifs immeubles sont frappés d'un droit de mutation si le donateur n'est pas résident fiscal.

Note : Les données relatives à la Belgique se rapportent à la région de Bruxelles-Capitale. Celles relatives à la Suisse se rapportent au canton de Zurich.

Source : Questionnaire de l'OCDE sur les impôts sur les successions et les donations (2020).

3.4.2. La manière dont l'impôt est conçu peut réduire les risques d'expatriation fiscale, de double non-imposition et de double imposition

Certains pays appliquent des dispositions qui garantissent que les contribuables restent redevables de l'impôt sur les successions pendant un certain nombre d'années après avoir quitté le pays. Dans certains pays, les ressortissants et/ou les anciens résidents fiscaux sont traités comme des résidents fiscaux aux fins de l'impôt sur les successions si le donateur décède peu après que lui-même ou le bénéficiaire a quitté son pays d'origine[6]. Ces dispositions limitent les risques que le contribuable évite l'impôt en émigrant peu avant le décès du donateur. Elles peuvent également rendre moins nécessaires des mécanismes tels que les taxes de sortie (« exit taxes »), dans le cas où des ressortissants et anciens résidents fiscaux renoncent à leur statut. Pour faire la différence entre une expatriation visant à échapper à l'impôt et une réelle expatriation, il est possible de prévoir que ces dispositions expirent après un certain nombre d'années, de telle manière que les vrais expatriés cessent d'être redevables de l'impôt sur les successions dans leur pays d'origine.

Les dispositions visant à éliminer la double imposition varient d'un pays à l'autre. Étant donné les différences entre les pays concernant les règles d'assujettissement à l'impôt sur les successions, des cas de double imposition (ou même d'imposition multiple) pourraient survenir lors de successions transfrontalières. Dans certains cas, une élimination de la double imposition sur les successions est prévu dans le cadre des conventions fiscales, mais les réseaux de conventions fiscales visant à éviter les doubles impositions en matière d'impôt sur les successions sont très limités. La plupart des pays qui imposent les successions prévoient des dispositifs unilatéraux d'élimination de la double imposition. En règle générale, la législation interne prévoit une élimination de la double imposition pour les impôts sur les successions et les donations payés à l'étranger au titre des actifs situés à l'étranger (crédit d'impôt ou exonération, par exemple). Toutefois, dans certains cas, l'élimination de la double imposition est partielle. Elle peut par exemple n'être consentie que pour les impôts dus sur certains types de biens situés à l'étranger. Il peut également exister des incompatibilités entre les règles relatives à ce qui est considéré comme un actif local et un actif étranger et entre les méthodes de valorisation utilisées pour un même bien (European Commission, 2011[4]). Certains pays ne prévoient aucune élimination de la double imposition dans le cas des donations, que ce soit unilatéralement ou dans le cadre d'une convention en matière de double imposition.

Il conviendrait d'envisager des réformes pour éliminer les risques de double imposition et de double non-imposition en harmonisant mieux les droits d'imposition entre pays. Le nombre de conventions en matière de double imposition étant limité, il pourrait être intéressant de commencer par essayer d'améliorer et d'harmoniser les dispositifs unilatéraux d'élimination de la double imposition en matière d'impôts sur les successions dans le cas de successions transfrontalières (European Commission, 2011[4]). Dans ce cadre, il faudrait également clarifier l'ordre de priorité des droits d'imposition. Les pays pourraient se coordonner concernant certaines règles. Ils pourraient par exemple considérer que le droit d'imposer les successions revient en premier lieu au pays avec lequel le contribuable a les liens les plus étroits ; décider qu'un allègement fiscal doit être accordé dans le pays avec lequel le bénéficiaire a des liens personnels au titre de l'impôt payé dans le pays où le donateur a des liens personnels ; établir des procédures amiables pour les situations dans lesquelles un bénéficiaire ou un donateur avait des liens personnels avec plusieurs pays (par exemple s'il était résident d'un pays et avait son domicile dans un autre ou en était ressortissant). Une application cohérente de telles règles dans les différents pays réduirait le risque de double imposition et de double non-imposition en cas de successions transfrontalières.

3.5. Seuils d'exonération

3.5.1. Les membres de la famille proche bénéficient souvent de seuils d'exonération plus généreux

En général, les seuils d'exonération de l'impôt sur les successions dépendent du lien entre le donateur et l'héritier et sont plus généreux lorsque l'héritier est un membre de la famille proche. Le Graphique 3.8 présente les seuils appliqués aux membres de la famille en fonction de leur proximité avec le donateur. Les zones plus foncées correspondent à un traitement fiscal plus favorable et les zones plus claires à un traitement moins favorable. Tous pays confondus, le conjoint et les enfants du donateur sont exonérés de l'impôt sur les successions ou bénéficient du seuil d'exonération le plus élevé. Ces héritiers ont en principe droit à une part de la succession du donateur en vertu des règles relatives aux héritiers réservataires (Encadré 3.2). Certains pays appliquent le même traitement fiscal à la famille proche et à la famille plus éloignée (la Pologne par exemple), tandis que d'autres réservent un traitement plus favorable aux membres de la famille proche (l'Irlande par exemple). Les parents et grand-parents sont au nombre des personnes qui bénéficient du traitement fiscal le plus généreux, tandis que les cousins et cousines sont traités comme les oncles et tantes dans la majorité des pays. Dans les cas où des membres de la famille plus éloignée reçoivent le même traitement, la raison en est habituellement que les pays regroupent dans une même catégorie les personnes qui ne font pas partie de la famille proche. Comme le montre le Tableau 3.3, en pratique, certains pays ne distinguent que deux ou trois catégories de bénéficiaires, quand d'autres, comme la France et la Suisse, n'en distinguent pas moins de sept.

Tableau 3.3. Nombre de catégories de bénéficiaires définies en fonction du taux d'imposition et du seuil d'exonération applicables, par pays

Nombre de catégories de bénéficiaires	Pays
2	Corée, Hongrie, Japon, Lituanie, Portugal
3	Chili, Danemark, Espagne, États-Unis, Finlande, Grèce, Royaume-Uni
4	Belgique, Irlande, Italie, Pologne, Slovénie
6	Allemagne, Luxembourg, Pays-Bas
7	France, Suisse

Note : Ce tableau a été établi en fonction du barème des taux d'imposition et des seuils d'exonération applicables aux héritiers. Certains pays distinguent peut-être moins de catégories si l'on ne tient compte que de l'une de ces deux dimensions et de la législation applicable. Les données relatives à la Belgique se rapportent à la région de Bruxelles-Capitale. Corée : on suppose que l'abattement forfaitaire s'applique. Pologne : la loi relative à l'impôt sur les successions et les donations distingue trois catégories de bénéficiaires, mais elle a été amendée en 2006 pour exonérer un sous-groupe de bénéficiaires au sein de la catégorie 1. Les données relatives à la Suisse se rapportent au canton de Zurich.
Source : Questionnaire de l'OCDE sur les impôts sur les successions et les donations (2020).

Graphique 3.8. Seuils d'exonération applicables aux bénéficiaires en fonction de leur lien avec le donateur, du traitement le plus favorable au traitement le moins favorable

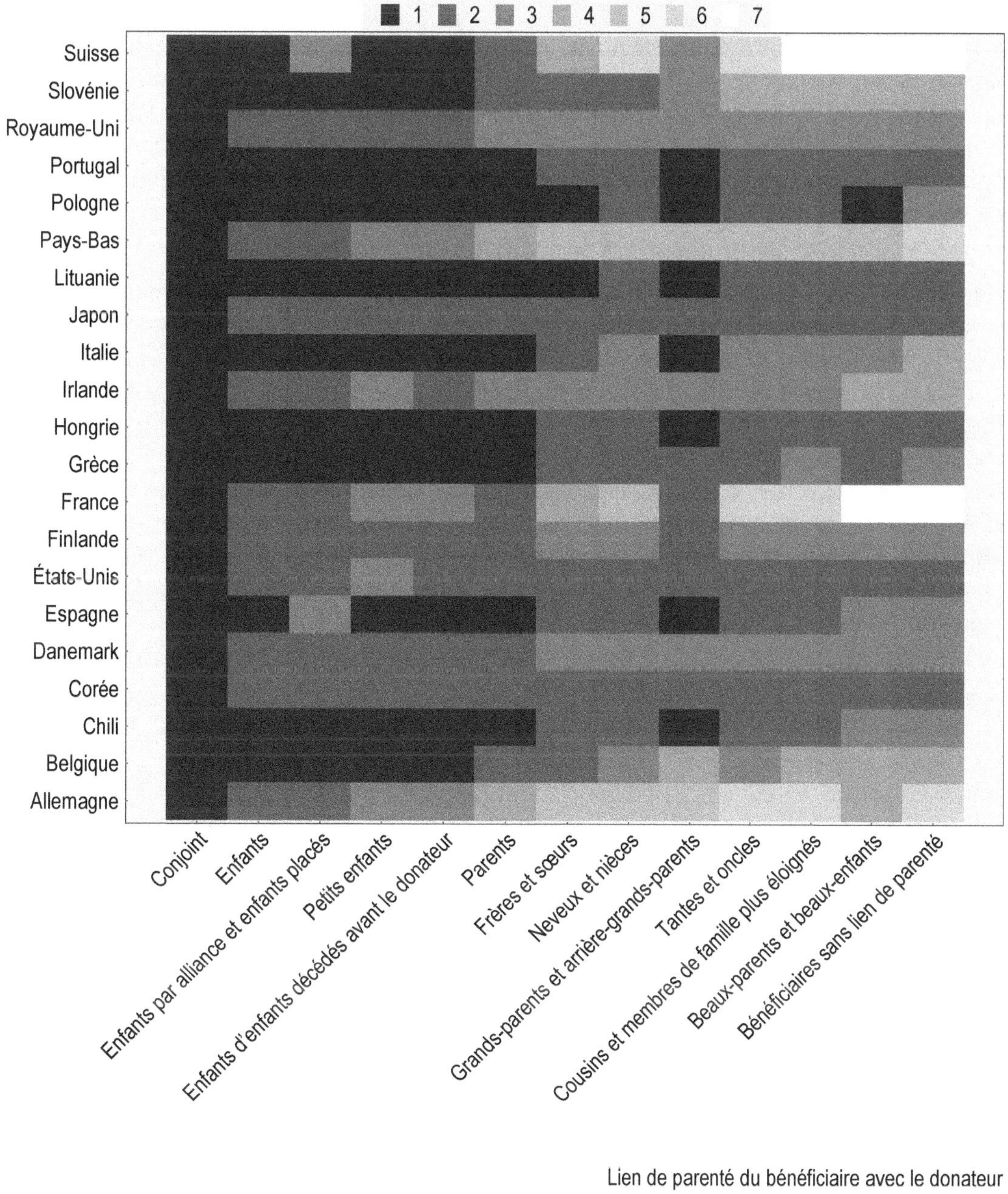

Note : La catégorie « frères et sœurs » englobe également les quasi frères et sœurs. Les bénéficiaires sont d'abord classés d'après le barème des taux d'imposition applicable, puis d'après le seuil d'exonération. On suppose que les bénéficiaires sont des adultes et ne présentent pas de handicap. Les données relatives à la Belgique se rapportent à la région de Bruxelles-Capitale. Corée : on suppose que l'abattement forfaitaire s'applique. Lituanie : les quasi frères et sœurs ne bénéficient pas de l'exonération. Pays-Bas : les enfants placés sont traités comme les enfants s'ils ont été élevés par le défunt pendant au moins 5 ans avant leur 21e anniversaire et comme les autres membres de la famille dans les autres cas. Pologne : les frères et sœurs bénéficient du traitement le plus favorable tandis que les quasi frères et sœurs se classent en 4e position. Espagne : les enfants et petits-enfants de moins de 21 ans bénéficient du traitement fiscal le plus favorable. Suisse : les données se rapportent au canton de Zurich - les enfants placés se classent en 6e position sur le plan du seuil d'exonération. États-Unis : Le *Generation Skipping Tax* (GST) s'applique aux transmissions d'actifs en faveur des bénéficiaires qu'une ou deux générations séparent du donateur, en général les petits-enfants. Comme le GST s'applique au même taux et à partir du même seuil que l'impôt sur l'actif successoral du donateur, l'imposition effective des transmissions de patrimoine est la même qu'elle se fasse directement du donateur aux petits-enfants ou du donateur à ses enfants, qui transmettent ensuite le patrimoine à leurs propres enfants (petits-enfants du premier donateur).
Source : Questionnaire de l'OCDE sur les impôts sur les successions et les donations (2020).

StatLink https://stat.link/etzor0

Encadré 3.2. Règles relatives aux héritiers réservataires

Les règles relatives aux héritiers réservataires limitent la liberté des donateurs de décider de la répartition de leurs actifs au moment de leur décès. Certains pays considèrent que les conjoints et parents ont le devoir de pourvoir aux besoins de leur famille proche et établissent des règles concernant la transmission du patrimoine en leur faveur. Ces règles peuvent également limiter les risques de comportements inéquitables, en empêchant un donateur de favoriser un enfant par rapport aux autres ou de précipiter leur conjoint dans des difficultés financières, tout en lui permettant de conserver une certaine flexibilité pour léguer une partie de ses actifs comme il le souhaite.

La plupart des pays sont dotés d'un mécanisme de ce type (Tableau 3.4). Seulement trois des 24 pays qui imposent les successions prévoient une totale liberté testamentaire, laissant le donateur totalement libre de décider du sort de son patrimoine. Dix-neuf pays prévoient une liberté testamentaire partielle et obligent le donateur à réserver une certaine fraction de son patrimoine à certaines personnes. Dans la majorité des pays qui appliquent ces règles, les conjoints et les enfants ont droit à une part de la succession. Lorsque seul le conjoint est héritier réservataire, les enfants ont droit à une forme quelconque de soutien financier. Dans d'autres pays, une catégorie relativement large (parents, conjoint, enfants) ou plus restreinte (enfants) a droit à une réserve héréditaire. Dans 12 pays, les membres de la famille plus éloignée, par exemple les petits-enfants, peuvent être considérés comme des héritiers réservataires en l'absence de parents plus proches (Allemagne, Belgique, Chili, Corée, Espagne, Italie, Japon, Lituanie, Pays-Bas, Portugal, Slovénie et Suisse).

Tableau 3.4. Règles relatives aux héritiers réservataires

Héritiers désignés	Pays
Parents, conjoint, enfants	Hongrie, Pologne, Suisse
Conjoint et enfants	Allemagne, Belgique, Chili, Corée, Danemark, Espagne, Grèce, Italie, Japon, Lituanie, Portugal, Slovénie
Conjoint (certaines dispositions sont prévues pour les enfants)	Irlande[1]
Enfants	Finlande, France, Luxembourg, Pays-Bas
Absence d'héritiers réservataires	États-Unis, Lettonie, Royaume-Uni

1. Les enfants peuvent demander à bénéficier d'une pension alimentaire si le donateur n'a rien prévu les concernant dans son testament.
Note : Les informations fournies dans ce tableau reposent sur l'hypothèse que le donateur a un conjoint ou une conjointe, des enfants et des parents. Des règles différentes peuvent s'appliquer lorsqu'il en va autrement. Dans certains pays, des membres de la famille plus éloignée sont héritiers réservataires lorsque le donateur n'a pas de parents plus proches. Les données relatives à la Belgique se rapportent à la région de Bruxelles-Capitale. Celles relatives à la Suisse se rapportent au canton de Zurich.
Source : Questionnaire de l'OCDE sur les impôts sur les successions et les donations (2020).

Les règles relatives aux héritiers réservataires peuvent protéger les héritiers, mais elles peuvent aussi empêcher les donateurs de partager leur patrimoine plus largement ou de le léguer pour qu'il serve des causes caritatives. Elles peuvent aussi aller à l'encontre des mesures prises pour réduire les inégalités de patrimoine du fait qu'elles obligent le donateur à léguer une partie de son patrimoine à ses héritiers les plus proches. Elles peuvent également limiter les recettes produites par l'impôt sur les successions dans les pays où elles contraignent le donateur à léguer une part importante de son patrimoine à des héritiers bénéficiant de seuils d'exonération relativement élevés et de taux d'imposition relativement bas.

Tableau 3.5. Traitement fiscal du conjoint et des enfants du donateur

Pays	Traitement du conjoint au sein des couples mariés (MA), vivant dans le cadre d'une union civile (CU) ou en concubinage (CH)	Seuils d'exonération applicables au conjoint	Seuils d'exonération applicables aux enfants
Belgique	MA, CU	17 133 USD	17 133 USD
Chili	MA, CU	36 952 USD	36 952 USD
Danemark	MA, CU	Exonéré	46 147 USD
Finlande	MA, CU	102 798 USD	22 844 USD
France	MA, CU[1]	Exonéré	114 220 USD
Allemagne	MA, CU	571 098 USD[2]	456 879 USD
Grèce	MA, CU	171 329 USD	171 329 USD
Hongrie		Exonéré	Exonérés
Irlande	MA, CU	Exonéré	382 636 USD
Italie	MA, CU	1 142 197 USD	1 142 197 USD
Japon	MA	Exonéré	337 159 USD[3]
Corée	MA	2 541 778 USD	423 630 USD[4]
Lituanie	MA	Exonéré	Exonérés
Luxembourg	MA, CU	Exonéré	Dépend de la valeur de la succession[5]
Pays-Bas	MA, CU, CH[6]	755 367 USD[7]	23 924 USD
Pologne	MA	Exonérés	Exonérés
Portugal	MA, CU	Exonéré	Exonérés
Slovénie	MA, CU, CH	Exonéré	Exonérés
Espagne	MA, CU	18 226 USD	18 226 USD[8]
Suisse	MA[9]	Exonéré	Exonérés
Royaume-Uni	MA, CU	Exonéré	641 026 USD
États-Unis	MA	Exonéré	11 580 000 USD

1. Les partenaires liés par un pacte civil de solidarité doivent établir un testament valable dans lequel ils désignent l'autre membre du couple comme bénéficiaire. En cas de succession sans testament, le survivant ne bénéficie pas du traitement réservé aux conjoints mariés.
2. En cas de mutation à cause de mort, le seuil peut être majoré d'un montant allant jusqu'à 256 000 EUR pour le conjoint et 52 000 EUR pour les enfants (selon l'âge). Toutefois, cet abattement supplémentaire est amputé de la valeur actuelle nette des pensions de survivant.
3. En supposant que l'enfant soit le seul héritier. Le seuil s'établit à 30 millions JPY + (6 millions JPY * nombre d'héritiers légaux).
4. En supposant que l'enfant soit le seul héritier et bénéficie de l'intégralité de l'abattement forfaitaire (500 millions KRW). Il est aussi possible d'opter pour l'abattement non forfaitaire, qui comprend un abattement de base de 200 millions KRW, auquel s'ajoutent des abattements supplémentaires pour les descendants en ligne directe, les héritiers âgés et mineurs et ceux qui présentent un handicap et un abattement au titre du logement.
5. Les enfants sont exonérés d'impôt sur l'héritage auquel ils auraient droit en l'absence de testament, qui correspond à une fraction de la succession, et ils sont imposables au-delà.
6. Les concubins doivent vivre ensemble depuis au moins cinq ans (six mois s'ils ont signé un accord de cohabitation devant notaire), et il faut qu'un testament valide désigne le concubin survivant comme bénéficiaire. En cas de succession sans testament, le concubin ne bénéficie pas du traitement réservé aux conjoints mariés.
7. La pension héritée est prise en compte pour le calcul de l'abattement en faveur du conjoint.
8. Beaucoup de régions appliquant un abattement supplémentaire aux enfants du donateur, l'abattement consenti par l'administration centrale doit être vu comme un abattement minimal.
9. Le membre survivant d'une union civile bénéficie d'un petit abattement supplémentaire, lequel est cependant moins favorable que l'exonération totale accordée aux couples mariés.

Note : Les seuils d'exonération sont exprimés en USD de 2020. On suppose que les bénéficiaires sont des adultes et ne présentent pas de handicap. Les données relatives au traitement fiscal des couples vivant dans le cadre d'une union civile et des concubins ne sont pas disponibles pour la Hongrie. Les données relatives à la Belgique se rapportent à la région de Bruxelles-Capitale. Celles relatives à la Suisse se rapportent au canton de Zurich.
Source : Questionnaire de l'OCDE sur les impôts sur les successions et les donations (2020).

3.5.2. Le conjoint est exonéré ou bénéficie du seuil d'exonération le plus élevé

Dans tous les pays qui imposent les successions, le conjoint bénéficie des seuils d'exonération les plus généreux (Graphique 3.8, Tableau 3.5). Dans la majorité des pays (Danemark, États-Unis, France, Hongrie, Irlande, Japon, Lituanie, Luxembourg, Pologne, Portugal, Royaume-Uni[7], Slovénie et Suisse), le conjoint survivant est totalement exonéré de l'impôt sur les successions. Dans d'autres, il bénéficie du seuil d'exonération le plus élevé et celui-ci ne s'applique qu'à lui (Allemagne, Corée, Finlande et Pays-Bas) ou à lui et à d'autres membres de la famille proche (Belgique, Chili, Grèce et Italie). Au Royaume-Uni, la fraction non utilisée de la partie non imposable de la succession du donateur peut être transmise au conjoint survivant. Si, par exemple, le donateur en utilise la moitié lorsqu'il lègue son patrimoine à un héritier imposable (c'est-à-dire autre que son conjoint), le conjoint survivant peut cumuler son propre abattement et la fraction non utilisée de l'abattement du défunt, ce qui permet au couple d'utiliser l'intégralité de l'abattement auquel chacun à droit.

Le traitement fiscal des conjoints et partenaires civils dépend parfois de la nature de l'union (Tableau 3.5). Dans la plupart des pays de l'OCDE, les couples ont le choix entre le mariage, l'union civile et le concubinage, et ce choix détermine parfois le traitement qui leur est applicable en matière d'impôt sur les successions. Deux pays appliquent le même traitement que le couple soit marié, ait conclu une union civile ou vive en concubinage, tandis que 13 traitent de la même manière les conjoints mariés et les partenaires d'une union civile. Des critères supplémentaires peuvent être appliqués aux membres de couples non mariés. Ainsi, aux Pays-Bas, ils doivent vivre ensemble depuis au moins cinq ans[8] et en France, les partenaires unis par un pacte civil de solidarité doivent avoir établi un testament valide. Six pays n'accordent un traitement spécial qu'aux couples mariés. Les couples relevant du même type d'union bénéficient tous du même traitement quelle que soit leur orientation sexuelle, mais certains pays réservent certaines unions aux couples hétérosexuels ou aux couples homosexuels[9].

Les enfants du donateur bénéficient généralement de seuils d'exonération parmi les plus élevés, mais ces seuils varient selon les pays

Les descendants en ligne directe bénéficient généralement d'un traitement fiscal particulièrement favorable, se situant au même niveau que le conjoint ou juste après dans quasiment tous les pays (Graphique 3.8, Tableau 3.5). Les enfants du donateur sont totalement exonérés de l'impôt sur les successions en Hongrie, en Lituanie, en Pologne, au Portugal, en Slovénie et en Suisse (canton de Zurich) et ils bénéficient du seuil d'exonération le plus élevé en Belgique, au Chili, en Espagne, en Grèce et en Italie. Dans ces 11 pays, les enfants bénéficient du même traitement que le conjoint du donateur. Ils bénéficient du seuil situé juste au-dessous du seuil le plus élevé (appliqué au conjoint) en Allemagne, en Finlande, en France, en Irlande, au Japon, au Luxembourg[10] et au Royaume-Uni[11]. Au Luxembourg, le seuil d'exonération appliqué aux enfants est exprimé en pourcentage de la succession du donateur, ce qui signifie qu'il est d'autant plus généreux que la valeur du patrimoine est élevée. Un abattement supplémentaire est accordé aux enfants du donateur en Corée[12]. Il en va de même pour les descendants en ligne directe au Royaume-Uni lorsque le donateur leur lègue sa résidence. Le seuil d'exonération appliqué aux enfants du donateur est le même que celui appliqué à tous les héritiers au Danemark (où ils bénéficient cependant d'un taux d'imposition plus faible que d'autres héritiers) et au Japon. Les beaux-enfants sont quasiment systématiquement traités comme les enfants sur le plan fiscal. Le **Graphique 3.8** montre que les beaux-enfants du donateur relèvent du même traitement fiscal que ses enfants dans tous les pays sauf en Espagne et en Suisse.

Les seuils d'exonération applicables aux enfants du donateur sont très variables (Graphique 3.9, Graphique 3.10) compare les seuils d'exonération de l'impôt sur les successions applicables aux enfants du donateur dans différents pays à la valeur moyenne des héritages reçus pour l'ensemble de la distribution du patrimoine. Les seuils sont supérieurs à la valeur moyenne de la succession reçue par les héritiers pour l'ensemble de la distribution du patrimoine en Allemagne, en Grèce, en Irlande et en Italie, et ils sont supérieurs à cette valeur moyenne pour l'ensemble de la distribution hormis le quintile supérieur en France. Les seuils relativement bas appliqués en Belgique et en Espagne restent supérieurs à la valeur de la succession moyenne dans le quintile inférieur de la distribution. Ces comparaisons doivent cependant être interprétées avec prudence parce que la valeur des successions est variable au sein de chaque quintile et parce que des facteurs tels que la nature des actifs peuvent avoir une influence sur le montant de l'impôt dû. En outre, il est possible que les données d'enquête sous-estiment la valeur des successions au sommet de la distribution (chapitre 1).

Graphique 3.9. Seuils d'exonération applicables aux enfants du donateur, USD

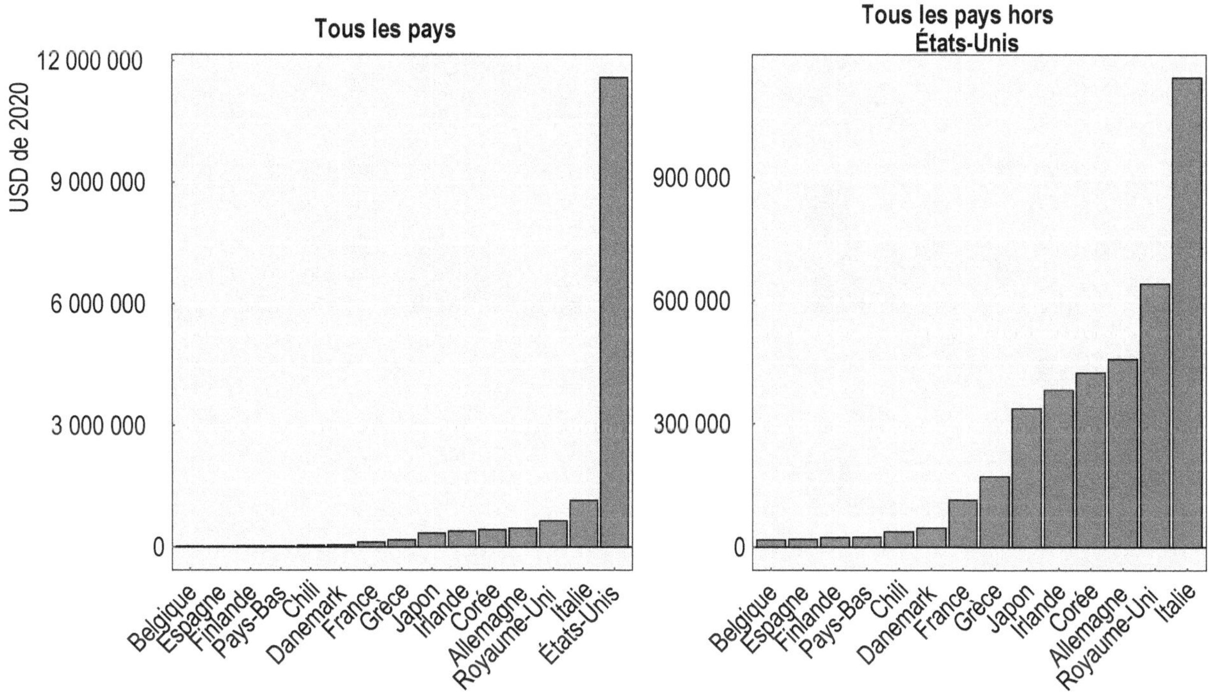

Note : Les seuils d'exonération sont exprimés en USD de 2020. Les enfants du donateur sont exonérés en Hongrie, en Lituanie, en Pologne, au Portugal, en Slovénie et en Suisse. On suppose que les bénéficiaires sont des adultes et ne présentent pas de handicap. Les données relatives à la Belgique se rapportent à la région de Bruxelles-Capitale. Luxembourg : les seuils d'exonération varient selon la valeur de la succession ; les enfants sont exonérés d'impôt sur l'héritage auquel ils auraient droit en l'absence de testament, qui correspond à une fraction de la succession, et ils sont imposables au-delà. Les données relatives à la Suisse se rapportent au canton de Zurich. Royaume-Uni : le calcul repose sur l'hypothèse que le donateur utilise l'abattement au titre de la résidence (RNBR), mais n'utilise pas l'abattement transférable (applicable si le conjoint du donateur est déjà décédé et n'avait pas utilisé l'intégralité de son abattement)

Source : Questionnaire de l'OCDE sur les impôts sur les successions et les donations (2020).

StatLink https://stat.link/6iqt2z

Graphique 3.10. Seuil d'exonération appliqué aux enfants du donateur comparativement à la valeur moyenne des héritages reçus par tous les héritiers dans chaque quintile, sélection de pays

2015 ou dernière année disponible

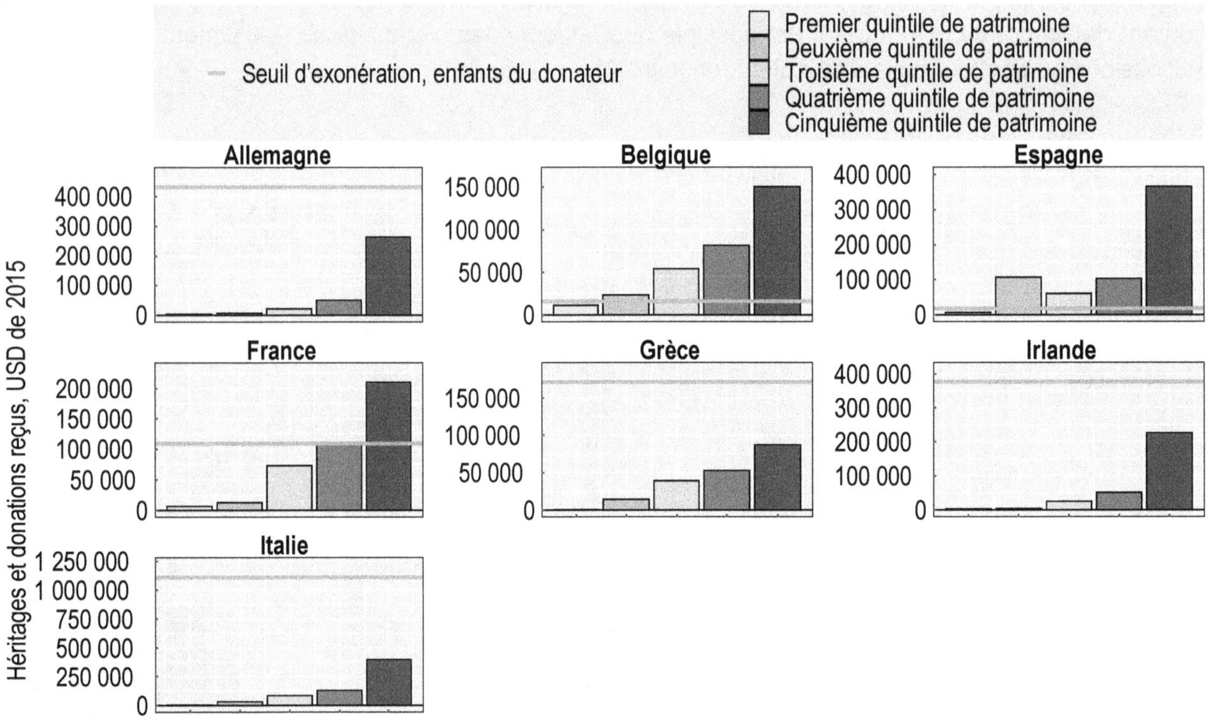

Note : Les seuils d'exonération sont exprimés en USD de 2020. Les enfants du donateur sont exonérés en Hongrie, en Lituanie, en Pologne, au Portugal, en Slovénie et en Suisse. Les données sur la Finlande et les Pays-Bas n'étaient pas disponibles dans la base de données sur la distribution du patrimoine, et les autres pays qui imposent les successions ne sont pas couverts par cette base de données. On suppose que les bénéficiaires sont adultes (plus de 21 ans) et ne présentent pas de handicap. Les données relatives à la Belgique se rapportent à la région de Bruxelles-Capitale. Celles relatives à la Suisse se rapportent au canton de Zurich.
Source : Base de données de l'OCDE sur la distribution des patrimoines, oe.cd/wealth.

StatLink https://stat.link/xmntrb

3.5.3. Dans quelques pays, des seuils d'exonération spécifiques s'appliquent aux héritiers mineurs ou handicapés

Rares sont les pays qui réservent un traitement spécial aux héritiers mineurs. En Irlande, lorsque l'enfant d'un donateur décède avant le donateur mais a lui-même des enfants, le petit-enfant est fiscalement traité comme un enfant du donateur dès lors qu'il a moins de 21 ans ; au-delà, il est traité comme un petit-enfant. En Corée, les mineurs ouvrent droit à un abattement supplémentaire par année les séparant de leur vingtième anniversaire ; il faut toutefois renoncer à l'abattement forfaitaire et opter pour l'abattement non forfaitaire pour en bénéficier. En Espagne, les enfants et petits-enfants bénéficient d'un traitement fiscal plus favorable s'ils ont moins de 21 ans. Au Royaume-Uni, les biens confiés à un trust au profit des enfants mineurs orphelins du donateur peuvent faire l'objet d'un traitement légèrement plus avantageux que celui normalement appliqué aux trusts.

Certains pays appliquent un traitement spécial aux héritiers handicapés. En Irlande, les donations et successions reçues par les héritiers souffrant d'un handicap sont exonérées si elles sont utilisées pour financer certaines dépenses, notamment des frais médicaux et des frais de maintenance connexes. Dans cinq pays, les héritiers qui présentent un handicap bénéficient d'un abattement supplémentaire (Corée, Espagne, Italie, Pays-Bas et Suisse) ou d'une réduction de l'impôt dû (Grèce). En Corée, il faut opter pour l'abattement non forfaitaire pour bénéficier de l'abattement supplémentaire. Dans tous les pays, le taux d'imposition appliqué au-delà de l'abattement supplémentaire est le taux ordinaire. Un pays (l'Espagne) subordonne l'octroi de l'abattement supplémentaire au degré d'invalidité.

3.5.4. Les seuils d'exonération doivent concilier l'obligation de prendre soin des siens avec les objectifs d'efficience et d'équité

Globalement, de nombreux arguments plaident en faveur de l'exonération des petites successions. Les seuils d'exonération qui ont pour effet d'exempter d'impôt les petites successions sont de nature à alléger la charge administrative, pour les contribuables comme pour l'administration fiscale, et peuvent être équitables puisque les petites successions ont un effet égalisateur sur la distribution du patrimoine (chapitres 1 et 2). Comme exposé dans la Section 3.14, les seuils d'exonération sont également un moyen de rendre l'impôt sur les successions plus acceptable politiquement (Bastani et Waldenström, 2021[5]). Dans certains pays, les seuils sont revalorisés chaque année. Leur indexation sur l'inflation préserve leur valeur réelle et peut atténuer la pression politique en faveur d'ajustements périodiques de plus grande ampleur.

Plusieurs raisons justifient l'octroi au conjoint d'exonérations ou de seuils d'exonération plus élevés. Exonérer totalement le conjoint de l'impôt ou lui accorder un seuil d'exonération plus élevé est justifié par le fait que les membres d'un couple mutualisent leurs ressources et possèdent un patrimoine commun et peut éviter que le veuf ou la veuve ne soit confronté à des difficultés financières après le décès de son conjoint. Les exonérations peuvent également être un moyen d'atténuer les inégalités de patrimoine entre hommes et femmes, en particulier lorsqu'un membre du couple accomplit le travail non marchand pour que l'autre puisse exercer une activité rémunérée et se constituer un patrimoine et des droits à la retraite. Enfin, l'imposition du patrimoine transmis d'un membre du couple à l'autre puis aux enfants du couple peut s'analyser en une double imposition (Boadway, Chamberlain et Emmerson, 2010[6]). Le risque d'évasion fiscale est généralement limité en cas de transmission de patrimoine entre époux parce que le patrimoine sera finalement transmis à la génération suivante et sera alors peut-être soumis à l'impôt (Boadway, Chamberlain et Emmerson, 2010[6])[13]. Les couples ont fiscalement intérêt à conclure une union civile si le traitement fiscal réservé à ce type d'union est plus avantageux que celui appliqué au concubinage ou à se marier si un traitement fiscal plus avantageux est réservé au mariage qu'à l'union civile. La restriction de l'accès à l'union civile et au mariage sur la base de l'orientation sexuelle dans certains pays peut être lourde de conséquences sur le traitement fiscal appliqué aux fins de l'impôt sur les successions.

Il peut être justifié de fixer des seuils d'exonération plus élevés pour les enfants du donateur, mais selon leur montant, ces seuils peuvent réduire sensiblement l'assiette imposable. L'obligation de prendre soin des siens est souvent invoquée pour justifier un traitement fiscal plus généreux des donations et successions en faveur des enfants du donateur, en particulier lorsque les enfants sont jeunes, parce que l'héritage peut être utilisé pour financer les frais de subsistance et d'éducation. Ce traitement plus favorable rend également l'impôt plus acceptable parce que les contribuables accordent beaucoup de prix au fait de transmettre leur patrimoine à leurs enfants. D'un point de vue économique, on pourrait avancer que la transmission de patrimoine aux enfants est moins élastique que la transmission de patrimoine à des héritiers plus éloignés et devrait donc être soumise à des taux effectifs d'imposition plus élevés. Toutefois, selon toute vraisemblance, la réponse comportementale négative des donateurs à des taux effectifs d'imposition élevés, sous la forme d'une moindre envie de travailler et de se constituer un patrimoine, serait sans doute plus forte si ces taux élevés s'appliquaient aux transmissions à leurs enfants que s'ils s'appliquaient aux transmissions à d'autres héritiers (chapitre 2). En outre, les parents peuvent réagir en modifiant la forme de la transmission, par exemple en faisant davantage de dons en nature. Des seuils d'exonération plus élevés pour les transmissions aux descendants en ligne directe peuvent donc paraître justifiés. Néanmoins, si ces seuils sont très élevés, ils risquent de réduire sensiblement la capacité de l'impôt sur les successions à produire des recettes et de permettre qu'une fraction importante des transmissions de patrimoine échappe totalement à l'impôt sur les successions (Graphique 3.2).

Réduire les écarts entre les abattements consentis aux héritiers proches et aux héritiers plus éloignés lorsque ces écarts sont importants pourrait être un moyen de réaliser des gains d'efficience et d'équité. Dans certains cas, les seuils d'exonération plus bas (souvent associés à des taux d'imposition plus élevés) appliqués aux héritiers relativement éloignés et à ceux qui n'ont pas de lien de parenté avec le donateur peuvent être discutables. Ces écarts posent un problème d'équité horizontale parce qu'ils signifient que deux personnes percevant le même héritage bénéficient de seuils d'exonération extrêmement différents selon le lien de parenté avec le donateur. Le fait d'appliquer des taux d'imposition plus élevés en cas de transmission à des membres de la famille éloignée influe sur le choix des donateurs et les incite également à concentrer leurs transmissions de patrimoine entre les membres de la famille proche. Réduire la différence de traitement fiscal entre héritiers proches et héritiers plus éloignés pourrait encourager les donateurs à répartir leur patrimoine entre un plus grand nombre d'héritiers et ainsi limiter la concentration des richesses et améliorer l'équité horizontale.

3.6. Taux légaux d'imposition

3.6.1. Les taux d'imposition dépendent en principe du montant du patrimoine transmis et du lien entre le donateur et le bénéficiaire

Les taux de l'impôt sur les successions sont très variables d'un pays à l'autre, tout comme le montant du patrimoine auquel ils s'appliquent. Sept pays appliquent des taux forfaitaires tandis que 15 appliquent des taux progressifs. Sur ces 15 pays, tous sauf un ont plusieurs barèmes de taux progressifs, à savoir un barème dans lequel le taux marginal augmente parallèlement à la valeur de la succession et des barèmes distincts, comprenant en principe des taux plus élevés, applicables aux membres de la famille éloignée et aux héritiers sans lien de parenté avec le donateur (Allemagne, Belgique, Chili, Espagne, Finlande, France, Grèce, Japon, Lituanie, Luxembourg, Pays-Bas, Pologne, Slovénie et Suisse). La Corée dispose d'un seul barème de taux progressifs, applicable à l'ensemble des héritiers.

Les taux d'imposition forfaitaires qui frappent les successions s'échelonnent de 4 % à 40 % (Graphique 3.11). Le même taux forfaitaire est appliqué à tous les héritiers en Irlande (33 %), en Hongrie (18 %), au Portugal (10 %), au Royaume-Uni (40 %) et aux États-Unis (40 %). L'Italie et le Danemark appliquent un taux forfaitaire différent en fonction du lien entre le donateur et l'héritier : ce taux varie entre 4 % pour les membres de la famille proche et 8 % pour les autres bénéficiaires en Italie et entre 15 % et 36.25 % au Danemark.

Les taux progressifs sont compris entre 1 % (Chili) et 80 % (Belgique) (Graphique 3.11, Graphique 3.12). Pratiquement tous les pays appliquant des taux progressifs ont adopté plusieurs barèmes, applicables en fonction de la proximité entre le donateur et le bénéficiaire. En général, les taux progressifs appliqués au conjoint et aux enfants du donateur sont plus faibles et varient moins d'un pays à l'autre que ceux appliqués à d'autres membres de la famille ou aux héritiers sans lien de parenté avec le donateur. À titre d'exemple, le taux minimum appliqué aux enfants du donateur est compris entre 1 % (Chili et Grèce) et 10 % (Corée, Japon et Pays-Bas), tandis que celui appliqué aux frères et sœurs est compris entre 1.2 % (Chili)[14] et 35 % (France). Le taux marginal supérieur appliqué aux enfants du donateur est compris entre 10 % (Grèce) et 55 % (Japon), tandis que celui appliqué aux frères et sœurs est compris entre 14 % (Slovénie) et 65 % (Belgique).

Dans certains pays, les barèmes diffèrent fortement en fonction du lien entre le donateur et les bénéficiaires. Dans certains des pays qui disposent de barèmes différents en fonction de la proximité entre le donateur et le bénéficiaire, les différences entre ces barèmes sont très faibles (Chili, Pologne, Slovénie, par exemple). Dans d'autres en revanche, les taux sont beaucoup plus élevés pour les transmissions en faveur de personnes autres que des membres de la famille proche. En Belgique et en Allemagne par exemple, les taux applicables aux enfants ne s'établissent qu'à 3 % (Belgique) et 7 % (Allemagne), alors que les taux les plus bas applicables aux oncles et tantes sont de 30 % (Allemagne) et 35 % (Belgique).

Les taux marginaux supérieurs se déclenchent à des niveaux relativement faibles du patrimoine transmis dans plusieurs pays qui appliquent des taux progressifs. Ainsi, la Belgique applique six taux marginaux aux enfants du donateur, le taux augmentant jusqu'à ce que la succession atteigne environ 570 000 USD. Au-delà de ce seuil, le taux marginal supérieur s'applique. En revanche, en Allemagne, pour les enfants du donateur, le taux marginal le plus élevé s'applique lorsque la succession atteint environ 33.3 millions USD. Le partie B du Graphique 3.11, qui présente les différentes tranches d'imposition exprimées en multiple du salaire annuel moyen dans chaque pays, montre que pour les enfants, les pays où la tranche à laquelle s'applique le taux marginal supérieur est la plus faible sont les Pays-Bas (2.8 fois le salaire annuel moyen), la Belgique (10.1) et la Finlande (22.1). Pour les héritiers sans lien de parenté avec le donateur, les pays où la tranche à laquelle s'applique le taux marginal supérieur est la plus faible sont la France (0.04 fois le salaire annuel moyen), la Hongrie (0.07) et la Pologne (0.3).

Graphique 3.11. Barèmes des taux d'imposition des successions applicables au conjoint, aux enfants et aux héritiers sans lien de parenté avec le donateur

Partie A: Valeur des successions en USD

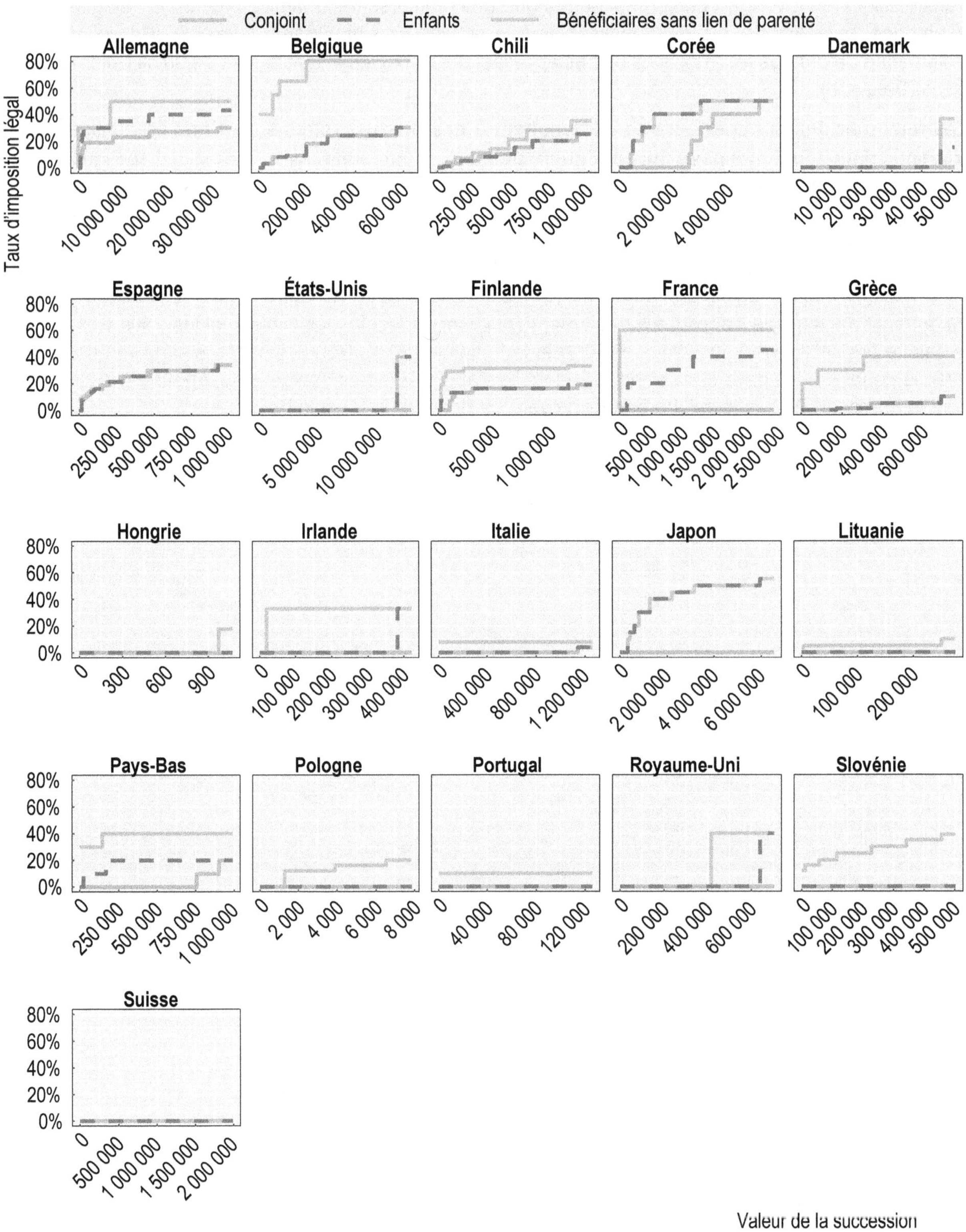

Partie B : Valeur des successions exprimée en multiple du salaire annuel moyen

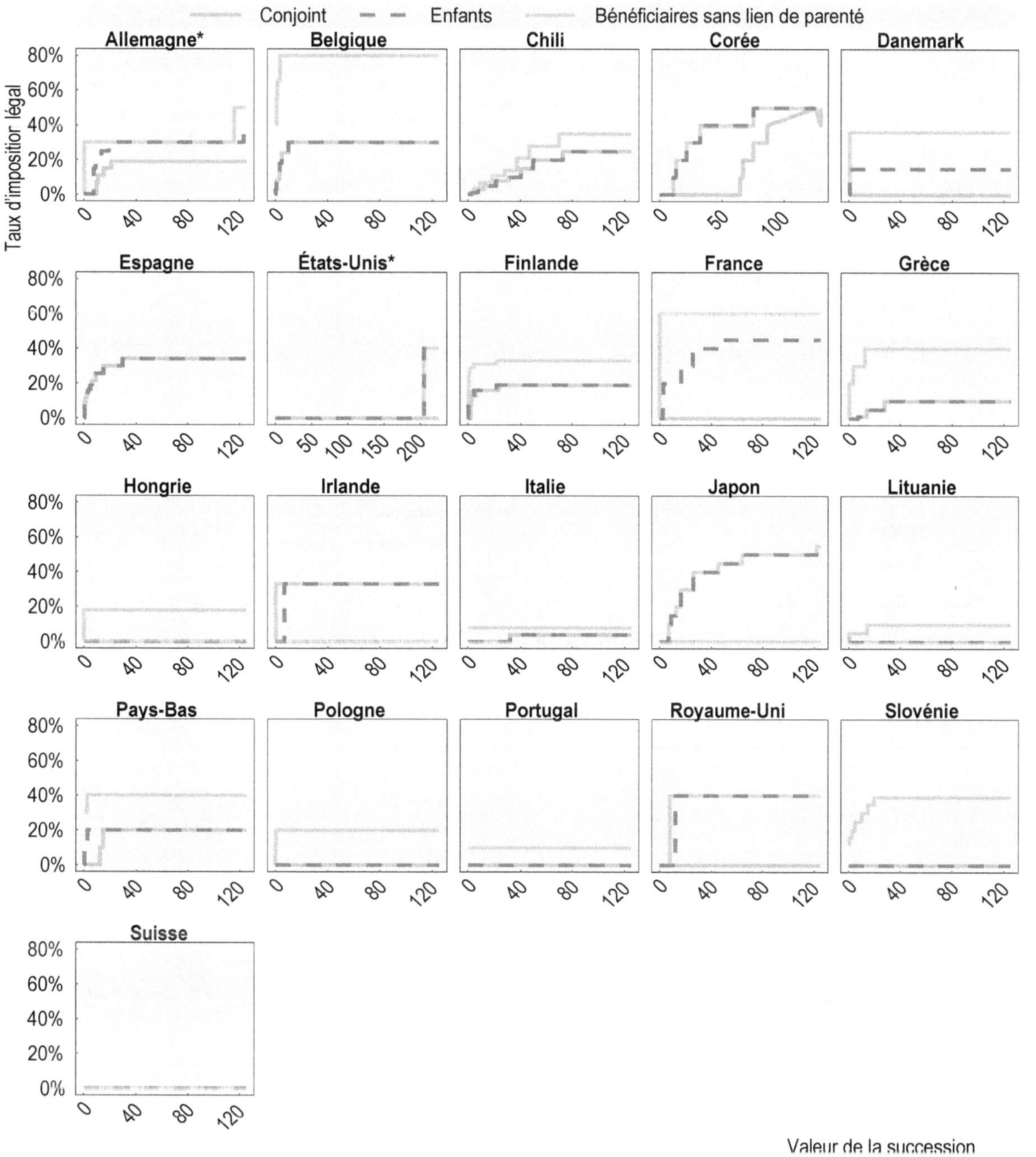

Note : * L'Allemagne applique des taux supplémentaires qui ne sont pas pris en compte dans ce graphique. Conjoint : 23 % entre 129 et 264 fois le salaire moyen, 27 % entre 264 et 513 fois le salaire moyen et 30 % au-delà de 513 fois le salaire moyen. Enfants : 40 % entre 257 et 506 fois le salaire moyen et 43 % au-delà de 506 fois le salaire moyen.

* États-Unis : l'axe horizontal va de 0 à 200 fois le salaire moyen, alors que sur tous les autres graphiques, il va de 0 à 125 fois le salaire moyen. Les seuils d'exonération sont exprimés en USD de 2020. On suppose que les bénéficiaires sont adultes (plus de 21 ans) et ne présentent pas de handicap. Les données relatives à la Belgique se rapportent à la région de Bruxelles-Capitale. Chili : une majoration de 20 % est appliquée à l'impôt dû pour les parents en ligne collatérale au 2e degré (frères et sœurs, neveux et nièces, oncles et tantes, cousins, grands-tantes et grands-oncles) ; la majoration est de 40 % pour les autres bénéficiaires. Japon : on suppose qu'il n'y a qu'un héritier, si bien que le seuil d'exonération s'établit à 337 159 USD [36 millions JPY = 30 millions JPY + (6 millions JPY * nombre d'héritiers légaux)]. Pologne : les frères et sœurs bénéficient du traitement le plus favorable tandis que les quasi frères et sœurs se classent en 4e position. Les données relatives à la Suisse se rapportent au canton de Zurich. Royaume-Uni : on suppose que le contribuable fait valoir son droit au RNBR.

Source : Questionnaire de l'OCDE sur les impôts sur les successions et les donations (2020).

StatLink https://stat.link/7f9vmj

Graphique 3.12. Taux légaux d'imposition minimum et maximum, quatre catégories de bénéficiaires

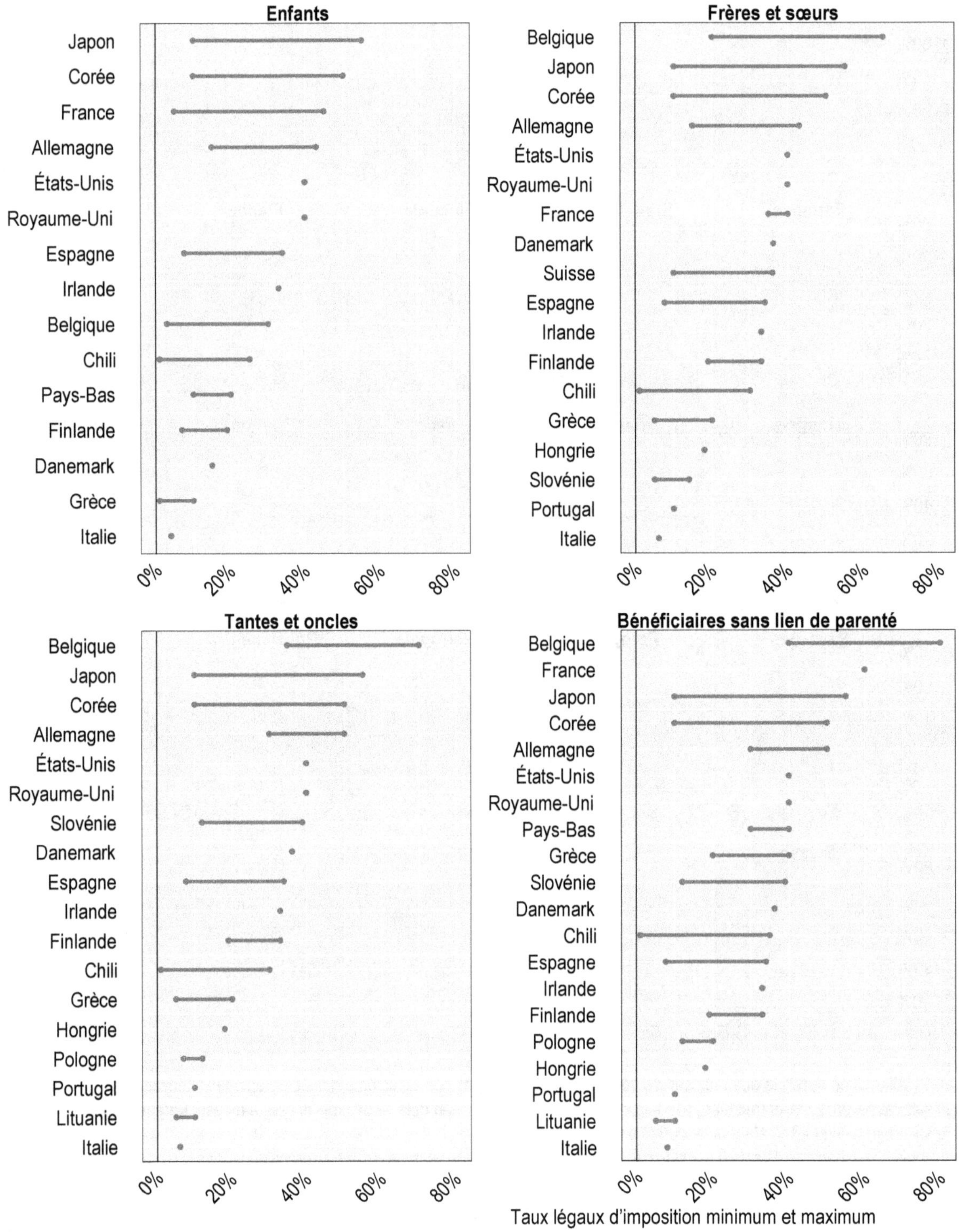

Note : Les enfants du donateur sont exonérés en Hongrie, en Lituanie, en Pologne, au Portugal, en Slovénie et en Suisse. Les frères et sœurs sont exonérés en Lituanie et en Pologne. Les données relatives à la Belgique se rapportent à la région de Bruxelles-Capitale. Lituanie : les quasi frères et sœurs ne sont pas exonérés de l'impôt sur les successions. Pologne : les frères et sœurs bénéficient du traitement le plus favorable tandis que les quasi frères et sœurs se classent en 4e position. Les données relatives à la Suisse se rapportent au canton de Zurich.
Source : Questionnaire de l'OCDE sur les impôts sur les successions et les donations (2020).

StatLink https://stat.link/4tphok

Le Graphique 3.13 montre que les pays qui ont adopté des taux marginaux supérieurs plus élevés les appliquent à partir de seuils plus élevés, tandis que ceux où ces taux sont plus faibles les appliquent à partir de seuils plus bas. Outre les barèmes des taux eux-mêmes, les seuils à partir desquels ces taux s'appliquent jouent un rôle décisif dans la charge fiscale des héritiers et la progressivité globale de l'impôt sur les successions. Le Graphique 3.13 montre que les pays où les taux marginaux supérieurs sont relativement élevés les appliquent à partir de seuils relativement hauts, tandis que l'inverse est souvent vrai s'agissant des pays où les taux marginaux supérieurs sont faibles. Ainsi, en Corée, le taux marginal supérieur appliqué aux enfants du donateur s'établit à 50 % au-delà de 3 millions USD environ, alors qu'aux Pays-Bas, il s'établit à 20 % au-delà de 170 000 USD environ. Le lien entre taux marginaux supérieurs et seuils à partir desquels ils s'appliquent est particulièrement fort dans le cas des enfants du donateur, mais il existe également dans le cas des frères et sœurs. Dans les pays qui appliquent des taux forfaitaires, il n'y a pas de corrélation évidente entre le niveau du taux et celui du seuil à partir duquel il s'applique : les taux appliqués au Danemark (36.25 %) et aux États-Unis (40 %) sont proches, mais ils s'appliquent à partir de seuils très différents (environ 11.6 millions USD aux États-Unis contre environ 46 000 USD au Danemark).

Graphique 3.13. Taux marginaux supérieurs et seuils à partir desquels ils s'appliquent (USD), enfants et frères et sœurs du donateur

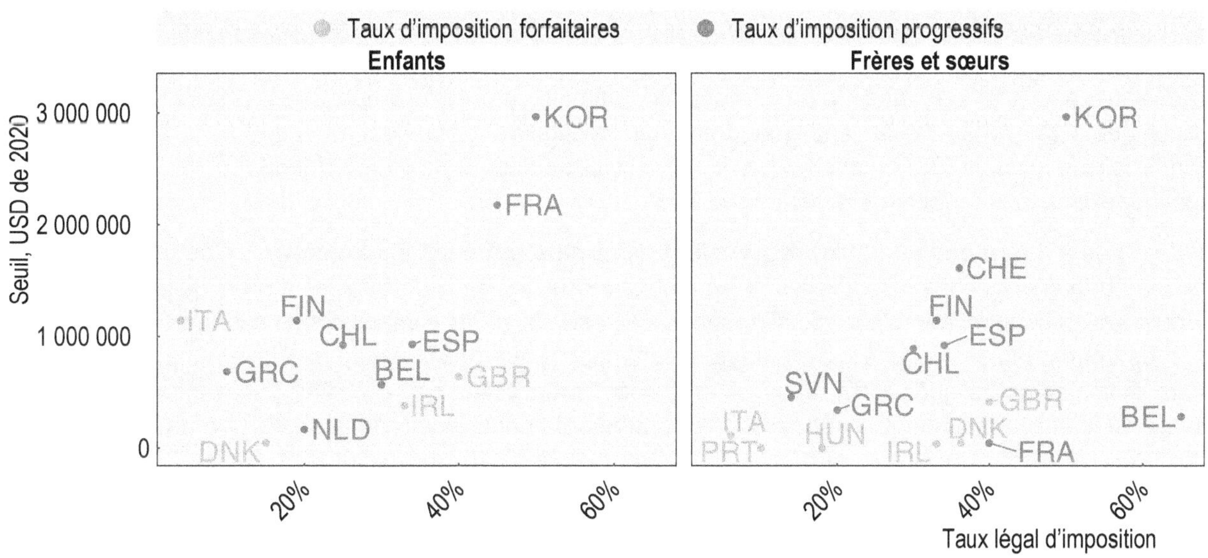

Note : Les seuils d'exonération sont exprimés en USD de 2020. La catégorie « frères et sœurs » englobe également les quasi frères et sœurs. Trois éléments ont été omis par souci de lisibilité : Allemagne (43 % applicable à partir de 30 153 991 USD [enfants] ou 29 719 956 USD [frères et sœurs]), Japon (55% applicable à partir de 5 956 474 USD [enfants et frères et sœurs]), et États-Unis (40 % applicable à partir de 11 580 000 USD [enfants et frères et sœurs]). Les enfants du donateur sont exonérés en Hongrie, en Lituanie, en Pologne, au Portugal, en Slovénie et en Suisse. Les frères et sœurs sont exonérés en Lituanie et en Pologne. Les données relatives à la Belgique se rapportent à la région de Bruxelles-Capitale. Lituanie : les quasi frères et sœurs ne sont pas exonérés de l'impôt sur les successions. Pologne : les frères et sœurs bénéficient du traitement le plus favorable tandis que les quasi frères et sœurs se classent en 4e position. Les données relatives à la Suisse se rapportent au canton de Zurich.
Source : Questionnaire de l'OCDE sur les impôts sur les successions et les donations (2020).

StatLink https://stat.link/swhdy7

3.6.2. Les taux d'imposition progressifs présentent plusieurs avantages comparativement aux taux forfaitaires

Des taux d'imposition progressifs augmentent l'équité verticale. Des taux progressifs augmentent l'équité verticale parce qu'ils garantissent que les personnes qui héritent davantage paient aussi un impôt plus élevé. Les simulations présentées à titre d'illustration dans le chapitre 2 montrent qu'un impôt progressif sur les successions et sur les revenus du capital peut être un levier puissant dans les pays qui veulent empêcher une accumulation excessive de richesses au fil des générations. De plus, à la différence des taux forfaitaires, les taux progressifs peuvent encourager les donateurs à partager leur patrimoine entre des héritiers plus nombreux pour échapper à l'application des taux marginaux supérieurs. Comme exposé plus haut, les taux marginaux supérieurs se déclenchent à partir de niveaux relativement faibles du patrimoine transmis dans plusieurs pays où existent des taux progressifs. En pareil cas, appliquer des taux plus élevés à des successions d'une valeur très élevée pourrait être un moyen de renforcer la progressivité de l'impôt sur les successions. Il faut cependant pour cela trouver un équilibre pour que les taux d'imposition ne soient pas excessifs, des taux trop hauts offrant des arguments en faveur de l'introduction d'allègements fiscaux et risquant de favoriser des comportements d'optimisation et de fraude fiscales.

Les barèmes de taux d'imposition progressifs peuvent permettre d'éviter de fortes hausses des taux marginaux effectifs. Si les taux augmentent graduellement parallèlement à la valeur de l'héritage reçu, les barèmes de taux progressifs peuvent éviter de fortes hausses des taux marginaux. Les taux forfaitaires d'imposition des successions étant généralement élevés dans les pays de l'OCDE, ils se traduisent souvent par des taux marginaux effectifs élevés au-delà des seuils d'exonération Graphique 3.11. Ainsi, l'Italie applique des taux forfaitaires s'échelonnant de 4 % à 8 % (selon le bénéficiaire), mais le Danemark (selon le bénéficiaire), les États-Unis, l'Irlande et le Royaume-Uni appliquent des taux forfaitaires supérieurs à 30 %.

Il n'est pas évident que les taux progressifs soient plus difficiles à administrer. Il se pourrait que les taux progressifs soient plus difficiles à administrer que les taux forfaitaires parce qu'il faut que les contribuables tiennent compte de plusieurs taux et plusieurs seuils d'imposition. Il est également possible que les contribuables cherchent davantage à échapper à des taux marginaux élevés. L'évaluation peut aussi être plus compliquée lorsque les barèmes sont progressifs parce qu'une petite modification de la valeur de la succession peut faire basculer le contribuable dans une tranche soumise à un taux marginal plus élevé. Toutefois, en règle générale, cette complexité s'explique davantage par des aspects liés à l'assiette d'imposition, comme exposé plus loin dans le chapitre, et les pays n'ont pas signalé que les barèmes de taux d'imposition constituaient une source de complexité ou avaient pesé dans la décision de supprimer l'impôt sur les successions.

3.7. Taux effectifs d'imposition

3.7.1. Les taux effectifs d'imposition sont nettement plus faibles que les taux légaux et, dans certains cas, ils diminuent pour les plus grosses successions

Les taux effectifs d'imposition sont nettement plus faibles que les taux légaux et, dans certains pays, ils diminuent pour les plus grosses successions (Graphique 3.14). Les taux effectifs d'imposition rétrospectifs illustrent l'effet conjugué de divers aspects de la conception de l'impôt – taux, exonérations, traitement spécial de certains actifs – sur la charge fiscale effective pesant sur le contribuable[15]. Le Graphique 3.14 présente les taux effectifs d'imposition pour cinq pays pour lesquels des données sont disponibles. Les comparaisons entre pays exigent une certaine prudence parce que ces indicateurs ont été fournis par les pays participants et reflètent en partie des différences de méthodologie. Plusieurs enseignements s'en dégagent. La charge fiscale est généralement plus faible dans la partie inférieure de la distribution du patrimoine et plus élevée dans la partie supérieure. Toutefois, dans certains pays, le taux effectif d'imposition est plus élevé pour les donateurs qui se situent dans la tranche inférieure de la distribution que pour ceux qui se situent dans la tranche intermédiaire inférieure ou dans la tranche intermédiaire. Ce phénomène pourrait pour partie s'expliquer par le fait que les ménages relativement pauvres possèdent en général des actifs qui ne font pas l'objet d'un traitement préférentiel. Le graphique montre également que les taux effectifs supportés par les donateurs les plus aisés sont variables selon les pays. Au Chili, le taux effectif est beaucoup plus élevé au sommet de la distribution du patrimoine que dans les autres déciles, y compris le neuvième décile. Au contraire, au Royaume-Uni et aux États-Unis, les taux acquittés par les donateurs les plus aisés sont inférieurs à ceux acquittés par d'autres donateurs aisés. À titre d'exemple, le taux effectif sur une succession valant entre 8 et 9 millions GBP était deux fois plus élevé que celui acquitté sur une succession dont la valeur atteignait ou dépassait 10 millions GBP (19.5 % contre 10 %). La raison en est que les plus grosses successions bénéficient davantage d'allégements fiscaux, par exemple applicable aux biens agricoles ou professionnels (Office of Tax Simplification, 2018[7]).

Graphique 3.14. Taux effectifs d'imposition selon les niveaux de patrimoine ou valeurs de succession, sélection de pays

2019 ou dernière année pour laquelle des données sont disponibles

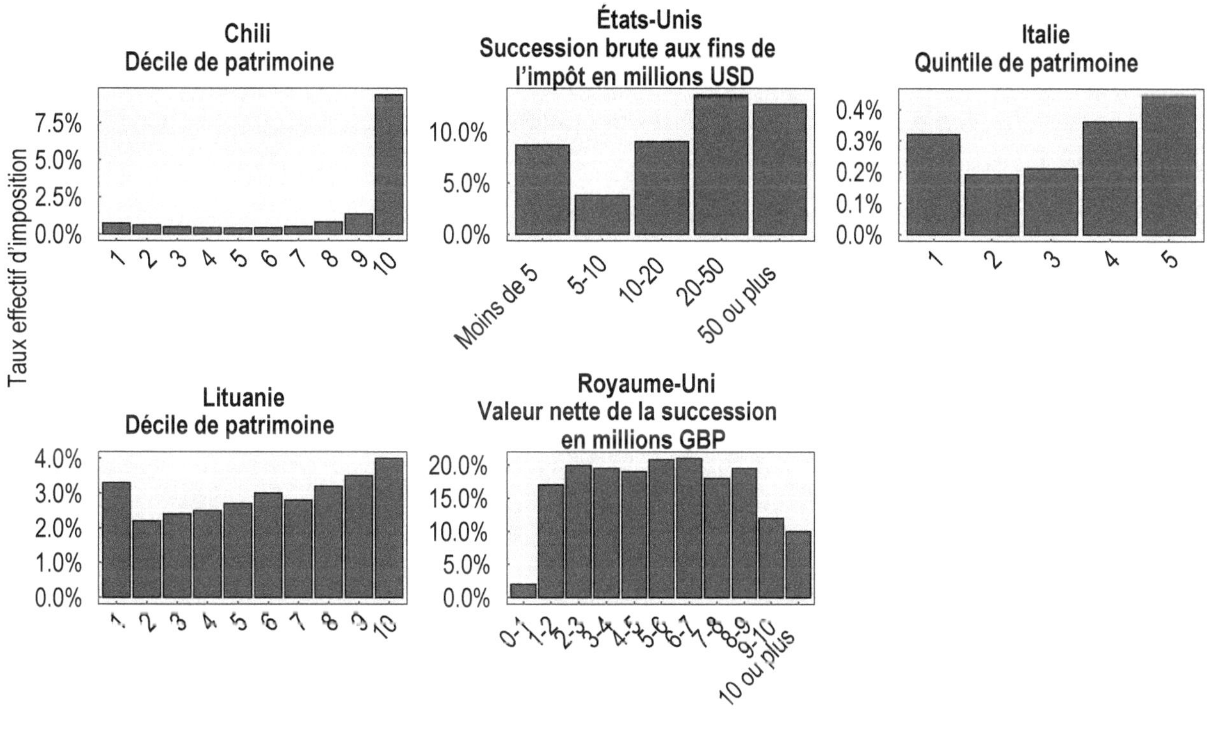

Note : États-Unis : les données sont issues des déclarations 2018 aux fins de l'impôt sur les successions, généralement déposées au titre de décès survenus en 2017 puisque la déclaration doit être déposée dans l'année suivant le décès du donateur. En 2017, le seuil à partir duquel une déclaration devait être déposée était de 5.49 millions USD (valeur brute de la succession). Depuis 2018, ce seuil s'établit à 11.18 millions USD.

Source : Questionnaire de l'OCDE sur les impôts sur les successions et les donations (2020). Les données relatives à l'Italie sont publiées dans (Acciari et Morelli, 2020[8]).

StatLink https://stat.link/3dpmgr

Les réformes de l'impôt sur les successions engagées ces dernières décennies laissent penser que les taux effectifs ont peut-être diminué au fil du temps, mais des travaux de recherche supplémentaires sont nécessaires pour examiner les tendances à long terme. Le Graphique 3.15 présente le seuil d'exonération et le taux marginal supérieur applicables aux enfants du donateur dans six pays au cours de deux périodes différentes, en l'occurrence 1980 et 2020 (ou la dernière année disponible) (données issues de (Nolan et al., 2020[2])). Quatre de ces six pays ont abaissé leur taux marginal supérieur et augmenté leur seuil d'exonération ces 30 à 40 dernières années (Allemagne, Irlande, Italie et Royaume-Uni). À la différence d'autres pays, la France a relevé à la fois le seuil d'exonération et le taux marginal supérieur, tandis que l'Espagne n'a introduit que peu de changements au cours de la période examinée. Toutefois, en Espagne, il y a eu beaucoup de changements au niveau régional parce que les autorités régionales jouissent de compétences relativement étendues en matière de conception de l'impôt sur les successions. Les informations fournies par les pays en réponse au questionnaire confirment l'existence d'une tendance au relèvement des seuils d'exonération ces dernières années. Ainsi, la Pologne a introduit en 2007 une exonération totale pour les membres de la famille immédiate et les États-Unis ont doublé le seuil d'exonération de l'impôt sur les successions en 2018. Ces évolutions laissent penser que les taux effectifs d'imposition sur les transmissions de patrimoine ont diminué au fil du temps, ce qui pourrait expliquer en partie que les recettes tirées des impôts sur les successions et les donations soient restées globalement stables malgré une progression des transmissions de patrimoine en volume dans certains pays (Section 1.5). Toutefois, il est possible que les taux effectifs d'imposition n'aient peut-être pas diminué si d'autres mesures ont été prises en compensation des changements, notamment pour élargir l'assiette d'imposition. D'autres travaux seraient nécessaires pour comprendre l'évolution des taux effectifs d'imposition au fil du temps.

Graphique 3.15. Évolution des taux marginaux supérieurs et seuils d'exonération, enfants du donateur, 1980-2020, sélection de pays

De la première à la dernière année pour lesquelles des données sont disponibles

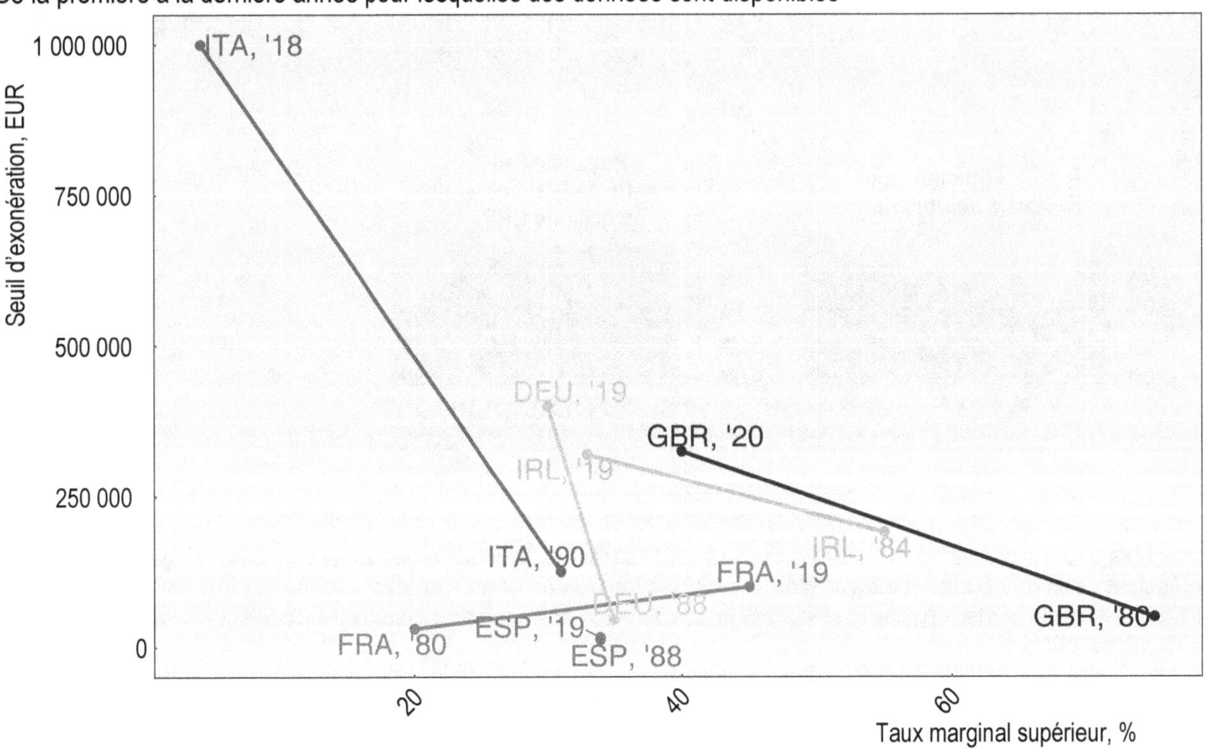

Source : Statistiques des finances publiques de l'OCDE et Nolan, B., J. Palomino, P. Van Kerm et S. Morelli (2020), « The Wealth of Families: The Intergenerational Transmission of Wealth in Britain in Comparative Perspective », Nuffield Foundation, Oxford.

StatLink https://stat.link/f6lrw4

3.8. Traitement fiscal de certains actifs

3.8.1. Certains actifs font l'objet d'un traitement fiscal préférentiel

Certains types d'actifs sont exonérés ou font l'objet d'un traitement fiscal préférentiel par rapport aux règles ordinaires d'imposition des successions. Le Graphique 3.16 indique si les pays incluent ou non telle ou telle catégorie d'actifs dans la base imposable et si un traitement fiscal préférentiel est prévu pour certains héritiers sous réserve que certaines conditions soient respectées. Dans tous les pays, les actifs financiers tels que dépôts bancaires, actions et obligations sont inclus dans l'assiette de l'impôt sur les successions et relèvent du traitement fiscal normal. La plupart des pays appliquent également le traitement normal aux véhicules (tous les pays sauf l'Italie), aux bijoux (tous les pays sauf le Portugal) et à certains types de biens résidentiels (tous les pays sauf la Suisse). Certains actifs font l'objet d'un traitement préférentiel dans plusieurs pays : c'est notamment le cas des entreprises familiales (16 pays) et de la résidence principale (12 pays). L'épargne-retraite privée est souvent totalement exonérée (huit pays), de même que l'assurance-vie ou décès par accident (six pays). Les terres ou les biens immeubles à usage agricole ou forestier sont exonérés ou bénéficient d'un traitement préférentiel dans dix pays. Le Portugal est le pays qui exonère le plus grand nombre des 14 types d'actifs apparaissant sur le Graphique 3.16 (quatre types d'actifs), suivi de l'Allemagne, la Pologne et le Royaume-Uni (trois types d'actifs dans chaque pays). Pour ce qui est des traitements fiscaux préférentiels, c'est au Japon, en Pologne et en Suisse que les actifs qui font l'objet d'un traitement préférentiel sont les plus nombreux (six types d'actifs dans chaque pays). En revanche, les pays qui ont l'assiette fiscale la plus large sont la Lituanie (13 types d'actifs sont imposés), puis la Belgique, le Chili, le Danemark, les États-Unis, la Grèce, le Luxembourg et les Pays-Bas (12 types d'actifs).

Le traitement préférentiel de certains types d'actifs peut certes être justifié par des objectifs d'équité ou d'efficience, mais comme démontré ci-après, il rétrécit sensiblement l'assiette fiscale et réduit les recettes potentielles. Le Graphique 3.17 illustre le manque à gagner imputable à certains allègements fiscaux dans des pays sélectionnés en fonction des données disponibles. Les comparaisons entre pays exigent une certaine prudence parce que ces indicateurs ont été fournis par les pays participants et reflètent en partie des différences au niveau de la méthodologie et de la référence retenue pour déterminer ce qui constitue une dépense fiscale. Les allègements fiscaux n'entraînent pas de baisse sensible des recettes en Belgique et en Italie, mais en Italie, ce résultat s'explique par le fait que les estimations ne tiennent pas compte de certains types d'allègements importants. Aux Pays-Bas, l'avantage fiscal au titre des entreprises familiales réduit modérément l'assiette fiscale, et au Royaume-Uni, près de la moitié des successions imposables bénéficient d'un traitement préférentiel.

Graphique 3.16. Assiette de l'impôt sur les successions

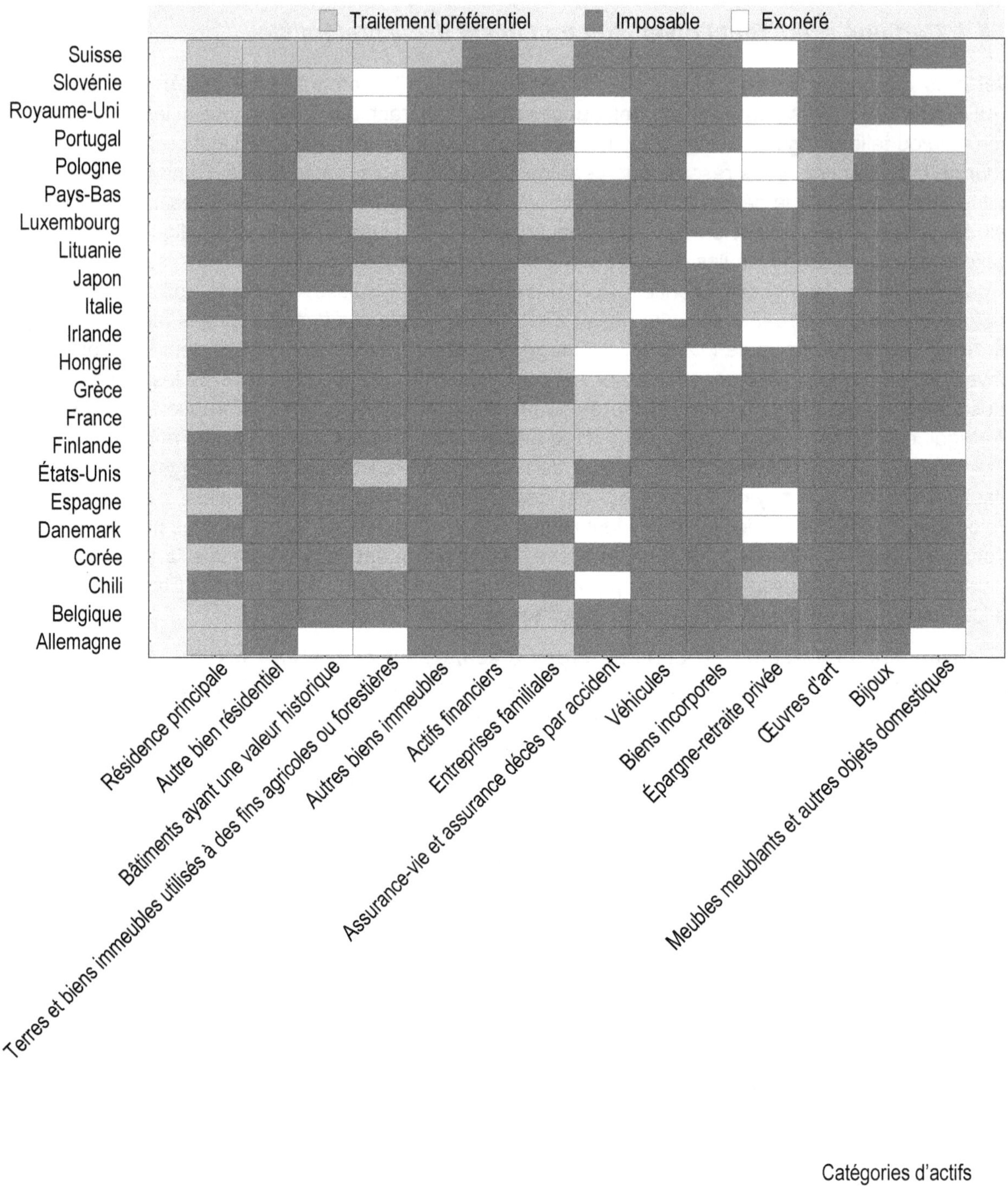

Note : « Imposable » : signifie que les actifs sont inclus dans l'assiette d'imposition. « Traitement préférentiel » : signifie que les actifs font l'objet d'un traitement spécial pour certains héritiers si certaines conditions sont remplies et englobe les exonérations subordonnées à des conditions. « Exonéré » : signifie que les actifs ne sont pas inclus dans la base d'imposition.
Source : Base de données de l'OCDE sur la distribution des patrimoines, oe.cd/wealth.

StatLink https://stat.link/u3md54

Graphique 3.17. Recettes fiscales perdues en pourcentage du total des successions, sélection de pays

2019 ou dernière année disponible

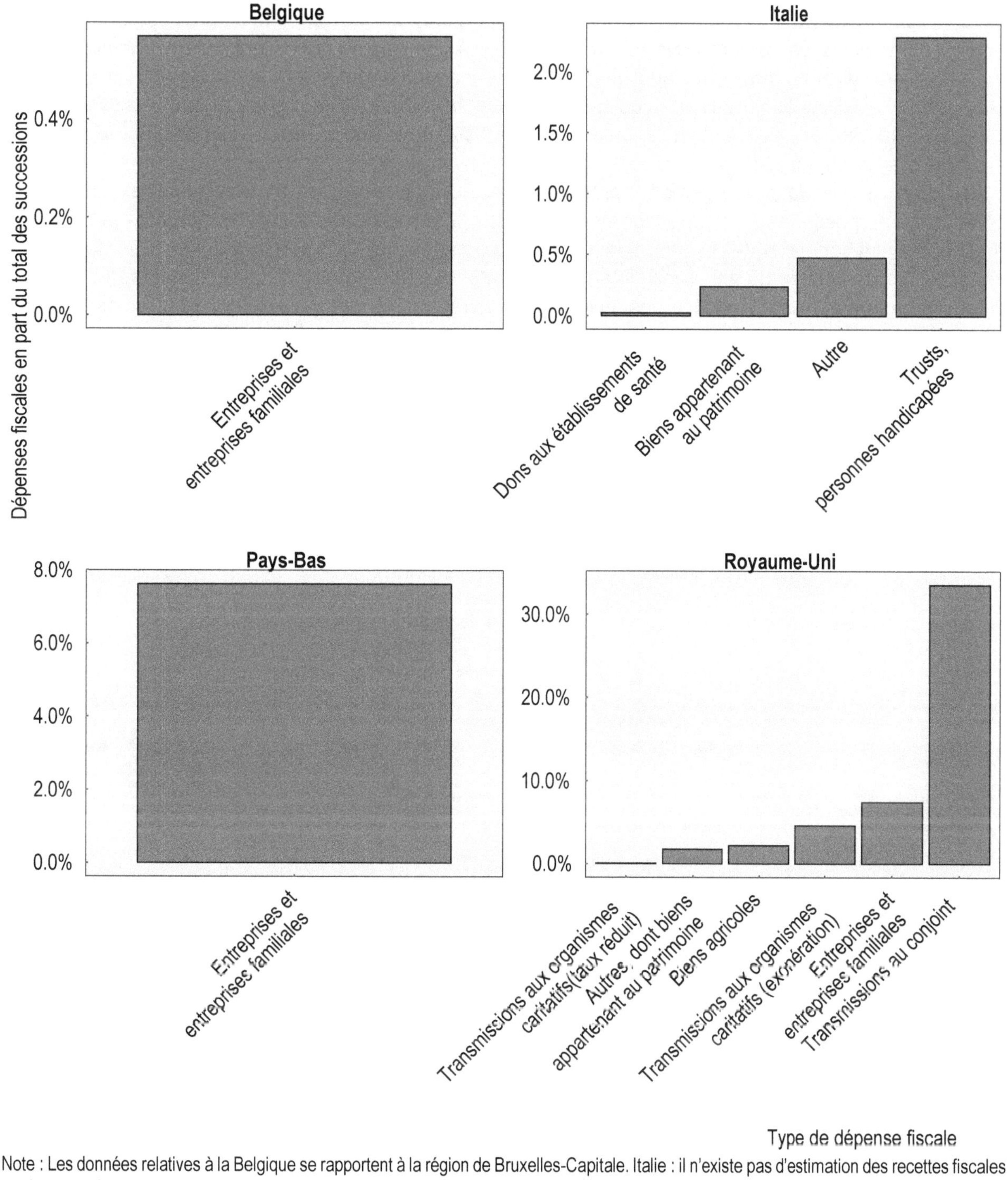

Note : Les données relatives à la Belgique se rapportent à la région de Bruxelles-Capitale. Italie : il n'existe pas d'estimation des recettes fiscales perdues en raison de certaines exonérations importantes (exprimées en pourcentage de la référence), par exemple l'exonération des entreprises familiales et des participations de contrôle (si l'entreprise est reprise par les héritiers), des obligations publiques nationales et non nationales, des plans d'épargne-retraite et d'assurance-vie, des voitures et autres véhicules immatriculés. Pour certains actifs, les recettes perdues englobent les recettes tirées d'autres impôts comme les droits de timbre, la taxe d'immatriculation ou l'impôt cadastral. Royaume-Uni : le chiffre figurant au dénominateur est la valeur totale des transmissions calculée en tenant compte des successions au-delà du seuil d'exonération.

Source : Questionnaire de l'OCDE sur les impôts sur les successions et les donations (2020).

StatLink https://stat.link/hoeqv2

3.8.2. La résidence principale du donateur peut faire l'objet d'un traitement fiscal préférentiel

La résidence principale du donateur fait l'objet d'un traitement fiscal préférentiel dans douze pays, mais le plus souvent à certaines conditions (Tableau 3.6). La résidence principale est totalement ou partiellement exonérée dans 11 pays et elle est évaluée à une valeur inférieure à celle du marché dans le douzième. Par ailleurs, deux pays appliquent également au logement des taux d'imposition inférieurs au taux normal ; en Belgique, ce taux s'applique à certains héritiers autres que le conjoint et au Portugal, il s'applique au-delà de l'exonération partielle. La plupart des pays appliquent des conditions, exigeant par exemple que le bénéficiaire ait vécu avec le donateur avant le décès de celui-ci ou au moment de son décès ou qu'il vive dans le logement après ce décès. Quelques pays, peu nombreux, exigent que le bénéficiaire ne possède pas d'autre logement. Dans la plupart des pays, seuls les membres de la famille proche peuvent bénéficier de l'exonération. Certains pays appliquent des conditions moins restrictives aux bénéficiaires de plus de 65 ans. Ainsi, l'Espagne n'exige pas que les bénéficiaires âgés appartiennent à la famille proche et l'Irlande n'exige pas qu'ils restent vivre dans le logement du donateur après le décès. Le montant de l'avantage lié au traitement préférentiel n'est pas plafonné dans neuf pays et il est plafonné à une certaine taille ou valeur du logement dans trois. Certains pays peuvent implicitement appliquer un traitement préférentiel au logement, si les méthodes de valorisation conduisent à des estimations inférieures au prix du marché. Cette question est examinée dans la section 3.10.

Tableau 3.6. Conditions à satisfaire pour bénéficier du traitement préférentiel réservé à la résidence principale

Pays	Traitement préférentiel	Le bénéficiaire devait vivre dans le logement avant le décès du donateur/doit y vivre après	Le bénéficiaire ne doit pas posséder d'autre logement	Bénéficiaires
Belgique	Exonération	Au moment du décès	..	Conjoint
	Taux d'imposition plus faibles	..	..	Copropriétaires héritiers en ligne directe ou vivant avec le donateur
France	Exonération partielle (20 %)	Au moment du décès		Conjoint, enfants
Allemagne	Exonération totale	Pendant 10 ans après le décès		Conjoint, enfants
Grèce	Seuil d'exonération supplémentaire	..	Oui	Conjoint, enfants
Irlande	Exonération totale	Trois ans avant le décès et six ans après le décès	Oui	Tous les bénéficiaires
Japon	Exonération partielle (80 %)	..	..	Tous les bénéficiaires
Corée	Exonération totale, plafonnée à 600 millions KRW	Pendant 10 ans avant le décès	Oui	Enfants, descendants en ligne directe
Pologne[1]	Exonération totale, plafonnée à 110 m²	Cinq ans après	Oui	Famille élargie, aidants[2]
Portugal	Exonération partielle, puis application de taux plus faibles	..	..	Tous les bénéficiaires
Espagne	Exonération partielle (95 %), plafonnée à 122 606 EUR	Pendant 10 ans après le décès	..	Conjoint, ascendants, descendants
Suisse	Valeur du logement légèrement inférieure au prix du marché	..	..	Tous les bénéficiaires
Royaume-Uni	Exonération partielle	..	..	Descendants en ligne directe

1. Concerne tous les biens résidentiels, pas seulement la résidence principale du donateur.
2. Les personnes qui n'ont pas de lien de parenté avec le donateur mais qui l'ont pris en charge pendant au moins deux ans bénéficient d'une exonération sur la résidence héritée, à condition qu'un accord écrit et signé, authentifié par un notaire, ait été conclu.
Source : Questionnaire de l'OCDE sur les impôts sur les successions et les donations (2020).

Accorder un traitement préférentiel aux bénéficiaires qui restent vivre dans la résidence principale du donateur peut réduire les distorsions et les difficultés financières, mais aussi produire des effets de verrouillage. Lorsque la résidence principale est soumise à l'impôt sur les successions, les bénéficiaires peuvent se trouver confrontés à des problèmes de trésorerie et être contraints de vendre le logement s'ils n'ont pas hérité d'autres actifs utilisables pour acquitter l'impôt. Cette vente forcée peut être source de difficultés, le logement constituant un service essentiel pour les ménages, et peut entraîner d'autres dépenses pour les héritiers, par exemple l'obligation de payer des droits de mutation sur l'achat d'un autre logement. Toutefois, lorsque le traitement préférentiel du logement ne s'applique que si le bénéficiaire continue d'y vivre, des effets de verrouillage peuvent apparaître. Ces effets peuvent être problématiques dans les cas où un déménagement permettrait à l'héritier d'avoir accès à un soutien familial ou à des possibilités de logement ou débouchés professionnels plus adaptés.

Les pays pourraient envisager d'appliquer à la résidence principale des formes de traitement préférentiel permettant de remédier aux problèmes de trésorerie tout en limitant l'optimisation fiscale. Le patrimoine immobilier n'est pas liquide, si bien qu'il faut le vendre pour acquitter l'impôt sur les successions. Ce type de patrimoine étant réparti de manière plus égale au sein de la population que d'autres types d'actifs (chapitre 1), le soumettre à l'impôt sur les successions est peut-être un moyen moins efficace que d'autres de réduire la concentration des richesses. Lui accorder un traitement préférentiel peut cependant créer des possibilités d'échapper à l'impôt, les ménages risquant d'accroître le patrimoine constitué par leur résidence principale ou, selon les règles applicables en matière de déductibilité des dettes, de contracter des emprunts garantis par des actifs soumis à l'impôt sur les successions afin d'investir dans la résidence qui n'entre pas dans l'assiette imposable. Pour limiter l'optimisation fiscale, les pays peuvent plafonner la valeur du traitement préférentiel de la résidence principale et limiter la déductibilité fiscale des dettes contractées pour financer les actifs exonérés. Une autre solution consiste à introduire une période de report standard pour le paiement de l'impôt sur la résidence principale et à permettre un paiement échelonné sur plusieurs années à l'issue de cette période. Un tel mécanisme réduirait les possibilités d'échapper à l'impôt, apporterait une réponse aux problèmes de liquidité et permettrait aux contribuables de vendre le logement s'ils ont besoin de déménager.

3.8.3. Les entreprises familiales bénéficient d'avantages généreux

La plupart des pays accordent un traitement fiscal préférentiel aux actifs professionnels de manière à faciliter la transmission des entreprises familiales et à leur permettre de survivre au décès de leur fondateur (Tableau 3.7). Le traitement fiscal préférentiel réservé aux actifs professionnels peut revêtir la forme d'exonérations ou d'un abattement sur la valeur imposable des actifs transmis, où encore de règles de valorisation spéciales ou de taux d'imposition plus faibles. Comme expliqué plus loin, les pays peuvent appliquer des conditions, notamment en matière de participation détenue, d'implantation des actifs professionnels dans le pays ou de zone économique ou encore de poursuite de l'activité par les héritiers. Les règles préférentielles peuvent cibler les entreprises familiales explicitement mais aussi implicitement, par exemple en exigeant que les héritiers continuent de gérer l'activité. Elles peuvent au contraire s'appliquer à un large éventail d'actifs professionnels, par exemple à l'ensemble des petites et moyennes entreprises (PME).

Le traitement préférentiel consiste le plus souvent en l'exonération totale des actifs professionnels ou en un abattement sur leur valeur imposable, mais peut aussi prendre la forme de taux d'imposition plus bas, de règles de valorisation préférentielles et de périodes de report (Tableau 3.7). Sur les dix pays qui autorisent une exonération des actifs professionnels, cinq prévoient une possibilité d'exonération totale et sept un abattement. Un pays (l'Allemagne) offre aux entreprises la possibilité de choisir entre exonération totale et abattement, l'exonération totale étant assortie de davantage de conditions. Un pays (les Pays-Bas), prévoit un seuil d'exonération supplémentaire pour les actifs professionnels, en plus d'une exonération partielle. Dans plusieurs pays, les entreprises sont valorisées à des fins fiscales à une valeur inférieure à celle du marché et dans un pays (la Belgique), un taux d'imposition plus faible leur est appliqué. Quelques pays accordent un délai de paiement de l'impôt plus long ou offrent la possibilité d'échelonner le paiement, avec ou sans intérêts. Un pays (l'Allemagne) permet aux héritiers qui héritent d'actifs professionnels visés par un traitement préférentiel de solliciter une remise s'ils ne sont pas en mesure d'acquitter l'impôt sur les successions. En général, l'allègement fiscal appliqué à la transmission d'entreprises n'est pas plafonné.

Les pays subordonnent généralement l'application du traitement préférentiel à un ensemble de conditions, par exemple à l'obligation d'avoir détenu l'entreprise pendant un certain temps ou d'en détenir au moins une certaine part (Tableau 3.7). Pour que le traitement préférentiel visant les entreprises favorise réellement la continuité de l'activité, certains pays exigent que le donateur ait détenu l'entreprise pendant une certaine période et/ou qu'il en ait détenu une certaine part au moins. Comme dans le cas d'autres actifs, le traitement le plus favorable peut être réservé aux membres de la famille proche.

Les héritiers peuvent être contraints de conserver les actifs pendant un certain temps (Tableau 3.7). Les bénéficiaires sont tenus de rester propriétaires de l'entreprise ou de leurs participations dans l'entreprise pendant un certain nombre d'années après le décès du donateur. Certains pays subordonnent en outre le traitement préférentiel à d'autres conditions à respecter par les bénéficiaires. Dans certains pays, en plus de rester propriétaires, les bénéficiaires doivent conserver une certaine proportion de la masse salariale, des effectifs et/ou des actifs investis dans l'entreprise. Dans plusieurs pays, ils sont tenus de contribuer au fonctionnement de l'entreprise, par exemple en y exerçant une activité rémunérée et/ou en faisant partie de l'équipe de direction.

Certains pays exigent que l'entreprise ou sa direction soit implantée dans le pays ou, dans le cas de pays européens, sur le territoire de l'Espace économique européen (EEE) (Tableau 3.7). Les entreprises doivent être implantées ou avoir leur siège dans le pays ou – dans le cas de certains pays européens – sur le territoire de l'Union européenne ou de l'EEE.

Certains types d'entreprises n'ouvrent pas droit au traitement préférentiel et certains pays limitent l'accès au traitement préférentiel aux PME (Tableau 3.7). Dans quelques pays, seules les petites entreprises ou les PME ouvrent droit à un traitement préférentiel, et dans un pays (le Royaume-Uni), le traitement diffère selon que l'entreprise est ou non cotée en bourse. Dans la plupart des pays où les actifs professionnels font l'objet d'un traitement préférentiel, les entreprises doivent exercer certaines activités, notamment une activité économique réelle, pour que ce traitement s'applique.

Certains pays appliquent un traitement préférentiel aux biens agricoles et forestiers en plus du traitement préférentiel applicable aux entreprises. Le traitement fiscal préférentiel appliqué aux entreprises exclut expressément l'agriculture en Suisse et les bois et forêts en Finlande. Toutefois, les terres et exploitations agricoles privées peuvent être exonérées de l'impôt sur les successions, soit en totalité (Allemagne, Italie, Pologne et Royaume-Uni[16]) soit en partie (France et Irlande). Au Luxembourg, des règles avantageuses sont appliquées pour calculer la valeur des terres agricoles, et au Japon, un report du paiement de l'impôt est prévu au titre des biens agricoles et forestiers. Les pays subordonnent ce traitement fiscal à diverses conditions, le limitant aux agriculteurs professionnels (Irlande), aux jeunes agriculteurs ayant un lien de parenté étroit avec le donateur (Italie) ou aux exploitations agricoles d'une certaine taille (Pologne). Ils peuvent également fixer une durée minimale de détention de l'exploitation après l'héritage (Italie). Les bois et forêts peuvent aussi être exonérés de l'impôt sur les successions lorsqu'ils sont transmis à des membres de la famille proche (Italie). Aux États-Unis, les terres privées protégées par une servitude de conservation qui limite leur utilisation au nom de raisons telles que la protection de la faune et de la flore et des forêts sont partiellement exonérées à concurrence d'un certain plafond.

Des dispositions prévoyant la restitution de l'avantage fiscal par les contribuables qui ne respectent pas les conditions peuvent être en place, mais la plupart des pays n'appliquent pas de pénalités. En Allemagne, en Belgique, en Corée, en Espagne, aux États-Unis, en Finlande, en Irlande, en Italie, au Japon, aux Pays-Bas, en Pologne et en Suisse, l'avantage fiscal est réduit ou annulé si certaines conditions ne sont pas remplies. En Italie et en Espagne, l'impôt est majoré d'intérêts. L'Italie et la Finlande sont les seuls pays qui infligent des pénalités en cas de non-respect des conditions auxquelles est subordonné le traitement préfentiel appliqué aux entreprises.

Tableau 3.7. Panorama non exhaustif du traitement préférentiel appliqué aux actifs professionnels et des conditions qui lui sont attachées

	Nature du traitement préférentiel		Conditions			
	Exonération ou abattement	Autre	Délai de détention minimum	Types d'actifs professionnels exclus	Participation de l'héritier au fonctionnement de l'entreprise	Autre
Belgique		Taux d'imposition plus faibles[1]	3 ans (héritier)	Investissement		Direction locale, maintien du capital, le taux varie selon le bénéficiaire
Finlande		Règles de valorisation préférentielles (40 % de la valeur fiscale) ; report du paiement de 10 ans sans intérêts	5 ans (héritier)	Biens forestiers, biens immobiliers	Direction	Détention d'une participation minimale (10 %)
France	75 %		4 ans (héritier)	Toutes les entreprises à l'exception de celles ayant une activité industrielle, commerciale, artisanale, agricole ou libérale	Direction	Conclusion d'un engagement collectif de conservation[2]
Allemagne	85 % ou 100 %[3]	Allègement fiscal au-delà de 26 millions EUR	5 à 7 ans (héritier)			Direction locale, maintien de la masse salariale[4], participation d'au moins 25 %
Hongrie	25 %, abattement plafonné à 2.5 millions HUF					Petites entreprises seulement
Irlande	90 %		2 ans (donateur)[5] 6 ans (héritier)[6]	Finance, immobilier, investissement		Détention d'une participation minimale de 25 %[7]
Italie	100 %		5 ans (héritier)			Certains héritiers[8]
Japon		Report de paiement	5 ans (héritier)[9]	Détention ou gestion d'actifs	Direction, perception d'un salaire, majorité des droits de vote[10]	Direction locale, maintien des effectifs ; PME seulement
Corée	100 %, plafonnée à 20 à 50 milliards KR W[11]	Valeur imposable plafonnée à 1.5 milliard KRW (agriculture)[12]	10 ans (donateur) 5 à 7 ans (héritier)[13]	Finance, assurance, immobilier (hors gestion de location immobilière)	Salarié	Conservation d'une participation de 80 %, maintien des effectifs et de la masse salariale ; réservé aux résidents fiscaux ; réservé aux PME

Luxembourg		Valorisation préférentielle		Activité non agricole		
Pays-Bas	Abattement (83 %) au-delà d'un abattement supplémentaire (1 million EUR)		1 an (donateur) 5 ans (héritier)	Investissement		
Pologne	100 %		2 à 5 ans (héritier)[14]	Toutes les entreprises sauf les entreprises sans personnalité morale et celles ayant une activité agricole		Entre 11 et 300 hectares pour les terres agricoles
Espagne	95 %		10 ans (héritier)		Direction, percevoir un salaire	Continuité de l'activité économique ; ne pas être imposable sur la fortune ; détenir au minimum 5 % du capital (participation individuelle) ou 20 % (famille)
Suisse		Valorisation préférentielle, réduction de la charge fiscale de 80 %	10 ans (héritier)	Agriculture	Direction, travailleur indépendant	Direction locale, détention d'une participation minimale (51 %)
Royaume-Uni	50 % ou 100 %	Paiement échelonné sur 10 ans sans intérêts	2 ans (donateur)	Investissement, immobilier, valeurs mobilières		Abattement pour les entreprises cotées en bourse (50 %) et exonération pour les sociétés à capital fermé et sociétés non cotées (100 %)
États-Unis		Valorisation préférentielle, plafonnée à 1.18 million USD	5 ans (donateur) 10 ans (héritier)			L'entreprise doit représenter une certaine fraction de la succession du donateur ; certains héritiers seulement

1. Une série de taux préférentiels s'applique au conjoint et aux descendants en ligne directe, et d'autres taux préférentiels, plus élevés, s'appliquent aux autres héritiers.
2. Un engagement collectif de conservation doit être conclu et doit porter sur au moins 10 % des actions pour une société cotée et 17 % pour une société non cotée. L'un des héritiers ou l'une des parties à l'engagement collectif de conservation doit assurer la direction de l'entreprise pendant au minimum trois ans.
3. Les contribuables ont le choix entre les deux avantages. L'héritier doit conserver l'entreprise pendant 5 ans pour l'abattement de 85 % et pendant 7 ans pour l'exonération totale (100 %). S'il choisit l'abattement de 85 %, dans le cas où l'assiette imposable résiduelle ne dépasse pas 150 000 EUR, elle est également exonérée d'impôt (abattement supplémentaire). Au-delà, cet abattement supplémentaire est amputé de la moitié du montant du dépassement. Autrement dit, dès lors que la base imposable atteint 450 000 EUR, l'abattement supplémentaire est nul.
4. La part de la masse salariale à conserver dépend de l'effectif salarié et varie selon que l'héritier choisit l'abattement de 85 % ou l'exonération totale.
5. Cette condition peut être partiellement remplie si l'entreprise appartenait au conjoint ou partenaire d'une union civile ou à un administrateur.
6. Si les actifs sont vendus avant expiration du délai de six ans mais remplacés dans un délai d'un an, l'avantage fiscal ne peut pas être annulé.
7. Cette condition ne s'applique qu'aux actions non cotées et le pourcentage peut être ramené à 10 % si l'héritier a travaillé à plein temps pour l'entreprise pendant les cinq années précédant la transmission.
8. Conjoint et enfants.
9. Après le délai de 5 ans, les héritiers doivent continuer de détenir les parts et de percevoir un revenu.
10. Les héritiers et les membres de la famille doivent détenir la majorité des droits de vote dans l'entreprise et l'héritier doit être celui des membres de la famille qui détient le plus grand nombre de droits de vote.
11. L'exonération dépend de la durée de la période pendant laquelle le donateur a dirigé l'entreprise : 20 milliards KRW si cette durée est comprise entre 10 et 20 ans, 30 milliards KRW si elle est comprise entre 20 et 30 ans 50 milliards KRW à partir de 30 ans.

12. Les entreprises agricoles peuvent bénéficier soit de l'exonération soit du plafonnement de la valeur imposable. Seule l'obligation de continuer de détenir l'entreprise (5 ans) s'applique aux entreprises agricoles.
13. Les héritiers doivent poursuivre l'activité pendant 5 ans dans le cas d'une activité agricole et pendant 7 ans dans le cas d'autres activités.
14. Les héritiers doivent poursuivre l'activité pendant 2 ans dans le cas d'une activité agricole et pendant 5 ans dans le cas d'autres activités.
Note : Les pays peuvent appliquer des règles différentes à différentes catégories de contribuables selon leurs caractéristiques. De ce fait, les règles préférentielles ne s'appliquent pas à tous les actifs professionnels ; de même, les conditions ne s'appliquent pas à tous les contribuables.
Source : Questionnaire de l'OCDE sur les impôts sur les successions et les donations (2020).

S'il peut être justifié d'alléger l'impôt sur la transmission des actifs professionnels, ces dispositifs n'en posent pas moins certains problèmes. Outre qu'il réduit les recettes, le régime préférentiel appliqué à la transmission d'entreprise peut être régressif du fait que la détention d'actifs professionnels est concentrée parmi les ménages les plus aisés. Des études récemment menées en Allemagne et au Royaume-Uni montrent que les règles préférentielles applicables aux actifs professionnels et agricoles profitent essentiellement aux plus aisés, allégeant sensiblement la charge fiscale effective qui pèse sur certaines des plus grosses successions (Office of Tax Simplification, 2018[7] ; Dao, 2019[9]). Il ressort du Graphique 3.18 qu'au Royaume-Uni, l'allègement au titre des biens professionnels peut entraîner une perte de recettes fiscales non négligeable et profite principalement aux successions les plus élevées. Par ailleurs, en l'absence de règles d'éligibilité adaptées, le régime préférentiel dont bénéficie la transmission d'actifs professionnels peut créer de nombreuses possibilités d'optimisation fiscale, les contribuables pouvant avoir recours à des structures commerciales pour bénéficier d'un traitement préférentiel. Enfin, l'intérêt macroéonomique de l'allègement de la fiscalité sur la transmission d'entreprises familiales reste à prouver. Les risques de liquidité ne concernent qu'un petit nombre d'entreprises et les données montrent que les héritiers qui héritent d'une entreprise réussissent généralement moins bien que leurs parents dans la gestion de l'entreprise (chapitre 2).

Graphique 3.18. Valeur du traitement fiscal préférentiel au Royaume-Uni

2019 ou dernière année disponible

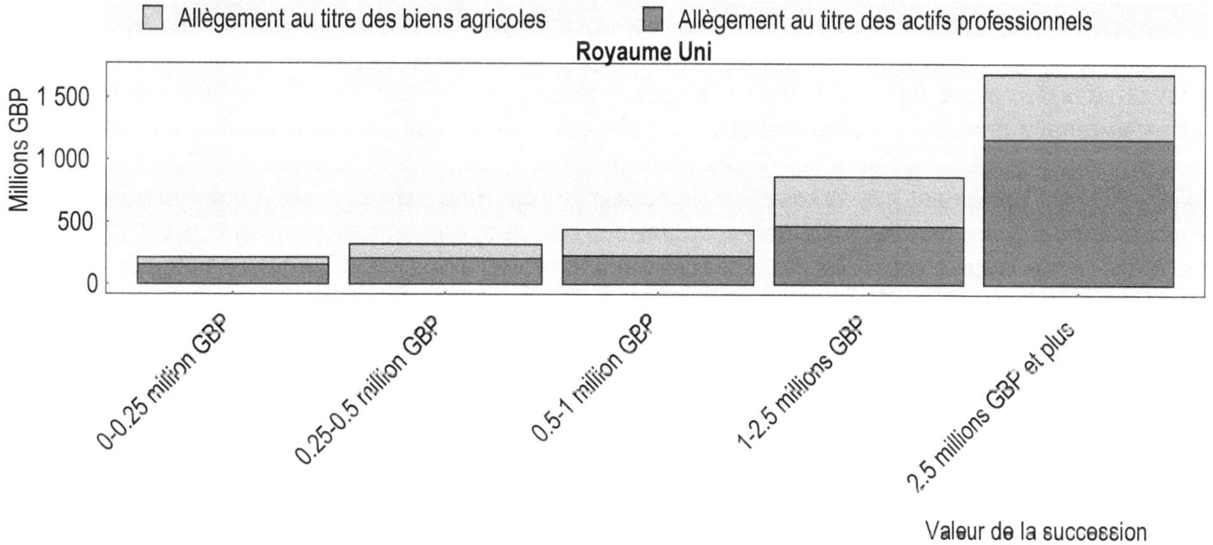

Source : Questionnaire de l'OCDE sur les impôts sur les successions et les donations (2020).

StatLink https://stat.link/a2sjey

En somme, les exonérations ou allégements au titre des actifs professionnels devraient être conçus avec soin et d'autres solutions pourraient être envisagées. Dans le cas où des exonérations ou allègements sont prévus pour les actifs professionnels, il faudrait au minimum que des conditions d'éligibilité strictes soient définies (ex. niveau minimum de participation, obligation de mener une activité économique réelle) et que l'avantage doive être restitué si elles ne sont pas remplies. Les pays pourraient également envisager de réserver les allégements aux entreprises inférieures à une certaine taille, de plafonner le montant de l'allégement disponible (ex. plafonnement de la valeur des actifs professionnels pouvant prétendre à l'allégement de l'impôt sur les successions) ou d'introduire certaines conditions de ressources (ex. sur la base de la rentabilité de l'entreprise). D'autres réformes pourraient aussi être envisagées dans certains cas. Par exemple, un impôt sur les successions à un taux relativement faible et pouvant être acquitté de manière échelonnée (ex. sur plus de 10 ans) réduirait de façon significative la nécessité d'une exonération ou d'un allégement fiscal significatif pour les actifs professionnels. S'agissant des biens agricoles, il faudrait également que les avantages fiscaux soient subordonnés à des critères stricts pour éviter que les terres agricoles ne se transforment en un investissement fiscalement attractif, qui pourrait se traduire par une augmentation du prix des terres pour les agriculteurs.

3.8.4. Dans certains pays, la transmission de l'épargne-retraite privée est également exonérée d'impôt

L'épargne-retraite privée, qui est en général un pilier facultatif des systèmes de retraite des pays de l'OCDE, peut faire l'objet d'un traitement fiscal préférentiel aux fins de l'impôt sur les successions. À la différence des régimes d'entreprise et des dispositifs de pension minimum universelle, qui ne fournissent en principe un revenu qu'au donateur ou à son conjoint, les plans d'épargne-retraite appartiennent au contribuable ou sont gérés pour son compte, de sorte qu'il peut léguer le solde de son compte individuel lorsqu'il décède. Dans plusieurs pays, les plans d'épargne-retraite privée ne sont pas soumis à l'impôt sur les successions.

L'épargne-retraite privée fait l'objet d'un traitement préférentiel aux fins de l'impôt sur les successions dans environ un tiers des pays. Dans neuf pays, l'épargne-retraite privée est totalement exonérée (Irlande, Italie, Pays-Bas, Pologne, Portugal, Royaume-Uni et Suisse) ou donne lieu à un abattement supplémentaire (Chili et Japon). En Espagne et au Danemark, elle est soumise à l'impôt sur le revenu des personnes physiques, mais elle est exonérée de l'impôt sur les successions. Aux Pays-Bas, l'épargne-retraite héritée n'est pas imposée mais elle est prise en compte dans le calcul de l'abattement en faveur du conjoint. En général, les règles préférentielles s'appliquent à tous les bénéficiaires, mais en Italie, elles ne s'appliquent que lorsque le bénéficiaire de l'épargne est celui désigné par le donateur. Au Royaume-Uni, l'épargne-retraite privée est soumise à l'impôt sur les successions si elle est versée à la succession du donateur, mais elle est exonérée dans le cas où il appartient au gestionnaire du fonds de déterminer à qui verser la pension ou les prestations de décès (le donateur peut indiquer son souhait, mais son choix n'est pas contraignant).

Accorder un traitement fiscal préférentiel à la constitution de l'épargne-retraite privée et à sa transmission peut se traduire par une imposition très faible du patrimoine retraite, mais ce traitement peut se justifier pour le conjoint. Étant donné que l'épargne-retraite privée est soumise à un taux d'imposition plus faible que celui appliqué à d'autres catégories d'actifs (OECD, 2018[10]), l'exonérer des impôts sur les successions pourrait permettre aux donateurs d'accumuler de la richesse et de la transmettre en supportant une charge fiscale minime. Les possibilités d'optimisation fiscale ainsi créées peuvent être importantes si tous les bénéficiaires peuvent bénéficier de ce régime favorable, mais le risque est sans doute plus faible lorsqu'il ne profite qu'au conjoint du donateur. Accorder un traitement préférentiel au conjoint peut empêcher que l'impôt sur les successions exerce une influence sur les décisions en matière d'épargne au cours de la vie, parce que les membres du couple peuvent préparer leur retraite ensemble et prendre des décisions relatives à la durée de leur vie active en prévoyant qu'ils passeront leur retraite ensemble. En revanche, il n'est probablement pas nécessaire d'accorder des exonérations à des bénéficiaires autres que le conjoint pour encourager l'épargne-retraite.

3.8.5. L'assurance-vie et l'assurance décès par accident sont parfois utilisées comme des produits d'épargne supplémentaires non soumis à l'impôt sur les successions

Quelques pays accordent un traitement préférentiel aux sommes versées par l'assurance-vie et l'assurance décès par accident. Lors du décès du titulaire d'un contrat d'assurance-vie ou décès par accident, la société d'assurance verse une somme d'argent aux bénéficiaires qu'il avait désignés. Certains contrats d'assurance-vie comprennent une composante placement, qui permet au titulaire d'augmenter l'épargne à laquelle il peut avoir accès lui-même ou qu'il peut transmettre à ses héritiers. Dans la majorité des pays, l'assurance-vie et l'assurance décès par accident font partie de l'assiette de l'impôt sur les successions. Toutefois, les sommes versées sont totalement exonérées au Chili, en Espagne ,en Grèce, en Hongrie, en Irlande, en Italie, en Pologne[17], au Portugal et au Royaume-Uni, et elles font l'objet d'un abattement supplémentaire au Japon. En France, les sommes versées d'assurance-vie sont soumises, non pas à l'impôt sur les successions, mais à un régime fiscal spécifique plus généreux, prévoyant des seuils d'exonération plus élevés et des taux marginaux d'imposition plus bas (selon l'âge auquel les primes ont été versées et la date d'ouverture du compte). En Espagne, l'abattement est plafonné. Dans certains pays, des conditions doivent être respectées : le bénéficiaire doit être un parent proche ou un descendant en ligne directe du donateur (Espagne et Italie), le bénéficiaire doit être désigné par le donateur dans le contrat d'assurance-vie (Grèce et Italie), l'assurance doit avoir vocation à payer l'impôt dû (Irlande ; une durée minimale de souscription s'applique) ou être détenue par l'intermédiaire d'un trust (Royaume-Uni ; une formule simple permettant de faire ce choix est proposée par les assureurs). Au Danemark et en Finlande, les sommes versées par l'assurance-vie au bénéficiaire sont imposées dans le cadre de l'IRPP, mais ne sont pas soumises à l'impôt sur les successions.

L'exonération des sommes versées par l'assurance-vie crée des possibilités d'optimisation fiscale. Le traitement préférentiel des contrats d'assurance-vie ou d'assurance décès par accident crée des possibilités de réduction de l'impôt sur les successions dû, en particulier lorsqu'elles servent « d'enveloppes » contenant les mêmes produits d'épargne que ceux que les particuliers peuvent détenir directement. Les donateurs peuvent alors léguer à des membres de leur famille des sommes exonérées d'impôt ou soumises à un impôt plus faible que celui qu'ils auraient normalement dû acquitter.

3.8.6. Les dons aux organismes caritatifs sont quasiment toujours exonérés de l'impôt sur les successions

Les pays de l'OCDE exonèrent généralement de l'impôt sur les successions les legs en faveur d'organismes œuvrant pour le bien commun. Dans la plupart des pays, les transmissions à des organisations agréées menant des actions caritatives éducatives, scientifiques ou religieuses, entre autres, sont exonérées de l'impôt sur les successions (Allemagne, Chili, Corée, Danemark, Espagne, États-Unis, Finlande, France, Hongrie, Irlande, Italie, Japon, Lituanie, Pays-Bas, Portugal, Slovénie, Suisse et Royaume-Uni). Les organisations qui mènent d'autres activités peuvent être imposées comme des sociétés ou comme d'autres bénéficiaires. Ainsi, en France, les associations qui ne remplissent pas les critères requis pour ouvrir droit à une exonération totale peuvent faire l'objet du même traitement que celui appliqué aux frères et sœurs du donateur ou (si elles ne satisfont à aucun des critères requis) être imposées à raison d'un taux forfaitaire de 60 %. Quelques pays ont choisi d'appliquer aux legs en faveur d'organismes caritatifs un taux plus bas que celui qui frappe les transmissions aux personnes physiques (Belgique), de sorte que les contribuables peuvent réduire leur charge fiscale sans toutefois l'éliminer totalement en effectuant des dons à ces organismes. Dans certains pays, les transmissions en faveur des administrations publiques sont elles aussi non imposables.

En Belgique et au Royaume-Uni, un régime fiscal spécial supplémentaire s'applique aux transmissions de patrimoine en faveur de bénéficiaires autres que des associations caritatives pour certains types de dons ou pour des dons d'un certain montant. En Belgique, le « legs en duo » permet au donateur de léguer son patrimoine à une organisation caritative (assujetti à un taux d'imposition faible), laquelle reverse une certaine somme à l'héritier du donateur, verse la totalité de l'impôt sur les successions dû, puis conserve le reliquat[18]. Ce dispositif est particulièrement intéressant si le donateur souhaite léguer son patrimoine à un héritier visé par un taux d'imposition élevé. Au Royaume-Uni, outre le fait que les legs aux organismes caritatifs sont exonérés de l'impôt sur les successions, le taux d'imposition sur la transmission du reste du patrimoine du donateur est ramené de 40 % à 36 % si l'intéressé fait don d'au moins 10 % de son patrimoine.

Les données empiriques laissent penser que les exonérations accordées au titre des legs aux œuvres caritatives se traduisent par une augmentation des dons, mais il faut veiller à limiter autant que possible les possibilités d'optimisation fiscale et les pertes de recettes. La transmission d'actifs à des organismes caritatifs réduit le patrimoine transmis aux héritiers et peut donc limiter la concentration des richesses. Les avantages fiscaux accordés à ce titre ont certes un coût pour les finances publiques, mais les actions menées par ces organismes dans les domaines éducatif, social et scientifique sont censées servir l'intérêt général. L'obligation pour ces organismes d'être agréés pour bénéficier de l'exonération d'impôt est un moyen de limiter les risques d'utilisation abusive de ce dispositif. Il peut cependant arriver que certaines structures ayant une composante caritative ou philanthropique soient principalement créées dans le but de réduire l'impôt à acquitter par les héritiers autres que les organismes caritatifs. En pareil cas, il faudrait subordonner le bénéfice de l'avantage à des règles plus strictes voire modifier les règles de valorisation (voir la section 3.10).

3.8.7. Dans certains pays, les biens qui ont une valeur historique ou culturelle bénéficient d'un traitement préférentiel à condition d'être accessibles au public

Dans un petit nombre de pays, un traitement fiscal préférentiel est réservé aux bâtiments ou objets tels que des manuscrits, des œuvres d'art ou des découvertes scientifiques qui font partie du patrimoine régional ou national. L'Espagne prévoit une exonération partielle, tandis que l'Allemagne, l'Irlande, la France, la Pologne, la Slovénie, la Suisse et le Royaume-Uni appliquent une exonération totale. Des conditions peuvent être prévues pour garantir que la société dans son ensemble profite de la préservation de ces bâtiments et objets et pour éviter que ces exonérations ne permettent aux familles de transmettre leur patrimoine en invoquant abusivement l'argument historique et culturel. Les exonérations ne sont accordées que si les objets ou bâtiments sont accessibles au public (France, Irlande, Slovénie et Royaume-Uni), s'ils sont utilisés à des fins culturelles (Slovénie), enregistrés et entretenus conformément à la réglementation (Pologne) ou détenus par l'État (Irlande). Le non-respect de ces conditions peut entraîner la restitution de l'avantage fiscal.

L'octroi d'un allègement fiscal conditionnel peut poursuivre des objectifs culturels et permettre de préserver le patrimoine historique, servant ainsi l'intérêt de la société. Exonérer les objets et bâtiments qui ont une valeur historique ou culturelle peut permettre aux ménages de protéger le patrimoine de leur pays ou région au fil des générations, mais pour que cet objectif soit atteint et pour limiter les possibilités d'optimisation fiscale, il est primordial d'exiger que ces biens et bâtiments soient accessibles au public et de s'assurer que cette condition est respectée.

3.9. Déclaration et paiement de l'impôt sur les successions

3.9.1. Les procédures de déclaration et de paiement de l'impôt diffèrent d'un pays à l'autre, mais beaucoup de pays permettent un paiement échelonné et un report de paiement à certaines conditions

En principe, les contribuables sont tenus de déposer des déclarations auprès de l'administration fiscale (Tableau 3.8). Parmi les documents à produire figurent par exemple un inventaire de l'actif successoral, une déclaration de succession, une déclaration d'acceptation ou de refus de l'héritage établie par les bénéficiaires ou une déclaration de transmission des actifs aux bénéficiaires. Les obligations documentaires peuvent différer selon que le pays est doté d'un régime de succession à titre universel, dans lequel l'actif successoral est intégralement transmis aux héritiers du donateur dès le décès de celui-ci, ou d'un régime testamentaire, dans lequel l'exécuteur testamentaire (désigné pour agir en qualité de représentant légal du donateur) doit demander l'homologation du testament pour que celui-ci soit valide et pour pouvoir régler la succession du défunt.

Tableau 3.8. Déclarations à soumettre par le contribuable lors d'une succession

Documents	Pays
Inventaire de l'actif successoral	Belgique, Chili, Corée, Danemark, Espagne, États-Unis, Finlande, France, Hongrie, Irlande, Italie, Japon, Luxembourg, Portugal, Suisse
Déclaration de succession	Belgique, Corée, Danemark, Espagne, États-Unis, Finlande, Grèce, Irlande, Italie, Japon, Luxembourg, Pays-Bas, Pologne, Portugal, Royaume-Uni
Déclaration d'acceptation ou de refus de l'héritage	Belgique, Corée, Danemark, Espagne, France[1], Grèce, Irlande, Italie, Lituanie, Pologne, Suisse
Déclaration de transmission d'actifs aux bénéficiaires	Danemark, Corée, Espagne, États-Unis, France, Italie, Suisse

1. La déclaration d'acceptation de la succession peut être implicite, c'est-à-dire exprimée par des actes qui révèlent l'intention d'accepter la succession.
Source : Questionnaire de l'OCDE sur les impôts sur les successions et les donations (2020).

Le délai dans lequel l'impôt sur les successions doit être acquitté est compris entre quelques mois et plusieurs années, mais certains pays exigent que les héritiers paient leur dû avant de recevoir l'héritage. Les bénéficiaires ou administrateurs de la succession sont tenus de payer l'impôt dû dans un certain délai après le décès du donateur (6 à 48 mois) ou rapidement après réception de l'avis indiquant le montant de l'impôt (dans les deux mois au maximum). Dans les pays dotés d'un régime de succession à titre universel, les héritiers sont collectivement tenus de payer les impôts et les dettes, tandis que dans un régime testamentaire, cette responsabilité incombe à l'exécuteur testamentaire. Certains pays ne permettent pas aux héritiers d'acquérir la propriété des actifs hérités tant qu'ils n'ont pas acquitté l'impôt sur les successions (ex. : Royaume-Uni). Cette règle peut limiter les défauts ou retards de paiement, mais elle peut aussi être source de difficultés non négligeables pour les contribuables qui ne disposent pas immédiatement des fonds nécessaires pour acquitter l'impôt. Dans la plupart des pays, un retard de paiement est puni par une pénalité, comprise entre 25 EUR seulement par mois de retard en Belgique et un maximum de 200 % de l'impôt dû au Portugal.

Environ la moitié des pays exigent que l'impôt soit payé en une seule fois, tandis que les autres prévoient une possibilité de paiement échelonné. Au Chili, au Danemark, en Hongrie, en Irlande, au Japon, en Lituanie, au Luxembourg, en Pologne et au Royaume-Uni, l'impôt doit être versé en une seule fois, sauf lorsque les actifs concernés ouvrent droit à un délai de paiement plus long ou à un échelonnement des paiements (section 0). Treize pays prévoient au contraire une possibilité de paiement échelonné (Allemagne, Belgique, Corée, Espagne, États-Unis, Finlande, France, Grèce, Italie, Pays-Bas, Portugal, Slovénie et Suisse). Certains pays n'imposent aucune condition (Corée, Espagne, Finlande,

Grèce, Pays-Bas et Slovénie), tandis que d'autres exigent que le contribuable n'ait pas d'autre dette fiscale ou plan d'apurement en cours (Belgique), qu'il accepte un examen de son budget (Belgique, si les autres critères ne sont pas remplis) ou qu'il signe un échéancier (Suisse). Deux pays ne permettent d'échelonner les paiements que si le contribuable hérite d'une entreprise familiale (Allemagne et États-Unis). La France exige que les contribuables fournissent une garantie et l'Italie subordonne l'étalement des paiements au règlement d'une fraction de l'impôt dû avant l'expiration du délai de paiement initial. En Italie, en Espagne, aux États-Unis et aux Pays-Bas, l'échelonnement des paiements entraîne l'application d'un intérêt.

La plupart des pays permettent un report de paiement sous certaines conditions. Il arrive que les contribuables puissent solliciter un report si certaines conditions sont remplies, par exemple s'ils peuvent prouver que le paiement de l'impôt entraînerait des difficultés financières ou s'ils ne peuvent pas l'acquitter en une seule fois (États-Unis, Irlande, Japon, Slovénie, Suisse et Royaume-Uni). Dans certains cas, un report est possible sur demande du contribuable et sous réserve de l'accord de l'administration fiscale (Belgique, Finlande, Corée et Pologne). Dans d'autres, l'octroi de délais de paiement dépend de la nature des actifs hérités, c'est-à-dire n'est possible que pour les biens immobiliers (Allemagne, Irlande, Pays-Bas et Royaume-Uni), les biens agricoles (Irlande) et les actifs professionnels (Allemagne, Danemark, France, Irlande, Pays-Bas et Royaume-Uni) et ne concerne que la part due au titre de ces actifs. Il peut être subordonné à une condition de non-cession des actifs (Pays-Bas, Royaume-Uni), à l'absence d'arriéré fiscal (Pays-Bas) ou à la production d'une garantie (France). L'administration fiscale peut imposer des critères supplémentaires aux contribuables qui sollicitent un délai de paiement, par exemple un examen du budget (Belgique) ou n'accorder un report que pour les dettes fiscales supérieures à un certain montant (Corée et Japon). En général, l'octroi de délais de paiement plus longs donne lieu à l'application d'un intérêt (Belgique, États-Unis, Finlande, Irlande, Japon, Pays-Bas, Pologne, Slovénie,Royaume-Uni).

3.9.2. Des formules de paiement souples et une administration plus proche des contribuables peuvent améliorer la discipline fiscale et l'efficience

Échelonner ou reporter le paiement lorsqu'il est établi que c'est nécessaire peut atténuer les difficultés financières. Les formules de paiement souples, par exemple le paiement échelonné ou l'octroi de délais de paiement, peuvent aider les contribuables à honorer leurs obligations tout en leur épargnant des difficultés financières et en évitant une vente forcée et peu rentable d'actifs. Il peut être envisagé d'offrir diverses formules, depuis l'octroi de petits délais de paiement ou l'établissement d'échéanciers sur demande – nécessitant une évaluation superficielle de l'administration fiscale – jusqu'à l'octroi de délais plus longs – pouvant exiger un examen des demandes par l'administration fiscale.

La numérisation, les déclarations réalisées par des tiers et l'échange d'informations entre administrations offrent de réelles perspectives d'amélioration de la discipline fiscale et de l'administration de l'impôt. L'échange d'informations entre administrations, la coopération avec les administrations fiscales d'autres pays en cas de succession transfrontalière et les déclarations effectuées par des tiers (ex. banques) pourraient permettre à l'administration fiscale de préremplir en partie les déclarations et d'avoir une idée plus complète des actifs d'un contribuable et des transmissions de patrimoine. La numérisation offre également la possibilité aux administrations fiscales de faciliter le respect des obligations fiscales et de garantir l'efficience des formalités déclaratives et leur simplicité pour les contribuables. Elle pourrait aussi être un moyen de renforcer les obligations déclaratives, en particulier pour les successions de faible valeur qui ne sont pas imposables et ne sont actuellement pas déclarées. Les pays pourraient par exemple introduire une obligation déclarative pour les transmissions à partir d'un seuil bas même si ces transmissions ne sont pas imposables, mais veiller à ce que les formalités déclaratives soient simples et puissent être accomplies en ligne. En plus de faciliter le contrôle du respect des obligations fiscales et la détection des contribuables à haut risque par l'administration fiscale, le recueil de données supplémentaires et de meilleure qualité sur les transmissions de patrimoine et leur imposition pourrait permettre aux pays de disposer de davantage de moyens pour mesurer les inégalités de patrimoine, pour évaluer les effets des impôts sur les successions et les donations sur la répartition du revenu et pour étudier des pistes de réforme.

L'administration fiscale pourrait offrir aux donateurs la possibilité d'effectuer une prédéclaration d'impôt sur les successions, ce qui permettrait d'accroître la culture de la discipline fiscale et de limiter les démarches administratives à accomplir par les membres de la famille. Les donateurs pourraient choisir d'effectuer une prédéclaration d'impôt sur les successions, à charge pour leur exécuteur testamentaire ou leurs héritiers de l'actualiser au moment du décès. Cette possibilité ferait du respect des obligations fiscales une dimension de la préparation de la succession. Permettre au donateur, qui connaît bien les éléments de sa succession, d'effectuer une prédéclaration allégerait aussi les formalités administratives à accomplir par la famille et la charge administrative dans son ensemble.

3.10. Méthodes de valorisation

3.10.1. La méthode de valorisation la plus couramment utilisée est la valorisation à la juste valeur marchande, qui peut cependant se révéler complexe pour certains types d'actifs

Tous pays confondus, la valorisation des actifs à leur juste valeur marchande est la méthode de valorisation la plus couramment utilisée (Tableau 3.9). Dans la plupart des pays, la méthode à utiliser pour valoriser les différents actifs est prescrite par les pouvoirs publics, même si les contribuables peuvent avoir le choix entre différentes méthodes pour certaines catégories d'actifs. La méthode de la juste valeur marchande consiste à calculer le prix qu'un acheteur consentant paierait à un vendeur consentant sur le marché libre[19], en supposant que ni l'acheteur ni le vendeur ne sont contraints d'acheter ou de vendre et que l'un et l'autre ont une connaissance suffisante des faits pertinents. Les actions cotées, généralement valorisées au prix du marché à la date de valorisation, constituent une exception notable. Les biens immeubles sont en général valorisés en fonction de la valeur fiscale retenue par l'administration fiscale pour le calcul d'autres impôts que l'impôt sur les successions (par exemple le calcul de la taxe foncière). Parmi les méthodes plus rarement employées figurent l'utilisation de la valeur établie par une administration publique à des fins non fiscales, parfois retenue pour valoriser les biens immeubles, et la méthode des résultats ou bénéfices capitalisés, parfois utilisée pour valoriser les entreprises familiales. Les biens dont la valeur est difficile à calculer, par exemple les œuvres d'art et les bijoux, et les biens de consommation de faible valeur, comme les meubles meublants et autres objets domestiques, sont généralement valorisés à leur juste valeur marchande ou sont considérés comme représentant une certaine proportion de la succession ou du bien résidentiel.

Tableau 3.9. Principale méthode de valorisation employée pour différentes catégories d'actifs

	Résidence principale	Autres biens résidentiels	Bâtiments ayant une valeur historique	Terres et biens immeubles utilisés à des fins agricoles ou forestières	Autres biens immeubles, dont biens commerciaux et terrains vagues	Dépôts bancaires en monnaie nationale	Dépôts bancaires en devises	Obligations publiques ou privées	Actions cotées	Actions non cotées, hors parts dans des entreprises familiales	Entreprises familiales, dont parts dans des entreprises familiales	Œuvres d'art	Bijoux	Véhicules	Meubles meublants et autres objets	Biens incorporels, dont survaleur et brevets
Belgique	JVM	JVM	JVM	JVM	JVM	JVM	JVM	JVM	JVM	JVM	VC	JVM	JVM	JVM	JVM	JVM
Chili	VF	VF	VF	VF	VF	JVM	JVM	PM	PM	JVM	VC	JVM	JVM	VF	PO	JVM
Danemark	JVM	JVM	NA	JVM	JVM	JVM	JVM	JVM	JVM	JVM	JVM	JVM	JVM	JVM	JVM	JVM
Finlande	JVM	JVM	JVM	JVM	JVM	JVM	JVM	JVM	JVM	JVM	JVM	JVM	JVM	JVM	JVM	JVM
France	JVM	JVM	JVM	JVM	JVM	JVM	JVM	PM	PM	JVM	JVM	JVM	JVM	JVM	JVM	JVM
Allemagne	JVM	JVM	VA	CEP	VNF	JVM	JVM	JVM	JVM	JVM	CEP	JVM	JVM	JVM	JVM	JVM
Grèce	VF	VF	VF	VF	VF	VA	VA	Aut.	Aut.	Aut.	Aut.	JVM	JVM	JVM	PO	JVM
Hongrie	Aut.	Aut.	Aut.	Aut.	Aut.	Aut.	Aut.	Aut.	Aut.	Aut.	Aut.	Aut.	Aut.	Aut.	Aut.	NA
Irlande	PM	PM	PM	PM	PM	VA	VA	PM	PM	PM	PM	PM	PM	PM	PM	PM
Italie	VF	VF	NA	JVM	VF	PM	PM	VAC	PM	VC	VC	PO	PO	VAC	PO	JVM
Japon	JVM	JVM	JVM	Aut.	Aut.	PM	PM	Aut.	PM	VC	VC	JVM	JVM	JVM	JVM	CEP
Corée	JVM	JVM	JVM	JVM	JVM	JVM	JVM	JVM	PM	JVM	JVM	JVM	JVM	JVM	JVM	JVM
Lituanie	JVM	JVM	JVM	JVM	JVM	Aut.	VNF	PM	PM	JVM	JVM	VF	VF	JVM	JVM	NA
Luxembourg	JVM	JVM	JVM	JVM	JVM	JVM	JVM	JVM	JVM	JVM	JVM	JVM	JVM	JVM	JVM	JVM
Pays-Bas	VF	VF	VF	JVM	JVM	JVM	JVM	JVM	JVM	JVM	JVM	JVM	JVM	JVM	JVM	JVM
Pologne	JVM	JVM	JVM	JVM	JVM	Aut.	Aut.	JVM	JVM	JVM	JVM	JVM	JVM	JVM	JVM	JVM
Portugal	VF	VF	VF	VF	VF	PM	PM	PM	PM	JVM	JVM	JVM	NA	JVM	NA	JVM
Slovénie	JVM	JVM	JVM	NA	JVM	JVM	JVM	JVM	JVM	JVM	JVM	JVM	JVM	JVM	JVM	JVM
Espagne	JVM	JVM	JVM	JVM	JVM	JVM	JVM	JVM	JVM	JVM	JVM	JVM	JVM	JVM	JVM	JVM
Suisse	Aut.	Aut.	Aut.	Aut.	CEP	PM	PM	PM	PM	VC	VC	VAS	VAC	VAC	NA	VC
Royaume-Uni	JVM	JVM	JVM	Aut.	JVM	JVM	JVM	JVM	PM	JVM	JVM	JVM	JVM	JVM	JVM	VF
États-Unis	JVM	JVM	JVM	JVM	JVM	JVM	JVM	JVM	JVM	JVM	JVM	JVM	JVM	JVM	JVM	JVM

Note : **VC :** valeur comptable calculée sur la base des actifs corporels et incorporels, des ventes annuelles, du capital, de l'emploi, etc. ; **CEP** : résultats ou bénéfices capitalisés, calculés sur la base des ventes, des perspectives de résultats, du revenu imputé, etc. ; **JVM** : juste valeur marchande ; **VAS** : valeur d'assurance ; **PM** : prix du marché à la date de valorisation ou moyenne des prix calculée sur une période définie antérieure à la date de valorisation ; **Aut.** : autre ; **PO** : un certain pourcentage de la valeur de la succession ou de la valeur du bien résidentiel – cas des meubles meublants et autres objets domestiques ; **VA** : valeur lors de l'acquisition ou de la dernière transaction marchande ; **VAC** : valeur d'actifs comparables ; **VNF** : valeur établie par une administration publique à des fins non fiscales (ex. : taux de change dans le cas de devises étrangères) ; **VF** : valeur établie par l'administration fiscale à d'autres fins que le calcul de l'impôt sur les successions (ex. : pour le calcul de taxes recurrentes sur les biens immobiliers, de l'impôt sur la fortune, etc.).
Source : Questionnaire de l'OCDE sur les impôts sur les successions et les donations (2020).

L'estimation de la juste valeur marchande peut être compliquée pour certains actifs, en particulier pour les actions non cotées et les entreprises à capital fermé. La juste valeur marchande peut être estimée selon différentes approches : sur la base du revenu (la valeur de l'entreprise correspond à la valeur actuelle du revenu net qui peut en être escompté), sur la base des actifs (la valeur de l'entreprise repose sur la juste valeur marchande du total de ses actifs déduction faite de ses dettes) et sur la base du marché ou méthode des comparables (la valeur est établie sur la base des ventes d'entreprises comparables). Il peut être plus simple d'utiliser une méthode basée sur le marché dans le cas de grandes entreprises non cotées, parce que les opérations portant sur les actions sont enregistrées de manière centralisée et parce qu'elles sont généralement valorisées sur les marchés secondaires (Saez et Zucman, 2019[11]). Pour les entreprises non cotées de plus petite taille, la valorisation peut être sensiblement plus difficile, en particulier dans le cas de startups dotées d'un gros potentiel de croissance mais ne dégageant pas encore un revenu élevé. La valorisation de certains actifs professionnels, notamment de droits de propriété intellectuelle, peut aussi être problématique (Daly et Loutzenhiser, 2020[12]). Autrement dit, même si la valorisation des actifs est en principe effectuée par des évaluateurs qualifiés, il peut subsister une certaine latitude. Une étude récemment réalisée aux États-Unis souligne que les écarts les plus grands entre la valeur des patrimoines déclarée aux fins de l'impôt sur les successions et la valeur estimée par Forbes sont observés lorsque les portefeuilles sont composés d'actifs dont la valeur est difficile à observer ou dont l'évaluation suppose une certaine subjectivité ou encore lorsque les individus ont des dettes relativement élevées (voir le chapitre 2 pour une présentation de Raub, Johnson et Newcomb, 2010[120]). Des problèmes peuvent également se poser quand des décotes de valorisation sont appliquées, par exemple pour défaut de majorité de contrôle (lorsque les héritiers héritent d'une participation minoritaire dans une entreprise) ou faiblesse du potentiel commercial *(low marketability)*.

Les œuvres d'art et les bijoux de valeur sont aussi souvent jugés difficiles à valoriser, même si l'on a peut-être tendance à exagérer le problème. Il a parfois été recommandé de valoriser les œuvres d'art et les bijoux sur la base de la valeur d'assurance parce qu'il est difficile d'établir la valeur marchande de biens rarement échangés. L'argument avancé est que les valeurs d'assurance peuvent être obtenues facilement et font l'objet d'une vérification indépendante par des tiers, en l'occurrence les sociétés d'assurance (Daly et Loutzenhiser, 2020[12]). Toutefois, la valeur d'assurance peut être sensiblement plus élevée que la valeur réelle, en particulier lorsque l'évaluation tient compte du coût du remplacement de l'objet initial. Comme il existe un marché des œuvres d'art et des bijoux de valeur relativement transparent et comme les informations sur les enchères sont largement diffusées, établir la valeur de marché pourrait être moins difficile qu'on ne le pense communément (Daly et Loutzenhiser, 2020[12]).

Les valeurs cadastrales étant généralement inférieures aux valeurs de marché, retenir la valeur fiscale pour valoriser les biens résidentiels peut aboutir à une importante sous-évaluation. La valeur fiscale peut être liée à différents impôts – taxes sur les transactions (droit de timbre), taxes récurrentes sur les biens immeubles ou impôt sur la fortune, par exemple. La base de calcul de ces impôts peut elle-même reposer sur les valeurs cadastrales, lesquelles ne sont que rarement actualisées dans beaucoup de pays de l'OCDE. La valeur fiscale pouvant sous-évaluer la valeur du bien, la retenir peut avoir pour résultat un traitement préférentiel implicite.

3.10.2. Une valorisation juste et cohérente des actifs est essentielle pour assurer l'équité et l'efficience des impôts sur les successions

Les actifs doivent, dans la mesure du possible, être valorisés à leur juste valeur marchande, et lorsqu'il est difficile d'employer cette méthode, il convient d'associer plusieurs approches. Comme exposé plus haut, pour un grand nombre d'actifs, la juste valeur marchande est simple à établir. En revanche, des problèmes particuliers se posent pour des biens tels que les actions non cotées et les entreprises à capital fermé. En pareil cas, la nature de l'entreprise est un facteur déterminant dans le choix de la méthode à privilégier. La méthode des comparables/du marché peut être adaptée pour de grandes entreprises non cotées pour lesquelles il existe des sociétés cotées comparables. La méthode de la valeur comptable ou l'évaluation sur la base des actifs peut être plus adaptée dans le cas de petites entreprises à capital fermé ou non cotées, même s'il faut probablement l'associer à une méthode basée sur le revenu ou sur le marché parce que retenir la valeur comptable peut conduire à sous-estimer la valeur de l'entreprise. La valorisation des actifs incorporels est également compliquée en raison de l'absence de transactions de pleine concurrence portant sur des actifs identiques ou sensiblement similaires. Lorsque l'actif incorporel génère un revenu ou lorsqu'il permet qu'un actif produise des flux de trésorerie, la meilleure approche peut consister à se baser sur le revenu. En tout état de cause, il ne saurait y avoir d'impôt sur les successions juste sans méthodes de valorisation transparentes et cohérentes.

D'autres mesures peuvent être prises pour régler les problèmes de valorisation. Permettre à l'administration fiscale de vérifier les valorisations de manière indépendante peut dissuader les contribuables de réduire artificiellement le montant de l'impôt dû en sous-évaluant leur actif. En outre, les sous-évaluations évidentes devraient donner lieu à des pénalités. Il convient également de vérifier avec soin les décotes accordées pour participation minoritaire ou faiblesse du potentiel commercial.

3.11. La conception de l'impôt sur les donations

3.11.1. Il existe de fortes disparités entre les pays en ce qui concerne la conception de l'impôt sur les donations et son articulation avec l'impôt sur les successions

La plupart des pays qui imposent les successions taxent également les donations. Vingt-trois des 24 pays de l'OCDE qui imposent les successions taxent également les donations du vivant. La Lettonie et la Lituanie imposent les donations dans le cadre de l'IRPP (la Lettonie n'impose que les donations tandis que la Lituanie prélève aussi un impôt sur les successions). Un pays (le Danemark) prélève un impôt spécifique sur les donations aux membres de la famille proche, mais impose les donations aux membres de la famille éloignée et aux personnes sans lien de parenté avec le donateur dans le cadre de l'IRPP.

Toutefois, le degré de proximité entre l'impôt sur les donations et l'impôt sur les successions varie d'un pays à l'autre (Tableau 3.10). Dans certains pays, l'impôt sur les donations et l'impôt sur les successions se ressemblent beaucoup, par exemple parce que les barèmes de taux et le traitement des actifs sont les mêmes, tandis que dans d'autres, ils sont distincts mais complémentaires. Le seuil d'exonération est un élément important de l'articulation entre impôt sur les donations et impôt sur les successions. Dans quelques pays, peu nombreux, le seuil d'exonération de l'impôt sur les successions est réduit de la valeur des donations reçues du vivant du donateur (ex. Chili, Italie et Suisse). D'autres fixent un seuil d'exonération de l'impôt sur les donations bas renouvelé chaque année (ex. Danemark, États-Unis, Lituanie et Slovénie) ou un seuil plus élevé renouvelé à intervalle de quelques années (ex. Allemagne et France). Autre dimension de l'articulation entre impôt sur les donations et impôt sur les successions : l'assiette d'imposition. Aux États-Unis par exemple, l'impôt sur les donations est calculé sur la base de la valeur de la donation après impôt, tandis que l'impôt sur les successions est calculé sur la base de la valeur de la succession avant impôt.[20]

Plusieurs pays requalifient en succession les donations effectuées peu avant le décès du donateur (Tableau 3.10). En Corée, en Finlande, en France et aux Pays-Bas, les dons reçus avant le décès du donateur sont intégrés à l'assiette de l'impôt sur les successions, et si un impôt sur les donations a déjà été acquitté, il est déduit de l'impôt sur les successions dû. En Belgique et au Luxembourg, les donations sont réintégrées aux fins de calcul de l'impôt sur les successions, sauf si un impôt a été versé au moment de la donation. À noter qu'en Belgique, le paiement de l'impôt sur les donations de biens meubles et de biens immeubles situés à l'étranger est optionnel : le donateur a la possibilité de payer un impôt sur les donations, plus faible, ou de prendre le risque de payer l'impôt sur les successions, plus élevé, en cas de décès dans les trois ans suivant la donation. En Irlande, les donations faites avant le décès du donateur sont analysées comme des successions, ce qui n'a cependant pas d'incidence sur la charge fiscale finale étant donné que les successions et les donations sont soumises à l'impôt sur l'ensemble des donations et successions transmises au cours de la vie. Au Royaume-Uni, toutes les donations faites plus de sept ans avant le décès du donateur sont exonérées d'impôt, mais celles faites moins de sept ans avant le décès sont intégrées à l'assiette de l'impôt sur les successions. Au-delà du seuil d'exonération, les donations sont taxées selon une échelle glissante, le taux appliqué aux donations plus anciennes étant plus faible que celui appliqué aux donations plus récentes. Aux États-Unis, les donations qui excèdent le seuil d'exonération annuel entraînent une réduction de l'abattement sur l'actif transmis pratiqué lors du décès.

Plusieurs pays consentent un avantage fiscal en cas de séparation de la nue-propriété et de l'usufruit, tandis que d'autres cherchent à décourager les contribuables de démembrer la propriété. Les contribuables peuvent démembrer la pleine propriété d'un actif en séparant la nue-propriété (propriété juridique du bien sans droit de l'utiliser ou d'en retirer un revenu) de l'usufruit (droit d'utiliser le bien ou d'en retirer un revenu). Cette stratégie peut par exemple être employée par des parents souhaitant donner leur résidence principale à leurs enfants tout en conservant le droit d'y vivre jusqu'à leur mort. Elle peut être très avantageuse fiscalement si l'impôt sur les donations n'est prélevé que sur la nue-propriété (c'est-à-dire la valeur de la pleine-propriété moins celle de l'usufruit) et si aucun impôt supplémentaire n'est prélevé au moment où le donateur décède et où les enfants acquièrent la pleine propriété (Allemagne, Espagne, États-Unis, Finlande, France, Grèce, Hongrie, Italie, Luxembourg et Slovénie). À l'inverse, pour éliminer cet avantage fiscal, la Belgique, le Danemark et la Suisse imposent la valeur de la pleine propriété lors de la donation de la nue-propriété. Quelques pays, peu nombreux, ont recours à une autre approche. L'Irlande prélève un impôt annuel sur l'usufruit à travers son *Capital Acquisitions Tax* et le Royaume-Uni cherche à décourager les donations avec réserve d'usufruit à travers des règles visant à lutter contre l'optimisation fiscale.

De rares pays appliquent des dispositions spéciales aux donations faites aux jeunes. Comme évoqué dans le chapitre 1, l'âge auquel les bénéficiaires reçoivent leur héritage augmente parallèlement à l'espérance de vie. Pour encourager les transmissions de patrimoine plus tôt dans la vie, certains pays pourraient envisager des allégements en faveur des donations aux jeunes, sous la forme de dégrèvements progressifs pour les transmissions à des bénéficiaires au dessous d'un certain âge. Ainsi, aux Pays-Bas, les parents ont la possibilité de faire une fois dans leur vie un don exonéré d'impôt d'environ 55 000 EUR à leurs enfants pour financer leurs études et d'environ 100 000 EUR à une personne de 18 à 40 ans pour financer l'achat d'un logement. En Italie, les transmissions de terres et d'exploitations agricoles à des agriculteurs de moins de 40 ans sont exonérées d'impôt si le bénéficiaire est un descendant ou un ascendant en ligne directe jusqu'au 3e degré.

Quelques pays taxent les donations en nature et prévoient des exonérations spéciales pour certains types de donations. Au lieu de transmettre directement leur patrimoine dans le cadre d'une donation qui peut être soumise à l'impôt, les contribuables peuvent prendre en charge des dépenses, par exemple financer des études privées, des dépenses de santé ou encore un mariage. Cinq pays imposent les donations en nature comme des donations directes (Espagne, Grèce, Lituanie, Slovénie et Suisse), tandis que six pays les taxent mais appliquent des exonérations et abattements spéciaux à certaines dépenses telles que les dépenses de santé, de formation, le coût d'un mariage ou les dépenses courantes (États-Unis Finlande, Irlande, Lettonie, Pays-Bas et Royaume-Uni). Cette exonération peut être subordonnée à certaines conditions : il faut par exemple que la valeur de la donation en nature soit raisonnable (Irlande et Pays-Bas) et que le bénéficiaire soit l'enfant du donateur ou un jeune ou encore une personne dans l'incapacité de pourvoir à ses propres besoins en raison d'un handicap (États-Unis, Irlande et Pays-Bas). En Finlande, les bénéficiaires ne doivent pas pouvoir utiliser les fonds à d'autres fins que le financement d'études et des dépenses courantes et en Lettonie, il est obligatoire de conserver des pièces justificatives de la nature des dépenses. Le Royaume-Uni n'impose pas les donations en nature, par exemple le paiement d'une assurance-vie pour le conjoint, à condition qu'il s'agisse de donations régulières financées par le revenu courant.

Tableau 3.10. Seuils d'exonération de l'impôt sur les donations et renouvellement de l'abattement

Pays	Seuil d'exonération de l'impôt sur les donations		Renouvellement de l'abattement	Requalification en successions des donations faites peu avant le décès
	Enfants	Bénéficiaires sans lien de parenté		
Belgique	Absence d'exonération[1]	Absence d'exonération[1]	NA	3 ans avant le décès
Chili	44 352 USD	Absence d'exonération	Au cours de la vie	Non
Danemark	10 257 USD	Impôt sur le revenu[2]	Annuel	Non
Finlande	5 711 USD	5 711 USD	3 ans	3 ans avant le décès
France	114 220 USD	1 821 USD	15 ans	1 an avant le décès
Allemagne	456 879 USD	22 844 USD	10 ans	Non
Grèce	171 329 USD	6 853 USD	Au cours de la vie	Non
Hongrie	Exonération	487 USD	Chaque transaction est distincte	Non
Irlande	382 636 USD	18 561 USD	Au cours de la vie	2 ans avant le décès
Italie	1 142 197 USD	Absence d'exonération	Au cours de la vie	Non
Japon	10 302 USD	10 302 USD	Annuel	3 ans avant le décès
Corée	42 363 USD	Absence d'exonération	10 ans	10 ans
Lettonie[3]	Exonération	Impôt sur le revenu	Annuel	Non
Lituanie[3]	Exonération	2 855 USD	Annuel	Non
Luxembourg	Absence d'exonération	Absence d'exonération	NA	1 an avant le décès
Pays-Bas	6 299 USD	2 522 USD	Annuel	180 jours avant le décès
Pologne	Exonération	1 257 USD	5 ans	Non
Portugal	Exonération	Absence d'exonération	Au cours de la vie	Non
Slovénie	Exonération	5 711 USD	Annuel	Non
Espagne	18 225 USD	Absence d'exonération	3 ans	Non
Suisse	Exonération		Au cours de la vie	Non
Royaume-Uni	Exonération[4]	Exonération[4]	NA	7 ans avant le décès
États-Unis	15 000 USD	15 000 USD	Annuel	Au cours de la vie (au-delà du seuil annuel)

1. Les contribuables peuvent choisir d'enregistrer la donation devant un notaire belge et de payer un impôt sur les donations pour lequel il n'y a pas d'abattement mais dont le taux est inférieur à celui de l'impôt sur les successions. L'enregistrement est obligatoire pour la donation de biens immeubles situés en Belgique et facultative pour la donation de biens meubles et de biens immeubles situés à l'étranger.
2. Les donations entre parents proches (conjoint, enfants, petits-enfants, parents, grands-parents, arrière-grands-parents) ne sont pas soumises à l'impôt. Les donations en faveur d'autres bénéficiaires sont soumises à l'impôt sur le revenu (frères et sœurs, neveux et nièces, oncles et tantes, cousins et parents plus éloignés, beaux-parents, beaux-enfants et personnes sans lien de parenté).
3. Les donations sont soumises à l'IRPP.
4. Si la donation est effectuée plus de sept ans avant le décès du donateur.
Note : Les seuils d'exonération sont exprimés en USD de 2020. Dans ce tableau, on suppose que les bénéficiaires sont adultes et ne présentent pas de handicap.
Source : Questionnaire de l'OCDE sur les impôts sur les successions et les donations (2020).

Encadré 3.3. Simulations à titre d'illustration : impact des seuils d'exonération sur le montant final de l'impôt dû

Les exemples stylisés présentés dans le Tableau 3.11 sont révélateurs de l'impact des caractéristiques de l'impôt, en particulier des seuils d'exonération de l'impôt sur les donations, sur le montant final de l'impôt dû. Dans chacun des quatre scénarios, un donateur transmet à deux bénéficiaires 375 000 EUR chacun, soit 750 000 EUR au total. Dans chaque scénario, le taux d'imposition est de 10 % et le seuil d'exonération de 12 500 EUR. En revanche, la périodicité des transferts et les modalités d'application du seuil d'exonération varient d'un scénario à l'autre. Dans les scénarios (1) et (2), le donateur donne à chaque bénéficiaire 25 000 EUR par an pendant 15 ans. Les deux héritiers bénéficient de l'abattement de 12 500 EUR chaque année dans le scénario (1) et tous les cinq ans dans le scénario (2). Dans les scénarios (3) et (4), le donateur lègue à son décès 375 000 EUR à chaque bénéficiaire. Dans le scénario (3), les héritiers sont taxés sur la part d'héritage reçue, si bien que chacun bénéficie de l'abattement de 12 500 EUR. Dans le scénario (4), c'est l'actif successoral total qui est taxé, ce qui signifie que l'abattement de 12 500 EUR ne s'applique qu'une fois.

C'est dans le scénario dans lequel les dons sont annuels et les abattements renouvelés annuellement que le montant de l'impôt dû est le plus faible. Ces exemples stylisés aboutissent à des charges fiscales différentes. C'est le scénario dans lequel l'abattement est renouvelable annuellement (scénario 1) qui aboutit à l'impôt le plus faible, puis le scénario dans lequel un renouvellement de l'abattement est également prévu (2) et celui dans lequel plusieurs héritiers bénéficient de l'abattement dans le cadre d'un impôt prélevé sur les parts reçues (3). C'est dans le scénario (1) que le taux effectif d'imposition est le plus faible (5 %) parce que la moitié du patrimoine transmis chaque année est exonérée chaque année également. C'est dans le scénario (4) qu'il est le plus élevé (9.8 %) parce que l'impôt est prélevé sur la totalité du patrimoine, si bien que l'abattement n'est pratiqué qu'une fois. Cet exemple stylisé est une illustration de l'effet important que le niveau et la fréquence de renouvellement des abattements sur les donations peuvent avoir sur le montant de l'impôt.

Tableau 3.11. Exemple stylisé de l'imposition des successions et des donations sous différentes hypothèses

	Impôt sur les donations avec abattement annuel (1)	Impôt sur les donations avec abattement renouvelé tous les cinq ans (2)	Impôt sur les successions prélevé auprès de chaque bénéficiaire (3)	Impôt sur les successions prélevé auprès du donateur sur l'actif successoral total (4)
Montant total de la transmission	750 000	750 000	750 000	750 000
Nombre de bénéficiaires, chaque bénéficiaire recevant la même part	2 bénéficiaires	2 bénéficiaires	2 bénéficiaires	2 bénéficiaires
Montant transmis	50 000 par an	50 000 par an	750 000 à la fin de la vie	750 000 à la fin de la vie
Nombre de donations ou de legs	15 donations (une par an pendant 15 ans)	15 donations (une par an pendant 15 ans)	1 legs (à la fin de la vie)	1 legs (à la fin de la vie)
Montant reçu par chaque bénéficiaire, par transmission	25 000 par an	25 000 par an	375 000 à la fin de la vie	375 000 à la fin de la vie
Montant reçu par chaque bénéficiaire, total	375 000	375 000	375 000	375 000
Seuil d'exonération	12 500 par an	12 500 tous les 5 ans	12 500 par bénéficiaire	12 500 par succession
Total de l'assiette imposable	187 500 par bénéficiaire	337 500 par bénéficiaire	362 500 par bénéficiaire	737 500 par succession
Taux d'imposition	10 %	10%	10%	10%
Total de l'impôt dû, par bénéficiaire	18 750	33 750	36 250	..
Total de l'impôt dû	37 500	67 500	72 400	73 750
Taux effectif d'imposition (total de l'impôt/total de la transmission)	5 %	9 %	9.7 %	9.8 %

Source : Calculs des auteurs.

3.11.2. L'impôt sur les donations doit être conçu avec soin, en particulier pour limiter les stratégies d'optimisation fiscale

Les seuils d'exonération renouvelables sont de nature à permettre aux contribuables de réduire sensiblement le montant de l'impôt dû. Lorsque les contribuables ont la possibilité de transmettre des actifs d'une valeur inférieure à un certain seuil en franchise d'impôt chaque année, ils peuvent diminuer le montant de l'impôt sur les successions et les donations en commençant à transmettre leur patrimoine tôt. Les familles fortunées, qui disposent d'un patrimoine essentiellement constitué d'actifs liquides et supérieur à ce dont elles ont besoin pour leur retraite, sont les mieux placées pour tirer parti de ces possibilités. En revanche, les ménages de la classe moyenne, dont le patrimoine est essentiellement constitué de leur résidence principale, et les ménages plus modestes, qui misent sur leur épargne pour vivre pendant leur retraite, peuvent être dans l'incapacité de transmettre leur patrimoine de leur vivant.

Une révision des exonérations et abattements en matière d'impôt sur les donations pourrait améliorer l'équité et l'efficience de la fiscalité sur les transmissions de patrimoine. Les abattements renouvelables sur les donations doivent faire l'objet d'une évaluation et d'un examen attentifs parce qu'ils peuvent conduire les contribuables à décider, pour des raisons fiscales, de transmettre leur patrimoine tôt et permettre que des transmissions de patrimoine échappent en grande partie à l'impôt. Pour lutter contre l'optimisation favorisée par les donations du vivant, il pourrait être envisagé d'appliquer un impôt sur les transmissions de patrimoine reçues à l'échelle d'une vie, en permettant au bénéficiaire de recevoir un certain montant de patrimoine en franchise d'impôt au cours de sa vie. Lorsqu'il n'est pas possible de mettre en place un tel mécanisme, les pays pourraient chercher à s'approcher le plus possible d'un montant de patrimoine exonéré raisonnable à l'échelle d'une vie. Plus les périodes entre les renouvellements des abattements sur les donations sont courtes, plus les montants exonérés doivent être réduits. Lorsque les seuils d'exonération sont plus généreux, on pourrait allonger l'intervalle entre les renouvellements afin de réduire l'optimisation fiscale et d'améliorer l'équité, encore que cette solution puisse augmenter les coûts administratifs pour les autorités fiscales et les coûts de conformité pour les contribuables. Il faudrait également supprimer les exonérations totales accordées aux donations effectuées un certain nombre d'années avant le décès du donateur.

D'autres dispositifs offrant des possibilités d'optimisation fiscale pourraient également faire l'objet d'un examen approfondi, par exemple la séparation entre nue-propriété et usufruit ou les donations en nature d'une valeur élevée. La donation en nue-propriété (le donateur conservant l'usufruit du bien) peut être un moyen pour les ménages situés au milieu de la distribution du patrimoine – dont le patrimoine est souvent immobilisé dans leur résidence principale (illiquide) – de faire des donations de leur vivant, ce qui est peut-être plus facile pour les familles aisées, dont le patrimoine financier (liquide) est en général plus élevé. Les pays pourraient émettre un avis d'imposition provisoire tenant compte de la valeur de l'usufruit calculée en fonction des tables de mortalité et l'actualiser au moment où le donateur décède et où le bénéficiaire reçoit la pleine propriété du bien. Ils pourraient également fixer, pour les donations en nature, un plafond au-delà duquel la donation serait considérée comme une transmission directe.

Les pays auraient intérêt à faire porter leurs efforts en matière de conformité et d'obligations déclaratives sur les donations du vivant, qui présentent des risques de non-conformité plus grands. Comparativement aux transmissions de patrimoine effectuées au moment du décès du donateur, qui sont généralement associées à des actes de succession ou notariés permettant de réduire les risques de non-conformité fiscale, les donations sont plus susceptibles de faire l'objet d'une sous-déclaration. Pour que l'administration fiscale ait une vision complète des donations, il faudrait que le seuil qui déclenche une obligation déclarative soit inférieur au seuil d'exonération. En cas de découverte ultérieure de donations non déclarées, l'administration fiscale pourrait utiliser une partie de la valeur actuelle appréciée, plutôt que la valeur de la donation au moment où elle a été effectuée, pour calculer la base imposable.

Accorder un traitement préférentiel aux donations en faveur de jeunes peut avoir des effets multiplicateurs positifs, mais risque aussi de creuser les inégalités intragénérationnelles. Les transmissions de patrimoine peuvent aider les jeunes à investir dans les études et la mobilité, ce qui est susceptible d'améliorer leur productivité et leur capacité de gain. Elles sont aussi de nature à stimuler l'épargne et d'autres investissements, par exemple en permettant au bénéficiaire d'acheter un logement ou de créer une entreprise. Elles peuvent donc avoir des effets multiplicateurs positifs, notamment sur la productivité et l'investissement. Les transmissions de patrimoine en faveur des jeunes sont aussi de nature à réduire les inégalités de patrimoine entre générations. Toutefois, comme elles sont inégalement réparties sur l'échelle du patrimoine, les jeunes bénéficiaires de donations pourraient être issus de familles aisées, si bien qu'accorder un traitement favorable aux donations à la jeune génération risque d'accentuer l'inégalité des chances et les inégalités intragénérationnelles. Les pays qui souhaitent appliquer un traitement fiscal avantageux aux donations faites aux jeunes doivent procéder à une évaluation rigoureuse pour s'assurer qu'il permet réellement des transmissions de patrimoine supplémentaires ; à défaut, il risque de créer un effet d'aubaine pour les ménages qui avaient déjà l'intention de transmettre leur patrimoine.

3.12. Traitement fiscal des plus-values latentes au moment du décès

3.12.1. La plupart des pays qui prélèvent un impôt sur les successions ne taxent pas les plus-values latentes au moment du décès

On peut distinguer trois approches concernant les transmissions d'actifs présentant des plus-values latentes. La première consiste à considérer qu'au moment où les actifs sont transmis sous la forme d'une donation ou d'un legs, il y a réalisation d'une plus-value. En cas d'application de cette approche, qui consiste à considérer que les plus-values sont réalisées au moment de la transmission, l'impôt sur les plus-values est prélevé sur les actifs non exonérés. La deuxième approche, le report d'imposition, consiste à transférer à la charge du bénéficiaire l'obligation fiscale au titre des plus-values latentes. En pareil cas, l'impôt sur les plus-values n'est prélevé qu'au moment où le bénéficiaire revend l'actif, mais il est prélevé sur la totalité de la valeur gagnée par l'actif depuis son acquisition par le donateur. Troisièmement, la valeur des actifs peut être majorée jusqu'à leur valeur de marché au moment de leur transmission par donation ou par legs. Dans ce système, dit de la majoration, la plus-value accumulée par le donateur n'est pas soumise à l'impôt sur les plus-values et l'héritier est réputé acquérir l'actif à sa valeur de marché. Lorsqu'il le revend, seule la plus-value accumulée depuis qu'il l'a reçu en héritage ou en donation est soumise à l'impôt sur les plus-values. Cette partie ne porte pas sur les exonérations ordinaires telles que celles prévues pour certaines catégories d'actifs, pour les plus-values faibles ou au titre de la durée de détention.

Le système de la majoration est l'approche la plus souvent adoptée par les pays qui imposent les successions et les donations (Tableau 3.12). La majoration est le système le plus communément adopté par les pays qui imposent les successions et donations, puisqu'elle est appliquée dans 12 pays. Viennent ensuite le report d'imposition, appliqué dans huit pays, puis le régime consistant à considérer que les plus-values sont réalisées au moment de la transmission, appliqué dans deux pays. Trois pays appliquent des règles différentes en fonction des actifs transmis. L'approche qui consiste à considérer que la transmission entraîne la réalisation des plus-values latentes est utilisée pour la plupart des actifs au Danemark (exception faite des œuvres d'art, des bijoux, des véhicules et objets domestiques, qui sont imposés selon le principe de la majoration, et des entreprises familiales, qui relèvent du régime du report d'imposition) et en Hongrie (exception faite des biens incorporels, qui relèvent du régime de la majoration). En Finlande, le régime de la majoration est appliqué à tous les actifs sauf aux biens professionnels, qui relèvent en partie du régime du report d'imposition.

La plupart des pays qui n'imposent pas les successions ont opté pour le régime du report d'imposition. Le report d'imposition, appliqué dans sept pays, est le mode de traitement des plus-values latentes le plus souvent employé par les pays qui n'imposent pas les successions. La Lettonie applique le système de la majoration, tandis que le Canada, qui assimile la transmission à la réalisation des plus-values, prélève l'impôt sur les plus-values au décès du donateur.

Le traitement fiscal des plus-values latentes diffère parfois selon que la transmission est une donation ou un legs. Dans un petit nombre de pays, le traitement des actifs présentant des plus-values latentes est plus avantageux lorsqu'ils sont légués que lorsqu'ils font l'objet d'une donation. Ainsi, le Royaume-Uni et les États-Unis appliquent le système de la majoration aux plus-values non réalisées au décès, alors qu'en cas de donation, le Royaume-Uni considère que les plus-values sont réalisées lors de la transmission et les États-Unis appliquent le report d'imposition.[21] Une mauvaise articulation des impôts sur les successions et les donations et de l'impôt sur les plus-values peut influer sur les comportements et aboutir à des incohérences.

Tableau 3.12. Traitement des plus-values latentes à la date du décès

	Pays appliquant le traitement à la plupart des actifs	
	Pays imposant les successions et donations	Pays n'imposant pas les successions et donations
Les plus-values latentes sont taxées à la date du décès	Danemark, Hongrie	Canada
La charge fiscale au titre des plus-values latentes est transférée aux héritiers avec report d'imposition	Allemagne, Danemark, Finlande, Irlande, Italie, Japon, Luxembourg, Suisse	Australie, Autriche, Estonie, Israël, Mexique, Norvège, Suède
Les plus-values latentes sont exonérées d'impôt au moment du décès et transmises après application d'une majoration par rapport à la valeur d'acquisition	Chili[1], Corée, Danemark, Espagne, États-Unis, Finlande, France, Hongrie, Lituanie, Portugal, Slovénie, Royaume-Uni	Lettonie[2]

1. Considéré comme un événement non imposable, non comme une exonération.
2. Impose les donations dans le cadre de l'IRPP et ne prélève pas d'impôt distinct sur les donations ou les successions.
Note : Certains pays apparaissent plusieurs fois dans le tableau parce que le traitement fiscal qu'ils appliquent diffère selon les actifs. Il manque des données concernant la Pologne et la République slovaque. Le tableau ne tient pas compte des exonérations ordinaires prévues pour certaines catégories d'actifs, pour les plus-values faibles ou au titre de la durée de détention. Il n'est pas prélevé d'impôt sur les plus-values en Belgique, en Grèce et aux Pays-Bas (pays prélevant un impôt sur les successions), ni en République tchèque et en Nouvelle-Zélande (pays ne prélevant pas d'impôt sur les successions). La Suisse ne prélève pas d'impôt sur les plus-values sur les actifs meubles appartenant au patrimoine privé, sauf lorsque les individus sont considérés comme des commerçants.
Source : Questionnaire de l'OCDE sur les impôts sur les successions et les donations (2020).

3.12.2. Permettre que les plus-values latentes à la date du décès échappent en totalité ou en partie à l'impôt nuit à l'équité et à l'efficience

Le système de la majoration crée d'importantes distorsions et des possibilités d'échapper à l'impôt, en particulier lorsque les successions ne sont pas imposées ou lorsque les seuils d'exonération sont très élevés (Tableau 3.13). Il donne aux contribuables le moyen de réduire leur charge fiscale totale en transmettant leur patrimoine sous la forme de plus-values latentes, plus-values qui échappent totalement à l'impôt lorsqu'il n'existe pas d'impôt sur les successions. Non seulement ce système produit des effets de verrouillage et de distorsion, mais il peut aussi avoir d'importantes répercussions en termes de distribution, car les plus-values latentes constituent une bonne partie du patrimoine des contribuables les plus riches. Il est également à l'origine de distorsions dans les pays qui prélèvent un impôt sur les successions parce qu'il dissuade de réaliser les plus-values. En effet, si un contribuable vend de son vivant un actif qui s'est apprécié, il peut avoir à payer un impôt sur les plus values. En supposant qu'à son décès, il transmette le produit net de la vente à ses héritiers, ceux-ci acquittent aussi un impôt sur les successions. Le système de la majoration crée donc une iniquité horizontale entre les contribuables qui réalisent la plus-value de leur vivant et ceux qui transmettent leur patrimoine sous la forme de plus-values latentes à la date de leur décès. Il serait judicieux de supprimer ce traitement des plus-values latentes au moment du décès, surtout dans les pays qui ne prélèvent pas d'impôt sur les successions. Les plus-values latentes peuvent aussi échapper en grande partie à toute forme d'imposition lorsque le seuil de l'impôt sur les successions est très élevé. Les pays qui se trouvent dans ce cas devraient réexaminer ce système de majoration ou abaisser le seuil d'exonération de l'impôt sur les successions.

La solution la plus équitable et la plus efficace pourrait être de remplacer la majoration par l'imposition des plus-values latentes au moment du décès, en particulier quand des facilités de paiement, par exemple un report du paiement, peuvent être accordées en cas de nécessité avérée. Le report d'imposition au titre des plus-values latentes, dans lequel les héritiers supportent l'impôt au moment où ils revendent les actifs, crée moins de distorsions que le régime de la majoration. Il garantit que les contribuables disposent des fonds nécessaires au moment où l'impôt sur les plus-values doit être acquitté. Toutefois, comme l'imposition des plus-values est reportée jusqu'à leur réalisation, les héritiers peuvent être tentés de la différer pour une période indéfinie et potentiellement longue. Les effets de verrouillage peuvent être importants lorsqu'il existe une charge fiscale élevée en raison d'un long report de la taxation des plus-values. Cette approche suppose en outre que les bénéficiaires retrouvent la valeur d'acquisition par le donateur, même si ce processus va probablement être simplifié par la numérisation. En revanche, taxer les plus-values à la date du décès du donateur garantit l'imposition des gains accumulés de son vivant, ce qui empêche les contribuables de reporter indéfiniment l'imposition des plus-values voire de conserver les actifs jusqu'à leur mort. Toutefois, les bénéficiaires peuvent se trouver confrontés à des problèmes de liquidité susceptibles de les contraindre à vendre les actifs pour acquitter l'impôt sur les plus-values. De plus, taxer à la fois les plus-values et les successions au décès risque d'aboutir à une charge fiscale élevée. En somme, la solution à certaines des difficultés posées par les modalités actuelles de taxation des plus-values latentes pourrait consister à taxer les plus-values et les successions au moment du décès à un taux raisonnable tout en offrant des possibilités de report de paiement quand le paiement de l'impôt risque d'entraîner des difficultés financières.

Il faudrait que les pays réservent un même traitement aux plus-values latentes, qu'elles résultent d'une donation ou d'une succession. L'application d'un traitement plus favorable aux plus-values latentes héritées qu'à celles issues d'une donation incite les contribuables à conserver les actifs jusqu'à leur décès. Aucune raison évidente ne justifie de faire une différence entre donations et successions et la différence de traitement engendre des possibilités d'échapper à l'impôt et une iniquité[22]. Ces distorsions pourraient en outre avoir des retombées économiques plus larges, les contribuables risquant de conserver des actifs non performants pour profiter de la majoration de la valeur d'acquisition de l'actif au moment du décès (dans un système de majoration).

Tableau 3.13. Définition et évaluation du traitement fiscal des plus-values latentes

	La transmission entraîne la réalisation des plus-values	Plus-values en report d'imposition	Régime de la majoration
Définition	Lors de la transmission, une plus-value est réalisée et les actifs non exonérés sont imposés	L'obligation fiscale est mise à la charge du bénéficiaire ; la valeur gagnée par l'actif depuis son acquisition par le donateur est imposée au moment de la cession de l'actif par le bénéficiaire	La valeur des actifs est majorée et portée au niveau de leur valeur de marché, si bien que la valeur gagnée par l'actif depuis son acquisition par le donateur est exonérée
Avantages	• Garantit que les plus-values sont imposées • Élimine l'intérêt qu'il peut y avoir à conserver les actifs jusqu'au décès ou à différer la réalisation des plus-values	• Garantit que les plus-values sont imposées • Le contribuable dispose des fonds nécessaires au moment où l'impôt est dû	• Empêche les problèmes de liquidité
Inconvénients	• Entraîne des problèmes de liquidité • La charge fiscale peut être élevée (impôt sur les plus-values + impôt sur les transmissions de patrimoine)	• Les héritiers peuvent différer indéfiniment la réalisation des plus-values • Contraintes comptables	• Possibilités d'optimisation • Effets de verrouillage • Effets négatifs sur la distribution des revenus

3.13. Optimisation et et fraude fiscales

L'optimisation et la fraude fiscales nuisent à l'équité et à l'efficience de l'impôt sur les successions. Les possibilités d'optimisation et de fraude fiscales risquent de réduire fortement la capacité de l'impôt sur les transferts de patrimoine à produire des recettes. Elles nuisent aussi à l'efficience parce qu'elles influent sur le comportement d'épargne des contribuables. Elles sont de surcroît de nature à alléger la charge fiscale au sommet de la distribution au risque de limiter la progressivité de l'impôt sur les successions, voire de le rendre régressif. Cette partie montre que les impôts sur les successions et les donations peuvent être conçus de manière à limiter les risques d'optimisation fiscale et qu'une application efficace des règles et la transparence fiscale sont des moyens de remédier à la fraude.

3.13.1. Des possibilités d'optimisation fiscale existent dans tous les pays de l'OCDE

L'optimisation fiscale permet aux contribuables de réduire le montant de l'impôt dû sur l'héritage reçu ou la succession transmise. Le terme « optimisation fiscale » peut être utilisé pour désigner une pratique consistant à organiser les affaires d'un contribuable de manière à réduire le montant de l'impôt[23]. Bien que le montage mis en place puisse être parfaitement légal, il peut être contraire à l'intention de la loi qu'il prétend respecter. Les pouvoirs publics peuvent également chercher à favoriser certains comportements chez les contribuables à travers des traitements fiscaux préférentiels. Cette section porte sur certaines des techniques couramment utilisées par les contribuables pour alléger leur impôt sur les successions. Elle repose sur les réponses au questionnaire de l'OCDE sur les impôts sur les successions et les donations et sur des études existantes.

Les possibilités d'optimisation fiscale doivent être étudiées de près et éliminées lorsqu'elles sont incompatibles avec les objectifs poursuivis par les législations fiscales. Les pouvoirs publics peuvent souhaiter conserver certains aspects de leurs impôts sur les successions et les donations, même lorsqu'ils risquent de favoriser l'optimisation fiscale, en particulier lorsque les allègements fiscaux concernés sont particulièrement justifiés. Toutefois, lorsqu'ils sont moins justifiés ou lorsque des mesures ont pour effet indirect de permettre d'échapper largement à l'impôt, ces mesures doivent être revues.

Legs à certains héritiers et transmission de certains actifs

Les contribuables peuvent répartir leur patrimoine entre plusieurs héritiers ou le léguer à des héritiers exonérés. Dans le cas où un legs d'un montant élevé transmis à un seul héritier est supérieur au seuil d'exonération, il arrive que le fractionnement en plusieurs legs plus modestes au profit de plusieurs héritiers permette de rester en-deçà du seuil d'exonération. De même, dans les pays qui appliquent des taux progressifs, un gros legs sera frappé par un taux plus élevé que plusieurs legs plus modestes. Une stratégie d'optimisation de ce type serait sans intérêt dans les pays qui prélèvent l'impôt sur le patrimoine total du donateur et n'appliquent qu'un seul seuil d'exonération. Les donateurs soucieux de réduire leur impôt ont aussi la possibilité de ne léguer leur patrimoine qu'à des héritiers exonérés ou bénéficiant du traitement fiscal le plus généreux, par exemple à leur conjoint ou à leurs enfants. Les conjoints et, dans certains cas, les membres d'une union civile étant les bénéficiaires qui jouissent du traitement fiscal le plus généreux dans la plupart des pays, les couples peuvent avoir intérêt à se marier ou à contracter une union civile.

Les contribuables peuvent chercher à réduire leur charge fiscale en constituant leur patrimoine de telle manière que les actifs bénéficiant d'un traitement fiscal préférentiel y occupent une place prépondérante. L'existence d'un traitement fiscal préférentiel peut encourager les contribuables à détenir des actifs jugés socialement et économiquement utiles, tels qu'une entreprise ou une résidence principale, mais peut aussi créer des possibilités d'optimisation fiscale pour les contribuables qui renoncent à d'autres actifs au profit de ceux qui bénéficient d'un traitement préférentiel. Ces possibilités d'optimisation peuvent avoir des conséquences économiques plus larges, par exemple si les décisions d'investissement sont trop influencées par des considérations fiscales ou si les contribuables conservent des actifs dont ils n'ont pas besoin dans le but de bénéficier du traitement fiscal préférentiel.

Expatriation dans un lieu où les successions ne sont que peu ou pas taxées

Les contribuables peuvent partir s'installer dans une région ou un pays où les successions ne sont que peu ou pas taxées. D'après les études empiriques, l'expatriation des ménages pour échapper à l'impôt sur les successions apparaît limitée. Les ménages très fortunés font cependant exception, des travaux récents ayant révélé que la résidence fiscale des milliardaires est sensible à l'impôt sur les successions et que cette sensibilité augmente avec l'âge (Moretti et Wilson, 2020[13]) (voir le chapitre 2 pour une analyse plus approfondie). Ces conclusions sont confortées par des exemples plus anecdotiques d'expatriations fiscales qui ont eu un certain retentissement et concernaient en particulier des dirigeants d'entreprises connus (Henrekson et Waldenström, 2016[1]). Le problème de l'expatriation fiscale se pose peut-être avec plus d'acuité dans des pays dont les citoyens disposent d'un droit de séjour dans les pays voisins, comme c'est le cas dans beaucoup de pays européens. Des dispositions en vertu desquelles les contribuables qui émigrent restent assujettis pendant plusieurs années à l'impôt sur les successions et les donations dans leur pays d'origine peuvent constituer une solution pour éviter ce type de pratique.

Détention d'actifs privés par l'intermédiaire d'une entreprise ou exploitation des règles de valorisation

Le traitement préférentiel appliqué aux actifs professionnels peut permettre aux contribuables de détenir des actifs privés par l'intermédiaire de leur entreprise, mais des règles anti-abus sont susceptibles de limiter ce type de pratique. Pour échapper aux impôts sur les successions et les donations, les contribuables peuvent aussi dissimuler leur patrimoine personnel en le détenant sous la forme d'actifs bénéficiant d'un traitement préférentiel, par exemple détenir des actifs professionnels ou des terres agricoles sans les exploiter. Il est possible de contrecarrer cette stratégie en adoptant des règles anti-abus, par exemple en réservant le traitement préférentiel aux actifs utilisés dans le cadre des activités d'une entreprise, même si la difficulté peut être plus grande pour certains actifs comme les véhicules.

Il peut exister un risque de sous-évaluation lorsque la valeur des actifs est difficile à déterminer. Ce risque concerne surtout les contribuables qui ont un patrimoine essentiellement composé d'actifs dont la valorisation est difficile à vérifier ou lorsque le choix de la méthode de valorisation à retenir comporte une part de subjectivité (ex. entreprises à capital fermé, droits de propriété intellectuelle).

Dans certains cas, les contribuables ont la possibilité de demander d'importantes décotes de valorisation sur les actifs transmis en créant certaines structures. Ainsi, aux États-Unis,un donateur peut créer une *Family Limited Partnership* (FLP), société en commandite simple dont les associés sont en principe des membres de la famille, et lui transférer des actifs. Le caractère fiscalement avantageux de ce système tient à la possibilité de demander des décotes de valorisation au titre d'un défaut de potentiel commercial ou de l'absence de majorité de contrôle parce que chaque bénéficiaire reçoit une participation minoritaire dans la société, ce qui n'empêche pas que collectivement, les membres de la famille détiennent l'intégralité du capital de la société (Schmalbeck, 2001[69], and US Senate Finance Committee, 2017). Pour lutter contre ce type de pratique, en 1990, le gouvernement fédéral a limité la possibilité d'utiliser ces décotes pour certaines transmissions entre membres d'une même famille. Toutefois, des réformes du droit des sociétés adoptées au niveau des États ont rendu largement inopérantes les dispositions contenant ces règles anti-abus (US Senate Finance Committee, 2017).

Donation de la nue-propriété et réserve d'usufruit jusqu'au décès

Dans certains pays, les contribuables ont la possibilité de réduire leur impôt sur les successions en démembrant la pleine propriété des actifs, c'est-à-dire en séparant la nue-propriété de l'usufruit. Les contribuables peuvent conserver l'usufruit d'un actif et continuer ainsi d'en percevoir le revenu ou de jouir des avantages qu'il procure tout en en transmettant la nue-propriété à leurs héritiers. Ils peuvent par exemple transmettre la propriété de leur résidence principale mais continuer à y vivre ou encore transmettre leur participation de contrôle dans une entreprise mais conserver le revenu produit par l'entreprise. Dans les pays qui imposent la transmission de la nue-propriété (dont la valeur s'obtient en retranchant la valeur de l'usufruit de celle de la pleine propriété) et qui ne prélèvent pas d'autre impôt au décès du donateur, c'est-à-dire lorsque l'usufruit cesse et que les bénéficiaires deviennent pleinement propriétaires, l'impôt sur les successions est prélevé sur une valeur plus faible que si la pleine propriété avait été transmise. Même dans les pays qui taxent la pleine-propriété des actifs y compris en cas de transmission de la nue-propriété avec réserve d'usufruit, cette stratégie peut être un moyen de réduire indirectement l'impôt parce qu'elle permet aux donateurs de transmettre leur patrimoine plus tôt et de tirer ainsi parti de ce que le bien a moins de valeur qu'il n'en aurait s'il était transmis à leur décès.

Articulation entre l'impôt sur les successions, l'impôt sur les donations et l'impôt sur les plus-values

Les contribuables peuvent échapper à l'impôt sur les successions en transmettant leur patrimoine de leur vivant. Dans les pays qui n'imposent les donations que lorsqu'elles interviennent peu avant le décès du donateur et dans ceux où les abattements sont renouvelables annuellement ou à intervalle de quelques années, les contribuables ont la possibilité d'échapper à l'impôt sur les successions en faisant des donations (régulières) de leur vivant. Comme exposé dans le chapitre 2, des études empiriques révèlent une certaine propension des contribuables à utiliser les donations à des fins d'optimisation. Revoir la conception de l'impôt sur les donations ou mettre en place un impôt sur les transmissions de patrimoine à l'échelle d'une vie permettrait de limiter l'optimisation fiscale en réduisant l'importance que revêt le moment où ont lieu les donations et legs (section 3.11).

Réserver un traitement fiscal différent aux plus-values latentes selon que la transmission est une donation ou un legs engendre des possibilités d'optimisation. À titre d'exemple, certains pays appliquent un report d'imposition aux plus-values latentes sur des actifs transmis en donation et le régime de la majoration aux plus-values latentes sur les actifs légués. En pareil cas, les contribuables peuvent être tentés de conserver les actifs jusqu'à leur décès pour bénéficier d'une « purge » des plus-values au lieu d'être soumis à l'impôt sur les plus-values au moment où le donateur transmet l'actif ou lorsque le bénéficiaire le vend.

Traitement préférentiel des dons aux organismes caritatifs

Les dons aux organismes caritatifs peuvent à la fois permettre aux contribuables de réduire leur charge fiscale et avoir des effets positifs pour la société. Comme évoqué plus haut, la plupart des pays exonèrent totalement les dons aux organismes caritatifs, en général lorsque ceux-ci ont été agréés pour recevoir des dons et legs défiscalisés. Il est établi que ces exonérations se traduisent par une hausse des dons aux organismes caritatifs (Bakija, Gale et Slemrod, 2003[14]), ce qui peut être positif pour la société. Toutefois, ce traitement fiscal préférentiel crée des possibilités d'optimisation (OECD, 2020[15]). Selon les réponses fournies par les pays, les stratégies les plus couramment utilisées sont la surévaluation de dons non monétaires, le don d'actifs dans lesquels le donateur conserve un intérêt et le financement de biens et services présenté comme un don.

Dans certains cas, les contribuables peuvent transmettre leur patrimoine en franchise totale ou partielle d'impôt en utilisant des structures qui leur permettent d'exploiter le traitement fiscal préférentiel réservé aux dons aux organismes caritatifs. Ces structures impliquent le plus souvent des transmissions partielles ou temporaires à des associations caritatives. Aux États-Unis par exemple, un donateur peut créer un *charitable lead trust*, c'est-à-dire transmettre des actifs à un trust, auquel il donne l'ordre d'effectuer pendant toute la durée du trust des paiements en faveur d'une organisation caritative selon un calendrier défini, tandis que les actifs restant dans le trust au terme de sa durée seront transmis à des bénéficiaires non caritatifs. L'avantage fiscal réside dans le fait que les actifs sont transmis à leurs bénéficiaires finaux à une valeur réduite (Schmalbeck, 2001[16]). Lors de la création du *charitable lead trust*, l'impôt sur les successions ou sur les donations est prélevé sur le montant restant dans le trust à la fin de sa durée, actualisé au moyen du taux de rendement minimum acceptable fixé par l'administration fiscale (Internal Revenu Service, IRS)[24]. La plupart des donateurs structurent leur trust de telle manière que la valeur estimée de la donation à déclarer (les actifs restant pour distribution aux bénéficiaires) soit nulle (ou proche de zéro). Il est également possible, pour atteindre un objectif similaire, de créer un *charitable remainder trust* : le bénéficiaire reçoit alors un revenu pendant un certain temps avant que les actifs soient transmis à une œuvre caritative.

Utilisation de trusts

Dans certains pays, il est possible d'utiliser des trusts pour réduire le montant de l'impôt sur les successions. En principe, un trust fait intervenir un « constituant », qui loge les actifs dans un trust, un « administrateur », chargé de gérer le trust, et un « bénéficiaire », qui est attributaire de ses produits. En règle générale, le recours à un trust a pour but de séparer le droit au revenu produit par le bien du droit à ce bien lui-même ou de permettre que le principal et le revenu soient distribués occasionnellement sur une base discrétionnaire. Bien que ces structures puissent être utilisées de manière parfaitement légitime dans le cadre d'une succession ou dans un autre objectif non fiscal, la séparation entre la propriété du bien et l'accès au revenu qui en découle fait qu'elles peuvent être employées pour échapper à l'impôt sur les transmissions de patrimoine. La possibilité d'utiliser les trusts pour réduire l'impôt sur les successions peut dépendre de la question de savoir s'ils sont traités comme des entités distinctes ou s'ils sont transparents à des fins fiscales (autrement dit si l'administration fiscale peut « voir à travers » le trust et attribuer les actifs à un contribuable). Les trusts posent des problèmes importants dans les pays de *common law*. Il peut également arriver que les contribuables les utilisent à des fins frauduleuses, en dissimulant la propriété d'actifs, notamment à travers des structures *offshore* opaques ; cette pratique est toutefois beaucoup plus difficile à mettre en œuvre que par le passé du fait des progrès récemment accomplis en matière de transparence fiscale internationale (voir la section sur la fraude fiscale).

Il existe divers types de trusts, qui ne font pas tous l'objet du même traitement fiscal. On distingue souvent les trusts selon qu'ils sont révocables ou irrévocables. Un trust révocable peut être modifié ou résilié à tout moment du vivant du constituant, tandis qu'un trust irrévocable est définitif, en ce sens que ses conditions ne peuvent pas être modifiées et qu'il ne peut pas être résilié sans l'autorisation des bénéficiaires. Les trusts révocables n'offrant qu'un intérêt fiscal limité, ce sont en général les trusts irrévocables qui sont utilisés pour échapper à l'impôt sur les successions. Au Royaume-Uni, une distinction peut aussi être faite entre trust discrétionnaire *(discretionary trust)* et trust avec réserve d'usufruit *(interest in possession trust)*. Dans le premier cas, l'administrateur a toute latitude pour décider du sort du revenu et parfois du principal, tandis que dans le second, les bénéficiaires ont le droit de recevoir le revenu du trust (l'administrateur peut cependant avoir tout pouvoir sur le principal). Au sein de ces catégories simples coexistent des dispositifs plus complexes. Il arrive par exemple que les pouvoirs de l'administrateur soient limités dans un trust discrétionnaire et soient en pratique relativement étendus dans le cas d'un trust avec réserve d'usufruit (Chamberlain, 2020[17]).

Au Royaume-Uni, les règles fiscales applicables aux trusts ont été durcies en 2006. Le Royaume-Uni a profondément modifié le traitement des trusts aux fins de l'impôt sur les successions. La plupart des transmissions placées dans un trust (discrétionnaire ou avec réserve d'usufruit) du vivant d'un constituant domicilié au Royaume-Uni sont désormais soumises à un droit d'entrée de 20 % au-delà du seuil de 325 000 GBP et à un droit supplémentaire de 20 %, prélevé si le constituant décède dans les sept ans suivant la constitution du trust (Chamberlain, 2020[17]). Ceci diffère du régime de la « transmission potentiellement exonérée » (*potentially exempt transfer*, PET), dans lequel les donations du vivant entre personnes physiques (sans constitution de trust) sont exonérées de l'impôt sur les successions si le donateur ne décède pas dans les sept années qui suivent. De surcroît, tous les dix ans à partir de la date de constitution du trust, un droit supplémentaire pouvant atteindre 6 % est prélevé sur la valeur nette des actifs logés dans le trust. S'y ajoute un droit de sortie pouvant atteindre 6 % (il est en pratique souvent nettement inférieur) sur les actifs qui sortent du trust. De nos jours, les trusts constitués par des personnes domiciliées au Royaume-Uni se limitent généralement à des trusts limités à l'abattement *(nil rate band trusts)*, qui transmettent 325 000 GBP tous les sept ans ou des biens ouvrant droit à l'abattement au titre des biens professionnels ou agricoles, ou des trusts testamentaires, qui relèvent d'un régime fiscal différent

(Chamberlain, 2020[17]). Il subsiste toutefois des avantages fiscaux considérables pour les personnes domiciliées en dehors du Royaume-Uni qui constituent un trust non-résident (Chamberlain, 2020[17]).

Aux États-Unis, la constitution de trusts pour échapper à l'impôt sur les successions reste une pratique courante. Parmi les techniques couramment utilisées pour échapper à l'impôt sur les successions aux États-Unis figure le *grantor retained annuity trust* (GRAT). Il s'agit d'un trust irrévocable qui permet au constituant de conserver le droit à une rente fixe régulière pendant la durée du trust. S'il vit au-delà de la durée du trust, les actifs restant dans le trust sont transmis aux bénéficiaires « restants ». Au moment où le constituant transfère son patrimoine au GRAT, le transfert est considéré comme une donation aux bénéficiaires soumise à l'impôt, mais la valeur de la donation est amputée d'une décote au titre de l'intérêt conservé par le constituant (paiement d'une rente). La décote est calculée au moyen des tables de valorisation de l'IRS, construites sur la base de l'hypothèse que le rendement dégagé par les actifs pendant la durée de vie du GRAT sera modeste – nettement inférieur au rendement du marché d'actions ou des investissements dans le secteur privé. Si les actifs logés dans le trust s'apprécient à raison d'un pourcentage supérieur au taux de rendement minimum acceptable, l'excédent de croissance de la valeur des actifs est transmis aux autres bénéficiaires en franchise d'impôt sur les successions ou les donations (The United States Senate Finance Committee, 2017). Les trusts de ce type sont très avantageux pour des constituants qui s'attendent à une forte appréciation de leurs actifs. Des trust spéciaux, les trusts d'assurance-vie irrévocables (*irrevocable life insurance trusts*, ILIT), peuvent aussi être utilisés pour échapper à l'impôt sur les successions sur les produits de l'assurance-vie. Le trust achète un contrat d'assurance-vie au nom du constituant ou celui-ci lui transfère un contrat d'assurance-vie. Le constituant effectue des versements réguliers au trust pour que celui-ci verse les primes dues au titre du contrat d'assurance-vie. Ces versements sont traités comme des donations aux bénéficiaires du trust, mais peuvent aussi ouvrir droit, à certaines conditions, à l'abattement annuel de 14 000 USD sur les donations. La valeur du contrat d'assurance-vie augmente sans que ce rendement soit imposable et au décès du constituant, le rendement de l'assurance-vie est distribué au trust et finalement aux bénéficiaires en franchise d'impôt sur les donations ou les successions (The United States Senate Finance Committee, 2017)[25].

Dans l'ensemble, il faudrait procéder à une analyse approfondie des possibilités d'optimisation fiscale offertes par les trusts et structures similaires et éventuellement modifier le traitement fiscal qui leur est réservé. Que les trusts soient traités en tant qu'entités distinctes à des fins fiscales ou en tant qu'entités transparentes (les actifs logés dans le trust sont alors inclus dans la succession imposable du constituant du trust ou des bénéficiaires au motif que les trusts sont des structures « transparentes »), les règles fiscales ne doivent pas permettre que l'utilisation des trusts réduise de façon significative la charge fiscale sur les transmissions de patrimoine. Le traitement fiscal d'autres structures, telles que les fondations, devrait aussi être examiné de près.

3.13.2. Les stratégies de fraude fiscale couramment utilisées vont du simple don en liquide à la création de structures transfrontalières complexes

Les contribuables peuvent aussi réduire leur impôt sur les successions de manière illégale en se livrant à la fraude fiscale. Le terme « fraude fiscale » désigne des mécanismes que les contribuables utilisent pour payer moins d'impôts qu'ils le devraient selon la loi en dissimulant à l'administration fiscale une partie de leur revenu, de leur patrimoine ou d'autres informations[26]. Les paragraphes suivants décrivent, à partir de diverses sources dont les réponses au questionnaire de l'OCDE sur les impôts sur les successions et les donations, certaines des techniques de fraude utilisées en matière d'impôt sur les successions.

Non-déclaration de transmissions de patrimoine ou communication d'inventaires incomplets

Une technique de fraude simple consiste à transmettre de l'argent en liquide sans le déclarer. Il est difficile pour l'administration fiscale de retracer l'origine des transferts en liquide, en particulier lorsque les bénéficiaires ne déposent pas les sommes reçues sur un compte bancaire. Ces transferts peuvent avoir lieu à tout moment, en prévision du décès du donateur et au cours des mois ou années précédant son décès. Garder de grosses sommes d'argent en liquide comportant un risque de vol, cette technique est vraisemblablement généralement utilisée pour des montants peu élevés et pourrait être plus intéressante pour faire des dons réguliers au-delà du seuil d'exonération annuel que pour des legs (d'un montant plus élevé).

Une autre technique possible consiste à exclure certains actifs de l'inventaire ou à ne pas déclarer les transmissions de patrimoine. Il peut arriver que les héritiers reçoivent des actifs du donateur après son décès sans le notifier à l'administration fiscale. Il est sans doute plus facile de ne pas déclarer un actif ou sa transmission dans le cas d'actifs dont il est difficile de retracer l'origine, comme les bijoux de valeur faible ou moyenne, que dans le cas de biens dont la propriété est attestée par un organisme public, comme un logement. Les contribuables peuvent aussi valoriser les actifs en retenant une valeur totale inférieure au seuil qui déclenche l'obligation de déclaration ou de paiement de l'impôt sur les successions. Pour éviter la lourdeur administrative que constitue une obligation de déclarer toutes les transmissions tout en empêchant la fraude liée aux objets de faible valeur, certains pays établissent la valeur des objets domestiques en retenant un certain pourcentage des actifs immobiliers de la succession.

Utilisation abusive des déductions

Les contribuables peuvent abuser des déductions au titre des charges et des dettes, soit en augmentant leur valeur soit en déduisant des charges et des dettes non déductibles. Les dettes sont déductibles dans la plupart des pays qui imposent les successions, mais cette déductibilité est soumise à conditions dans plusieurs pays. Ces conditions ont pour but de prévenir les abus, par exemple d'empêcher la déduction de dettes contractées pour l'achat d'actifs exonérés d'impôt ou pour les héritiers ou la famille proche. Il peut arriver que des contribuables déduisent des dépenses frauduleusement ou majorent le montant des dépenses déductibles pour alléger leur impôt sur les successions. Face à ces pratiques, l'administration fiscale pourrait rendre obligatoire la conservation des pièces justificatives des dépenses et plafonner la part déductible de certaines dépenses, comme les frais d'obsèques.

Détention de patrimoine à l'étranger

Certains contribuables tentent de dissimuler des actifs à l'étranger. Les actifs non déclarés conservés dans des juridictions où la fiscalité est faible ont toujours constitué un problème pour l'administration fiscale, en particulier lorsque ces juridictions appliquaient le secret bancaire. Même si un contribuable peut fort bien détenir des actifs dans ces juridictions pour des raisons non fiscales, cette pratique limite la capacité des pays à disposer d'informations sur le patrimoine des contribuables et ouvre la porte à la fraude.

L'échange de renseignements favorise la transparence fiscale et facilite la lutte contre la fraude. La Norme d'échange de renseignements sur demande (EIOR) permet aux autorités fiscales d'un pays de demander des renseignements relatifs à un contribuable à celles d'un autre pays. L'éventail des renseignements qui peuvent être demandés est large : il peut s'agir de documents comptables, de relevés de compte bancaire et de renseignements sur la détention d'actifs corporels et financiers. La Norme d'échange automatique de renseignements (AEOI) permet aux juridictions participantes d'échanger des informations de manière automatique et régulière. La Norme commune de déclaration (NDC), qui est la norme internationale relative à l'échange annuel d'informations sur les comptes financiers détenus par des contribuables non résidents, définit la nature et la forme des informations à échanger. Ces informations englobent des données sur le titulaire du compte (ex. nom et prénom, adresse, date de naissance) et sur le compte financier (ex. numéro de compte et solde du compte). La NDC est conçue pour permettre de recueillir des informations sur des actifs et des comptes financiers couramment détenus et pour que les autorités fiscales puissent recouper ces renseignements avec des données d'autres sources et, si nécessaire, procéder à des investigations complémentaires, par exemple effectuer une demande en vertu de la norme EOIR, qui permet d'échanger des informations plus larges sur un contribuable préalablement identifié. Le réseau d'échange de renseignements à des fins fiscales s'est considérablement étendu et s'appuie de plus en plus sur des stratégies multilatérales (O'Reilly, Parra Ramirez et Stemmer, 2019[18]), en particulier depuis qu'en 2014, les pays ont été invités à s'engager à respecter la norme AEOI pour échanger des informations à l'horizon 2017 ou 2018. En 2019, 97 juridictions procédaient à des échanges automatiques d'informations financières, couvrant 84 millions de comptes et 10 000 milliards EUR d'actifs (OECD, 2020[19]). L'échange de renseignements sur demande est également très utilisé à l'échelle mondiale, environ 30 000 demandes ayant été reçues en 2019[27].

Il n'est toutefois pas exclu que les contribuables cherchent à contourner la Norme de déclaration commune. Certains actifs, par exemple les actifs immobiliers et les œuvres d'art, n'entrent pas dans le champ de la NDC. Bien qu'ils puissent être détenus pour des raisons parfaitement légitimes, ils offrent une possibilité de contournement de la NDC (voir (De Simone, Lester et Markle, 2020[20]) concernant l'impact de la *Foreign Account Tax Compliance Act* ou loi FATCA). Les informations sur les comptes financiers étant le plus souvent communiquées par des tiers, par exemple des banques, les contribuables peuvent créer une entité, par exemple un trust familial, et la charger de communiquer des informations sur ses propres actifs, obligation dont elle ne s'acquittera pas. Ils peuvent aussi créer des entités détentrices de leurs actifs financiers et fractionner en plusieurs parts la propriété de ces entités de telle manière que les actifs soient inférieurs au seuil à partir duquel les autorités déclarantes doivent « regarder à travers » l'entité pour en trouver le propriétaire. Un contribuable soumis à l'obligation de déclaration par des tiers peut choisir de détenir des actifs dans des juridictions qui n'appliquent pas la norme. Enfin, les systèmes RBI/CBI, qui permettent d'obtenir un titre de séjour ou la nationalité en contrepartie d'un investissement local ou d'une commission, peuvent aussi être utilisés de manière frauduleuse pour contourner la NDC.

Il est nécessaire de progresser continûment en matière de transparence fiscale internationale et d'empêcher les contribuables de contourner la NDC. Face aux risques que représentent les systèmes RBI/CBI, l'OCDE a évalué et identifié des montages de nature à menacer sérieusement l'intégrité de la NDC. Les établissements financiers sont invités à tenir compte des conclusions de cette analyse lorsqu'ils s'acquittent de l'obligation de diligence raisonnable prévue par la NDC. Le Forum mondial de l'OCDE vérifie également si les juridictions continuent à participer de façon effective à l'échange de renseignements sur demande et évalue l'efficacité de la mise en œuvre de l'échange automatique de renseignements à travers des examens mutuels pour garantir que toutes les juridictions consacrent des ressources suffisantes à l'application de la norme, y compris en veillant au respect des obligations par les établissements financiers. S'il est de plus en plus difficile de contourner l'échange de renseignements du fait que le réseau de conventions s'est densifié et que la culture de la transparence fiscale s'est renforcée, il reste indispensable de s'assurer que les personnes, les actifs et les établissements qui ne sont pas couverts par les normes d'échange de renseignements en vigueur ne constituent pas des vecteurs de fraude fiscale.

Comme dans le cas de l'optimisation fiscale, les techniques de fraude sophistiquées sont plus accessibles aux contribuables fortunés. Il est sans doute relativement facile pour les ménages disposant d'un patrimoine modeste de recourir à des techniques de fraude simples – transferts non déclarés d'argent liquide et de biens domestiques de valeur faible ou moyenne par exemple –, mais des techniques telles que la dissimulation d'actifs à l'étranger requièrent de l'anticipation et des conseils spécialisés et supposent d'engager des dépenses.

3.14. Économie politique des réformes de la fiscalité des successions

3.14.1. *L'impôt sur les successions est souvent impopulaire et méconnu*

Dans beaucoup de pays, l'impôt sur les successions est l'impôt le plus impopulaire (ou l'un des impôts les plus impopulaires). Au Royaume-Uni, un sondage réalisé en 2015 par YouGov a montré qu'il n'était jugé « juste » que par 22 % des répondants, ce qui en faisait le plus impopulaire des 11 principaux impôts[28]. En France, le rejet de l'impôt est particulièrement marqué pour la transmission du patrimoine, à égalité avec la fiscalité sur le revenu du travail, et 87 % de la population française s'est dite favorable à une réduction de l'impôt sur les successions, vue comme un moyen de permettre aux parents de transmettre à leurs enfants la plus grande partie possible de leur patrimoine. Ce pourcentage est en hausse de 8 points de pourcentage par rapport à 2011 (Grégoire-Marchand, 2018[21]). En Suède, où l'impôt sur les successions a fini par être supprimé, une enquête sur les attitudes à l'égard de la fiscalité réalisée en 2004 a montré que près des deux tiers des répondants, dont la majorité avait une sensibilité de gauche, souhaitaient soit une réduction soit une suppression des impôts sur les successions et les donations (enquête citée dans Henrekson and Waldenström (2016[1])). Cette impopularité a été constatée dans beaucoup d'autres pays de l'OCDE.

Les données révèlent également une méconnaissance de l'impôt sur les successions. Kuziemko *et al.* (2015[22]) ont constaté qu'aux États-Unis, fournir des informations sur l'incidence de l'impôt sur les successions rendait cet impôt nettement plus populaire. Ce constat reflète dans une large mesure un défaut d'information : ainsi, beaucoup de répondants pensaient que la majorité des familles payaient l'impôt sur les successions alors que le pourcentage réel était de 0.1 %. De même, une récente étude a montré qu'en France, où les impôts sur les successions et les donations sont prélevés sur des transmissions de patrimoine d'une valeur beaucoup plus faible, la fiscalité des successions et donations est souvent mal connue, les répondants surestimant beaucoup la charge fiscale (Grégoire-Marchand, 2018[21]). À titre d'exemple, ils pensaient en moyenne que le taux d'imposition moyen des transmissions entre conjoints était de 22 %, alors que ces transmissions sont en réalité exonérées. Ils étaient également invités à estimer le taux effectif d'imposition moyen frappant les transmissions de patrimoine. Depuis les années 80, ce taux est resté relativement stable : compris entre 4 % et 7 % pour la totalité des actifs transmis, il a varié entre 2 % et 3.5 % pour les actifs transmis en ligne directe. Or, la majorité des répondants pensaient qu'il était supérieur à 10 % et plus de 36 % qu'il dépassait 20 %. De même, dans une enquête sur la politique fiscale, Stantcheva (2020[23]) a constaté une ignorance du caractère progressif de l'impôt parmi les Français : 42 % des personnes interrogées ont indiqué être tout à fait convaincues que le taux d'imposition des successions était forfaitaire. Les personnes qui répondaient à juste titre qu'il existait plusieurs taux étaient invitées à fournir une estimation du taux marginal inférieur appliqué aux transmissions en ligne directe. L'estimation moyenne s'est établie à 20 %, soit 15 points de plus que le taux réel, qui est de 5 %.

La suite de cette section porte sur ce que les pouvoirs publics pourraient faire pour rendre une réforme de l'impôt sur les successions plus acceptable, notamment au niveau de la conception de l'impôt. De fait, le rejet des impôts sur les successions et donations par la population est en partie dû à la manière dont ces impôts sont conçus et fonctionnent. Ainsi, dans certains pays, le fait que beaucoup de ménages aisés puissent y échapper suscite un profond sentiment d'injustice. Un impôt mieux conçu, dans lequel le traitement préférentiel de certains actifs et les autres possibilités d'optimisation seraient limités, contribuerait à rendre moins impopulaire la fiscalité des successions. En plus de limiter les possibilités d'optimisation et d'augmenter la progressivité, l'élargissement de l'assiette d'imposition permettrait potentiellement d'abaisser les taux légaux d'imposition et de rendre ainsi cette fiscalité plus acceptable. Des données montrent que dans certains pays, des seuils d'exonération plus hauts pourraient également améliorer l'acceptabilité de l'impôt sur les transmissions de patrimoine (Bastani et Waldenström, 2021[5]). Autre préoccupation fréquemment rencontrée dans la population : le fait que certains contribuables disposant d'un patrimoine élevé mais d'un revenu faible risquent d'être obligés de vendre leur patrimoine pour acquitter l'impôt. Pour répondre à cette préoccupation, il faudrait améliorer la conception de l'impôt, notamment permettre des paiements échelonnés et des reports de paiement si certaines conditions sont réunies. Une fois ces mesures en place, il faudrait faire connaître leur existence au moyen d'une communication claire.

3.14.2. L'information et le cadrage jouent un rôle important dans l'acceptabilité des réformes de l'impôt sur les successions

Les données montrent également l'importance du discours et du cadrage des réformes. Le projet d'abrogation de l'impôt sur les successions aux États-Unis[29] et son soutien par une grande partie de la population fournissent une illustration intéressante du rôle du discours et du cadrage des mesures. Aux États-Unis, beaucoup de sondages réalisés à la fin des années 90 et au début des années 2000 montraient qu'une grande partie de la population (entre 60 % et 80 %) était favorable à la suppression de l'impôt sur les successions. Ce rejet de l'impôt s'expliquait en partie par une perception biaisée, par la population, de son propre intérêt (seuls les 2 % d'Américains les plus aisés acquittaient l'impôt sur les successions à l'époque, mais le pourcentage de contribuables payant l'impôt était grandement surestimé), mais aussi par des discours soigneusement élaborés, en particulier autour de la notion d'« équité ». Par exemple, les références à « l'impôt sur la mort » et à la double imposition ont contribué à donner à l'impôt sur les successions l'image d'un impôt injuste. Le fait de mettre l'accent sur la charge fiscale supportée par les exploitations agricoles et entreprises familiales a également influé sur l'opinion publique, parce que l'entrepreneuriat et les entreprises familiales sont au cœur du « rêve américain », mais aussi parce que beaucoup d'Américains comptent de petits chefs d'entreprise parmi leurs proches (Birney, Graetz et Shapiro, 2006[24]). Or, en réalité, l'essentiel de l'impôt sur les successions est supporté par d'autres contribuables que les entreprises et exploitations familiales. Birney, Graetz et Shapiro (2006[24]) avancent que ces constatations concernant l'opinion publique ont ensuite été utilisées par des groupes de pression pour construire des coalitions et mener des campagnes en faveur de l'abrogation de l'impôt. Cet exemple démontre l'importance de la manière dont une réforme de l'impôt sur les successions est cadrée. Modifier le cadrage d'une réforme visant à accroître les recettes tirées de l'impôt sur les successions en la réorientant pour mettre l'accent sur les notions d'égalité des chances et de réduction des inégalités peut être un moyen de rendre ces réformes plus acceptables pour la population. La visibilité acquise par la question des inégalités ces dernières années pourrait faciliter ce changement de discours et de cadre général (Perret, 2020[25]). Cette réorientation a des chances d'être plus efficace si elle va de pair avec une modification des règles fiscales visant à répondre aux préoccupations du public, en particulier en ce qui concerne les questions d'optimisation fiscale.

L'information peut contribuer de manière déterminante à une plus grande acceptabilité des réformes de l'impôt sur les successions. Des études montrent que les attitudes et les perceptions du public à l'égard de la taxation du capital et des successions évoluent lorsqu'il reçoit des informations sur les inégalités. Ainsi, Bastani et Waldenström (2021[5]) ont réalisé une étude portant sur un échantillon de 12 000 Suédois d'âge adulte constitué de façon aléatoire et relié à des données issues de registres administratifs. Ils ont mis différents groupes de la population cible en présence de différents protocoles d'information et ont observé que porter à la connaissance des individus des informations factuelles sur le patrimoine transmis par héritage renforce de manière significative le soutien à l'impôt. Ils ont constaté qu'en moyenne, 24.5 % des membres du groupe témoin (qui n'avaient reçu aucune information) étaient favorables à l'impôt sur les successions et que le fait de fournir des informations sur le patrimoine hérité faisait progresser le pourcentage de personnes favorables d'environ 8 points de pourcentage. Ce résultat résiste à la prise en compte de diverses variables individuelles. Il s'explique par un changement des perceptions au sujet du patrimoine hérité et du rôle de la chance dans la réussite économique. Outre les informations sur les inégalités de patrimoine et les héritages, une meilleure information sur la conception et le fonctionnement des impôts sur les successions peut aussi exercer une influence sur la perception de ces impôts et leur acceptabilité. Aux États-Unis, un sondage sur l'opportunité de supprimer la taxation des successions a abouti à des résultats très différents selon que les répondants avaient ou non reçu des informations sur les successions touchées par l'impôt. Le pourcentage de personnes favorables au maintien de l'impôt était supérieur de 20 points dans le groupe qui avait été informé qu'il ne frappait que les successions d'une valeur supérieure à 5 millions USD (46 % contre 27 % dans le groupe n'ayant pas reçu l'information)[30]. Stantcheva (2020[26]) constate également que montrer des vidéos pédagogiques sur le fonctionnement et les conséquences de l'impôt sur les successions aux États-Unis joue en faveur de l'idée qu'augmenter cet impôt est un bon moyen de faire reculer les inégalités.

Des trains de mesures pourraient également être utiles. La réforme de l'impôt sur les successions peut être mieux acceptée si elle s'accompagne d'autres réformes. L'introduction d'un impôt sur les successions ou l'augmentation d'un impôt déjà en vigueur a des chances d'être plus acceptable politiquement si elle s'inscrit dans le cadre d'une réforme plus large de la fiscalité et s'accompagne d'une diminution d'autres impôts, en particulier de la fiscalité du travail, à laquelle la majorité de la population est assujettie. Une réforme de la fiscalité des successions pourrait avoir plus de chances d'aboutir si elle est une composante d'une réforme plus large visant à rééquilibrer les différents types d'impôt plutôt qu'à accroître la pression fiscale.

Enfin, l'affectation d'une partie des recettes tirées de l'impôt sur les successions pourrait aussi accroître l'adhésion du public, même si la prudence est de rigueur. Une partie des recettes tirées de l'impôt sur les successions et les donations pourrait par exemple être affectée au financement de la prise en charge de la dépendance. Ces recettes pourraient aussi être affectées à l'éducation, en particulier si la réforme de la fiscalité des successions est présentée comme visant à renforcer l'égalité des chances. Il est possible que les contribuables jugent cet impôt plus légitime s'ils connaissent l'utilisation faite d'une partie des recettes qu'il génère. Le fait que les recettes tirées des impôts sur les successions ont tendance à être faibles par rapport à d'autres impôts pourrait limiter les pertes d'efficience que peut générer l'affectation de gros volumes de recettes publiques. Toutefois, l'affectation de recettes doit toujours être considérée avec prudence.

Bibliographie

Acciari, P. and S. Morelli (2020), *Wealth Transfers and Net Wealth at Death: Evidence from the Italian Inheritance Tax Records 1995–2016*, National Bureau of Economic Research, Cambridge, MA, http://dx.doi.org/10.3386/w27899. [8]

Bakija, J., W. Gale and J. Slemrod (2003), *Charitable bequests and taxes on inheritances and estates: Aggregate evidence from across states and time*, http://dx.doi.org/10.1257/000282803321947362. [14]

Bastani, S. and D. Waldenström (2021), "Perceptions of Inherited Wealth and the Support for Inheritance Taxation", *Economica*, pp. -, http://dx.doi.org/10.1111/ecca.12359. [5]

Batchelder, L. (2020), *Leveling the Playing Field between Inherited Income and Income from Work through an Inheritance Tax*. [3]

Birney, M., M. Graetz and I. Shapiro (2006), "Public Opinion and the Push to Repeal the Estate Tax", *National Tax Journal*, Vol. 59/3, pp. 439-61, https://EconPapers.repec.org/RePEc:ntj:journl:v:59:y:2006:i:3:p:439-61 (accessed on 9 November 2020). [24]

Boadway, R., E. Chamberlain and C. Emmerson (2010), "Taxation of Wealth and Wealth Transfers", in *Dimensions of Tax Design: The Mirrlees Review*, Oxford University Press, Oxford. [6]

Chamberlain, E. (2020), *Defining the tax base – design issues. Wealth Tax Commission Evidence Paper, 8.* [17]

Daly, S. and G. Loutzenhiser (2020), *Valuation. Wealth Tax Commission Evidence Paper, 9.* [12]

Dao, M. (2019), *Wealth Inequality and Private Savings in Germany*, IMF. [9]

De Simone, L., R. Lester and K. Markle (2020), "Transparency and Tax Evasion: Evidence from the Foreign Account Tax Compliance Act (FATCA)", *Journal of Accounting Research*, Vol. 58/1, pp. 105-153, http://dx.doi.org/10.1111/1475-679X.12293. [20]

European Commission (2011), *Commission Recommendation regarding relief for double taxation of inheritances*, Office for Official Publications of the European Communities, Luxembourg. [4]

Grégoire-Marchand, P. (2018), *La fiscalité des héritages: connaissances et opinions des Français*, France Stratégie, http://www.strategie.gouv.fr (accessed on 14 December 2020). [21]

Henrekson, M. and D. Waldenström (2016), "Inheritance taxation in Sweden, 1885–2004: the role of ideology, family firms, and tax avoidance", *Economic History Review*, Vol. 69/4, pp. 1228–1254, http://dx.doi.org/doi.org/10.1111/ehr.12280. [1]

Kuziemko, I. et al. (2015), *How elastic are preferences for redistribution? Evidence from randomized survey experiments*, American Economic Association, http://dx.doi.org/10.1257/aer.20130360. [22]

Moretti, E. and D. Wilson (2020), *Taxing Billionaires: Estate Taxes and the Geographical Location of the Ultra-Wealthy*, National Bureau of Economic Research, Cambridge, MA, http://dx.doi.org/10.3386/w26387. [13]

Nolan B., J. C. Palomino, P. Van Kerm, and S. Morelli (2020), *The Wealth of Families: The Intergenerational Transmission of Wealth in Britain in Comparative Perspective*. Nuffield Foundation and INET at the Oxford Martin School [2]

O'Reilly, P., K. Parra Ramirez and M. Stemmer (2019), "Exchange of information and bank deposits in international financial centres", *OECD Taxation Working Papers*, No. 46, OECD Publishing, Paris, https://dx.doi.org/10.1787/025bfebe-en. [18]

OECD (2020), *International community continues making progress against offshore tax evasion.* [19]

OECD (2020), *Taxation and Philanthropy*, OECD Publishing, Paris. [15]

OECD (2018), *Taxation of household savings*, OECD Publishing, Paris, http://dx.doi.org/doi.org/10.1787/19900538. [10]

Office of Tax Simplification (2018), *Inheritance Tax Review - first report: Overview of the tax and dealing with administration*, Office of Tax Simplification, London. [7]

Perret, S. (2020), *Why did other wealth taxes fail and is this time different?, UK Wealth Tax Commission, Evidence Paper n. 6.* [25]

Saez, E. and G. Zucman (2019), *Progressive wealth taxation. BPEA Conference Draft, Fall.* [11]

Schmalbeck, R. (2001), "Avoiding Federal Wealth Transfer Taxes", in Gale, W., J. Hines Jr. and J. Slemrod (eds.), *Rethinking Estate and Gift Taxation*, Brookings Institution Press, Washington, D. C. [16]

Stantcheva, S. (2020), *2020 Taxes and Policy Survey*, https://www.stefanie-stantcheva.com/research/Taxes_and_Policy_Survey_France.pdf. [23]

Stantcheva, S. (2020), "Understanding Economic Policies: What do people know and learn?", Harvard University Working Paper, Cambridge. [26]

Notes

[1] Le rapport présente des informations relatives à 2020 et porte sur les 37 pays de l'OCDE exception faite de la Colombie (qui est devenue membre de l'OCDE après l'achèvement de l'exercice de collecte de données), de l'Islande et de la Turquie.

[2] Dans ce chapitre, les montants en dollars sont exprimés en USD de 2020 et ont été calculés à l'aide des taux de change moyens issus des Comptes nationaux de l'OCDE. Les séries de données correspondantes peuvent être consultées à l'adresse : http://dotstat.oecd.org/restsdmx/sdmx.ashx/GetDataStructure/SNA_TABLE4.

[3] Le Portugal a supprimé l'impôt sur les successions et les donations en 2004 pour le remplacer par un droit de timbre prélevé sur les transactions, dont les transactions présumées telles que le transfert d'actifs aux bénéficiaires lors du décès du donateur. Les recettes issues du droit de timbre ne sont plus inscrites

dans le poste 4300 (Impôts sur les mutations par décès, les successions et les donations) des Statistiques des recettes publiques, sur la base desquelles le graphique 3.1 a été établi.

[4] Une autre analyse met en évidence des trajectoires similaires lorsque les recettes tirées des impôts sur les successions et les donations sont mesurées en pourcentage du PIB.

[5] Les contribuables qui ont leur résidence fiscale au Royaume-Uni tout en étant domiciliés à l'étranger (c'est-à-dire dont le domicile permanent se situe à l'extérieur du Royaume-Uni) sont réputés avoir leur domicile fiscal au Royaume-Uni s'il y ont été résidents fiscaux pendant 15 des 20 dernières années.

[6] Ces règles s'appliquent aux donateurs qui sont d'anciens résidents fiscaux de la France ou de l'Irlande ; aux donateurs qui sont des ressortissants et d'anciens résidents fiscaux de l'Allemagne, de la Grèce et des Pays-Bas ; aux donateurs qui sont réputés avoir ou avoir eu leur domicile fiscal effectif au Royaume-Uni. Au Japon, ces règles s'appliquent lorsque le donateur et le bénéficiaire sont l'un et l'autre d'anciens résidents fiscaux du pays. Dans tous les pays, elles cessent de s'appliquer après un certain nombre d'années.

[7] Si le conjoint donateur est domicilié ou réputé domicilié au Royaume-Uni tandis que le conjoint bénéficiaire ne l'est pas, l'abattement est limité. Toutefois, le conjoint bénéficiaire peut choisir d'être réputé domicilié au Royaume-Uni aux fins de l'impôt sur les successions.

[8] Cette durée est ramenée à six mois (succession) ou deux ans (donation) si les concubins ont signé un accord de cohabitation devant notaire.

[9] Sur les 24 pays qui imposent les successions, 13 appliquent l'égalité devant le mariage et 20 prévoient la possibilité pour les couples homosexuels de conclure une union civile. Quatre pays ne reconnaissent pas les relations homosexuelles et réservent donc aux couples hétérosexuels le traitement fiscal applicable aux conjoints (Corée, Japon, Lituanie et Pologne). La Suisse, qui ne reconnaît pas le mariage homosexuel, applique un traitement fiscal plus avantageux aux couples mariés qu'à ceux qui ont conclu une union civile.

[10] Au Luxembourg, le seuil d'exonération augmente proportionnellement à la valeur du patrimoine du donateur parce que les enfants du donateur sont exonérés d'impôt sur la part qui leur serait revenue en l'absence de testament (laquelle est plus élevée que celle revenant à d'autres héritiers).

[11] Le Royaume-Uni applique une tranche en franchise d'impôt au titre de la résidence (abattement RNRB), qui consiste en un abattement supplémentaire consenti en cas de legs d'une « résidence remplissant les conditions requises » aux descendants en ligne directe. Le donateur doit être propriétaire de cette résidence à la date de son décès ou en avoir été propriétaire par le passé, ce qui signifie qu'un contribuable peut se défaire de tout ou partie de la résidence en question et ouvrir droit au RNRB. Comme pour l'abattement ordinaire, la fraction non utilisée du RNRB peut être transmise du donateur à son conjoint survivant, que le premier conjoint ait ou non possédé une résidence ouvrant droit au RNRB. Le RNRB diminue progressivement dès lors que la valeur de la succession dépasse 2 millions GBP. Seules les transmissions à cause de mort ouvrent droit au RNRB.

[12] Il est possible de choisir entre un abattement forfaitaire par donateur et un abattement non forfaitaire, mais la plupart des contribuables optent pour l'abattement forfaitaire. Dans les deux cas, il est également possible de demander un abattement réservé au conjoint. Abattement forfaitaire : 500 millions KRW. Abattement non forfaitaire : un abattement de base de 200 millions KRW, 50 millions KRW par enfant, 10 millions KRW par mineur jusqu'au vingtième anniversaire, 50 millions KRW par héritier de 65 ans ou

plus, 10 millions KRW par héritier handicapé par année d'espérance de vie restante (d'après l'institut de la statistique coréen) et un abattement au titre de la résidence.

13 Au Royaume-Uni, les donations sont exonérées d'impôt si le donateur survit plus de sept ans. Si le donateur lègue des actifs à son conjoint au moment de son décès et si le conjoint fait immédiatement donation des actifs en question aux enfants du couple, aucun impôt sur les successions n'est dû si le conjoint survivant vit pendant au moins sept ans. En revanche, si le donateur a légué ses biens directement à ses enfants au moment de son décès, l'impôt est dû sur la fraction de la succession dépassant le seuil d'exonération. Il serait possible d'éliminer cette possibilité d'échapper à l'impôt en taxant toutes les donations du vivant, sans qu'il soit nécessaire de modifier l'exonération en faveur du conjoint.

14 Outre le taux légal de 1 %, un supplément représentant 20 % de l'impôt dû s'applique aux frères et sœurs et autres parents au 2e degré, ce qui donne un taux final de 1.2 %.

15 Les taux effectifs d'imposition rétrospectifs ont été calculés à partir de données relatives à des successions réelles et aux impôts effectivement acquittés sur ces transmissions, ce qui a permis de calculer un indicateur de la charge fiscale pesant sur les héritages passés.

16 L'*Agricultural Property Relief* (APR) n'est applicable qu'à concurrence de la valeur agricole du bien et peut être accordé au titre de terres louées appartenant au donateur depuis plus de sept ans.

17 Ces prestations ne sont pas considérées comme un élément de l'héritage et ne sont donc pas soumises à l'impôt sur les successions.

18 Par exemple, un donateur vivant à Bruxelles souhaite léguer 1 000 000 EUR à un ami. En principe, l'ami devrait payer 758 750 EUR d'impôts sur les successions et percevoir 241 250 EUR nets. Dans le cadre du legs en duo, le donateur transmet son patrimoine à un organisme caritatif qui accepte de payer l'intégralité de l'impôt sur les successions dû, de reverser à l'ami du donateur la moitié de la succession et de conserver le reste. L'organisme paie donc 393 750 EUR au titre de l'impôt (dû sur le patrimoine qu'il reçoit et sur celui que reçoit l'ami du donateur), verse 500 000 EUR à l'ami du donateur et conserve 106 250 EUR. Simulations effectuées le 3 août 2020 au moyen du calculateur se trouvant à l'adresse https://www.amnesty.be/donnez/legs-duo-testament.

19 https://www.oecd.org/ctp/glossaryoftaxterms.htm#F.

20 L'impôt sur les successions est calculé sur la base de la totalité de la somme léguée par le donateur, tandis que l'impôt sur les donations est calculé sur la base de la somme reçue par le bénéficiaire après paiement de l'impôt. Pour un taux d'imposition des successions t = 40 %, le taux effectif d'imposition est $t/(1+t) = 28.6\%$.

21 Bien que le taux effectif d'imposition soit plus faible pour les donations que pour les legs (voir note 20), le système de la majoration (plus favorable) applicable aux legs peut en partie compenser l'application du principe du report d'imposition (moins favorable) appliqué aux donations en cas de transmission d'actifs présentant des plus-values latentes.

22 Le traitement favorable des plus-values latentes à la date du décès compense parfois le taux effectif plus faible qui frappe les donations, ce qui signifie que l'effet de distorsion global est ambigu dans le cas de la transmission d'actifs qui se sont appréciés (voir les notes 20 et 21).

23 https://www.oecd.org/fr/ctp/glossaryoftaxterms.htm.

[24] Un donateur transmet 500 000 USD à un *charitable lead trust* auquel il ordonne de verser 5 % de ce montant initial (25 000 USD) à une organisation caritative pendant 20 ans. La valeur initiale de la transmission (500 000 USD = 25 000 x 20 ans) est ajustée au moyen des tables de l'IRS. En supposant que le taux d'intérêt s'établisse à 0.4 %, le taux de rente s'établit à 19.1841 (IRS 1467, tableau B). La valeur actuelle de la rente est de 479 603 USD (25 000 USD x 19.1841) et la transmission imposable s'établit à 20 397 USD (= 500 000 USD - 479 603 USD).

[25] https://www.finance.senate.gov/imo/media/doc/101217%20Estate%20Tax%20Whitepaper%20FINAL1.pdf.

[26] https://www.oecd.org/fr/ctp/glossaryoftaxterms.htm.

[27] https://www.oecd.org/fr/fiscalite/transparence/documents/forum-mondial-rapport-annuel-2020.pdf.

[28] https://yougov.co.uk/topics/politics/articles-reports/2015/03/19/inheritance-tax-most-unfair.

[29] Une loi adoptée en 2001 a supprimé progressivement l'impôt sur les successions en relevant le seuil d'exonération et en réduisant le taux d'imposition, ce qui a conduit à une disparition temporaire de l'impôt en 2010. Il a été rétabli en 2011.

[30] http://big.assets.huffingtonpost.com/tabsHPEstateTax20170929.pdf.

4 Résumé et recommandations

Le chapitre 4 résume les principales conclusions et recommandations du rapport. Ce chapitre commence par résumer les grandes tendances en matière d'impôt sur les successions dans les pays de l'OCDE, avant de formuler des recommandations et des options de réforme que les pays pourraient envisager de mettre en œuvre afin d'améliorer la conception et le fonctionnement des impôts sur les successions et les donations.

4.1. Grandes tendances dans les pays de l'OCDE

Le patrimoine des ménages est inégalement réparti. Le patrimoine des ménages est fortement concentré dans le haut de la distribution du patrimoine. Les 10 % les plus riches possèdent la moitié du patrimoine total en moyenne sur un panel de 27 pays de l'OCDE, tandis que 18 % du patrimoine total est concentré entre les mains des 1 % les plus riches. La composition des actifs varie aussi entre les ménages : la répartition des actifs financiers, qui constituent une fraction importante du patrimoine des plus riches, est particulièrement inégale.

Les transmissions de patrimoine ont aussi tendance à favoriser les ménages les plus riches. Les ménages aisés sont davantage susceptibles de recevoir un héritage ou une donation. En outre, la valeur moyenne du patrimoine transmis aux ménages aisés est systématiquement plus élevée. Dans 16 pays de l'OCDE, l'héritage moyen reçu par les ménages du quintile inférieur se situe entre 300 USD et 11 000 USD environ. Pour les ménages du quintile supérieur, il se situe entre 30 000 USD et 526 000 USD environ. Les transmissions de patrimoine peuvent avoir un effet égalisateur pour certains ménages pauvres, qui reçoivent un héritage d'une valeur généralement plus élevée par rapport à leur patrimoine global, mais cet effet est de courte durée parce que ces ménages ont davantage tendance à consommer leur héritage.

La dynamique d'accumulation des richesses et les transmissions de patrimoine vont probablement aggraver les inégalités de patrimoine à l'avenir. Au fil du temps, le patrimoine des ménages s'est accru, en particulier grâce à l'augmentation du prix des actifs et des taux d'épargne. En outre, des éléments montrent que la part du patrimoine transmis par héritage dans le patrimoine privé total a augmenté dans certains pays au cours des dernières décennies. Par ailleurs, les successions sont susceptibles d'augmenter en valeur (si l'évolution des prix des actifs continue sur une trajectoire ascendante) et en nombre (avec le vieillissement de la génération du baby-boom). De plus, avec l'allongement de l'espérance de vie, on s'attend à une augmentation de l'âge auquel les individus héritent et à une concentration accrue des richesses, déjà élevée, entre les mains des plus âgés. Il existe également un risque que les politiques monétaires expansionnistes récentes contribuent à la formation de bulles des actifs, susceptibles d'accentuer davantage encore les inégalités de patrimoine et de creuser l'écart entre les générations plus âgées, qui possèdent les actifs, et les générations plus jeunes, qui peuvent rencontrer des obstacles à l'acquisition d'actifs, comme des prix des logements de plus en plus élevés.

24 pays de l'OCDE prélèvent des impôts sur les successions. La plupart des pays appliquent un impôt sur les successions calculé en fonction du bénéficiaire. La Corée, le Danemark, les États-Unis et le Royaume-Uni, en revanche, prélèvent l'impôt sur l'ensemble du patrimoine du donateur défunt. L'Irlande prélève un impôt sur les successions et les donations reçues par les bénéficiaires au cours de leur vie. Dix pays de l'OCDE ont supprimé leurs impôts sur les transmissions de patrimoine depuis le début des années 70, justifiant cette décision en invoquant essentiellement le manque de soutien politique, les possibilités d'optimisation fiscale et la charge administrative élevée pour des recettes relativement faibles.

La conception des impôts sur les successions et donations est très variable d'un pays à l'autre. Le niveau des seuils d'exonération fiscale constitue l'une des principales différences. Ces seuils sont généralement plus élevés pour les proches parents, mais ils varient considérablement selon les pays, allant d'environ 17 000 USD en Belgique (région de Bruxelles-Capitale) à 11.6 millions USD aux États-Unis pour les transmissions aux descendants directs. On constate également d'importantes variations des taux d'imposition entre pays. La plupart des pays appliquent des taux progressifs, dont les barèmes varient, et certains taxent les transmissions à des parents éloignés à des taux beaucoup plus élevés que les autres. Le traitement fiscal des donations est lui aussi très variable d'un pays à l'autre, même si les donations du vivant bénéficient souvent d'un traitement fiscal préférentiel par rapport aux transmissions de patrimoine effectuées au moment du décès du donateur, grâce au renouvellement des abattements.

Néanmoins, dans l'ensemble des pays de l'OCDE, les assiettes de l'impôt sur les successions et les donations sont souvent étroites, ce qui réduit leur capacité à mobiliser des recettes, leur efficacité et leur équité. Aujourd'hui, seulement 0.5 % en moyenne des recettes fiscales totales provient de ces impôts dans les pays de l'OCDE qui en prélèvent, et les recettes tirées de ces impôts dépassent 1 % du total des recettes fiscales dans seulement quatre pays de l'OCDE (Belgique, Corée, France et Japon). Le faible niveau des recettes est souvent le reflet de l'étroitesse de la base d'imposition. Dans un certain nombre de pays, la plupart des successions échappent à l'impôt en grande partie en raison du traitement fiscal préférentiel dont bénéficient les transmissions de patrimoine à de proches parents et des exonérations appliquées aux transmissions de certains actifs (ex. résidence principale, actifs commerciaux et agricoles, plans d'épargne retraite et assurances-vie). Dans certains pays, les impôts sur les successions et les donations peuvent être largement évités grâce aux donations du vivant qui bénéficient d'un traitement fiscal favorable. D'autres possibilités d'optimisation fiscale permettent également aux contribuables de minimiser leur impôt sur les successions ou les donations (ex. séparation de la nue propriété de l'usufruit, utilisation de règles de valorisation préférentielles). En plus de réduire sensiblement les recettes perçues, le rapport montre que les exonérations, les allégements et les possibilités d'optimisation et de fraude peuvent réduire la charge fiscale pesant sur les ménages les plus aisés.

4.2. Options de réforme et recommandations

Globalement, le rapport conclut qu'il existe de bons arguments en faveur d'un recours accru à l'imposition des successions et des donations, pour des raisons tenant à l'équité, à l'efficacité et à la simplicité d'administration. Du point de vue de l'équité, il existe des arguments forts en faveur d'un impôt sur les successions, notamment d'un impôt calculé en fonction de la part du patrimoine reçu par le bénéficiaire avec une exonération pour les transmissions les plus faibles. L'argument pourrait peser plus lourd dans les pays où l'imposition effective des revenus du capital et du patrimoine des personnes physiques tend à être faible. Du point de vue de l'efficacité, bien que le nombre d'études soit limité, la littérature empirique semble suggérer que les impôts sur les successions ont des effets plus limités sur l'épargne que d'autres impôts prélevés sur les contribuables fortunés et confirme leur effet incitatif sur les héritiers, qui sont encouragés à travailler davantage, et sur les dons caritatifs des donateurs. En outre, si les impôts sur les successions peuvent avoir des effets négatifs sur la transmission d'une entreprise familiale (selon la conception de l'impôt), ils peuvent toutefois limiter les risques de transmission de capital à des héritiers moins qualifiés. Le rapport montre également que les ménages très riches pratiquent parfois l'optimisation fiscale ou vont s'installer dans un autre pays pour échapper à l'impôt sur les successions, mais qu'une meilleure conception de cet impôt permettrait de remédier en grande partie à ces comportements. Enfin, les impôts sur les successions présentent un certain nombre d'avantages administratifs, comparativement à d'autres formes d'imposition du patrimoine, et les progrès récents en matière de transparence fiscale internationale renforcent la capacité des pays à taxer plus efficacement le capital.

Il est cependant essentiel de prendre en compte les circonstances propres à chaque pays. Le choix approprié des instruments fiscaux dépendra des circonstances propres à chaque pays, y compris du niveau des inégalités de patrimoine et des capacités administratives. En outre, les choix des pouvoirs publics concernant la taxation des successions doivent prendre en compte les autres composantes du système fiscal, et notamment les autres impôts que les pays sont susceptibles de prélever sur le patrimoine et le revenu du capital des personnes physiques. Comme le chapitre 2 l'explique, les impôts sur les successions, combinés aux impôts sur les revenus du capital des personnes physiques, peuvent être des outils efficaces pour freiner l'accumulation de la richesse d'une génération à l'autre, mais d'autres outils peuvent aussi être mis à profit pour atteindre cet objectif. On pourra par exemple réduire sensiblement le rythme d'accumulation de la richesse entre générations en instaurant des impôts sur le revenu du capital des personnes physiques, mais pour avoir un effet significatif, leurs taux devront probablement être élevés et progressifs. Du point de vue de l'efficacité, il peut être préférable d'opter pour des taux progressifs plus modérés sur le revenu du capital des personnes physiques, associés à un impôt progressif sur les successions.

Il convient aussi de souligner que l'impôt sur les successions n'est pas une solution miracle. Même bien conçus, les impôts sur les successions et les donations peuvent demeurer des sources de recettes relativement limitées, par rapport aux impôts sur le revenu du travail ou sur la consommation, par exemple. Il ne faudrait pas en déduire que les impôts sur les successions et les donations ne peuvent pas jouer un rôle important pour renforcer l'égalité des chances et réduire les écarts de richesse. Néanmoins, le rapport souligne que des réformes complémentaires peuvent être nécessaires pour augmenter les recettes collectées et remédier aux inégalités. De fait, les simulations évoquées au chapitre 2 montrent que les impôts sur les successions doivent être conjugués à un renforcement de l'imposition du revenu du capital des personnes physiques pour réduire sensiblement le rythme d'accumulation des richesses entre générations. L'instauration d'impôts bien conçus sur les revenus du capital, notamment sur les plus-values, doit donc également être une priorité.

4.2.1. Type d'impôts sur les transmissions de patrimoine

Il existe différents moyens de taxer les transmissions de patrimoine, qui impliquent souvent d'opérer des arbitrages entre simplicité et équité. Comme discuté ci-dessous, il existe de bons arguments en faveur de l'instauration d'un impôt sur les transmissions de patrimoine dissocié de l'impôt sur le revenu. Toutefois, différents types d'impôts sur les transmissions de patrimoine peuvent être prélevés et supposent de faire certains arbitrages. Un impôt prélevé sur le patrimoine du donateur défunt peut être considéré comme la forme la plus simple d'impôt sur les transmissions de patrimoine, mais il sera probablement moins équitable parce qu'il ne prend pas en compte le montant de patrimoine reçu par chaque bénéficiaire. Un impôt prélevé sur le patrimoine reçu par les bénéficiaires pourrait être plus équitable, mais moins simple à administrer. Enfin, un impôt sur les transmissions de patrimoine à l'échelle d'une vie est potentiellement le type d'impôt le plus progressif, mais qui générera probablement un alourdissement des coûts d'administration pour les autorités fiscales et des obligations fiscales des contribuables. Le choix entre ces différents types d'impôt sur les transmissions de patrimoine devrait prendre en compte les circonstances propres à chaque pays, y compris le niveau des inégalités, les capacités des administrations fiscales, les préférences en matière de redistribution, ainsi que l'existence d'autres impôts sur le patrimoine et le revenu du capital des personnes physiques et la progressivité globale des systèmes fiscaux nationaux.

Il existe des arguments valables en faveur de la taxation des transmissions de patrimoine au moyen d'un impôt distinct plutôt que par l'intermédiaire de l'impôt sur le revenu. Certains proposent d'assimiler les successions à un revenu individuel imposable à la charge des bénéficiaires pour des raisons d'équité horizontale. Intégrer l'imposition des successions et des donations à l'impôt sur le revenu impliquerait d'inclure la valeur de marché des actifs transmis aux bénéficiaires en tant que revenu imposable aux fins de l'impôt sur le revenu des personnes physiques (IRPP). La charge fiscale dépendrait des caractéristiques personnelles du bénéficiaire, du montant de ses autres éléments de revenu et d'autres facteurs influant sur son IRPP. Toutefois, l'indivisibilité des successions pourrait compliquer leur intégration en tant que revenu en l'absence d'étalement du revenu provenant de la succession. Un autre inconvénient de la taxation des successions par le biais de l'IRPP tient au fait que différents héritiers supporteraient des charges fiscales différentes en fonction du niveau de leur revenu imposable. En outre, l'intégration des successions dans le régime de l'impôt sur le revenu pourrait conduire à des taux marginaux d'imposition effectifs très élevés pour les bénéficiaires qui ont d'autres sources de revenu (revenu du travail, par exemple) et qui reçoivent un héritage, ce qui aurait de forts effets contre-incitatifs (sur l'offre de main-d'œuvre, par exemple). Plus généralement, taxer les successions dans le cadre de l'IRPP augmenterait beaucoup la complexité du système de l'IRPP. Si les héritages étaient redéfinis en tant que revenu des personnes physiques, il y aurait aussi d'importantes conséquences sur la répartition des droits d'imposition entre pays dans le cas de successions transfrontalières. Ces conséquences peuvent être évitées en instaurant un impôt distinct sur les successions.

Un impôt prélevé sur le patrimoine reçu par les bénéficiaires est plus équitable qu'un impôt prélevé sur le patrimoine du donateur défunt. Si l'objectif est de promouvoir l'égalité des chances, il existe des arguments convaincants en faveur d'un impôt calculé en fonction de la part du patrimoine reçu par le bénéficiaire plutôt qu'un impôt prélevé sur le patrimoine du donateur défunt, car ce sont le montant de patrimoine reçu par chaque bénéficiaire et sa situation personnelle qui doivent compter, et non le montant total du patrimoine légué par le donateur. Cette approche permet d'appliquer des taux d'imposition progressifs sur le montant de patrimoine reçu par les bénéficiaires. Un impôt calculé en fonction du bénéficiaire, plutôt qu'un impôt prélevé sur le patrimoine du donateur, présente comme autre avantage d'encourager une plus grande répartition des successions et de réduire davantage la concentration des richesses, la répartition de l'héritage entre plusieurs bénéficiaires limitant la charge fiscale totale (même si les éléments qui corroborent cette réponse comportementale sont rares). Les arguments contre l'instauration d'impôts sur les transmissions de patrimoine, fondés sur des risques de double imposition, paraissent également moins valables dans le cas d'impôts sur les successions prélevés sur les bénéficiaires, car le donateur ne risque pas d'être doublement imposé, dans la mesure où le patrimoine transmis n'est taxé qu'une seule fois à la charge du bénéficiaire lorsqu'il perçoit l'héritage. D'un autre côté, contrairement à un impôt prélevé sur le patrimoine reçu par chaque bénéficiaire, un impôt prélevé sur le patrimoine total transmis par les donateurs peut être plus facile à collecter, dans la mesure où il est prélevé sur la totalité de la succession, plutôt que sur chaque héritage reçu séparément.

Une approche particulièrement équitable et efficace consisterait à imposer les bénéficiaires sur les donations et les héritages qu'ils reçoivent tout au long de leur vie, sous la forme d'un impôt sur les transmissions de patrimoine à l'échelle d'une vie. La charge fiscale sur chaque transmission de patrimoine serait déterminée en tenant compte du montant de patrimoine précédemment reçu par le bénéficiaire. Un tel impôt pourrait être prélevé dès lors que serait franchi un seuil d'exonération fiscale applicable à l'échelle d'une vie, c'est-à-dire un montant de patrimoine que les bénéficiaires seraient en droit de recevoir libre d'imposition au cours de leur vie (donations et héritages compris). Le seuil d'exonération à l'échelle d'une vie pourrait être un montant fixe applicable quelle que soit la relation entre le donateur et le bénéficiaire, ou prendre la forme de montants supplémentaires en franchise d'impôt dans le cas de transmissions à des descendants directs. Cet impôt prélevé sur les transmissions de patrimoine à l'échelle d'une vie offrirait la garantie qu'une personne qui reçoit plus de patrimoine au cours de sa vie paie plus d'impôts sur les héritages que celle qui en reçoit moins, notamment si les taux d'imposition sont progressifs. Cela garantirait également que des bénéficiaires recevant des montants de patrimoine identiques (sous la forme de plusieurs transmissions de faible valeur ou d'une transmission unique de valeur plus conséquente) soient soumis à une charge fiscale similaire. Un tel impôt limiterait aussi l'importance du moment auquel intervient la donation ou le legs, réduisant ainsi les possibilités d'optimisation fiscale. Enfin, il encouragerait les donateurs à transmettre leur patrimoine à des bénéficiaires ayant reçu moins de patrimoine au cours de leur vie.

Toutefois, un impôt prélevé sur les transmissions de patrimoine à l'échelle d'une vie peut impliquer un certain nombre de difficultés pratiques qui nécessitent un examen attentif. Un tel impôt pourrait augmenter les coûts d'administration et de conformité, encore que ces coûts et leur répercussion sur les contribuables ou sur l'administration fiscale varient selon que l'impôt est établi par auto-déclaration ou par l'administration fiscale qui doit suivre et consigner l'historique des transmissions de patrimoine reçues par les bénéficiaires. La transformation numérique pourrait faciliter cette réforme, qui s'accompagnerait néanmoins de coûts de mise en œuvre significatifs. D'un autre côté, l'obligation de tenir des registres à l'échelle d'une vie permettrait de collecter des informations précieuses sur les transmissions de patrimoine. Taxer les transmissions de patrimoine à l'échelle d'une vie pourrait également donner lieu à des difficultés liées à l'application des règles fiscales internationales pour déterminer dans quelle juridiction les actifs transmis sont imposables dans le cas de successions transfrontalières. Ces questions sont importantes, mais les nombreux avantages procurés par la taxation du patrimoine reçu par les bénéficiaires tout au long de leur vie justifient d'analyser plus avant ces options.

Lorsque l'établissement d'un impôt sur les transmissions de patrimoine à l'échelle d'une vie n'est pas envisageable, celui-ci pourrait néanmoins servir à explorer d'autres options de réforme de l'impôt sur les successions. Par exemple, là où une telle réforme n'est pas envisageable, les pays pourraient envisager, dans un premier temps, de rendre plus homogène le régime fiscal appliqué aux donations et aux héritages. En outre, dans la forme la plus pure de l'impôt sur les transmissions à l'échelle du vie, c'est le montant total de patrimoine reçu par les bénéficiaires tout au long de leur vie qui compte, sans faire de distinction en fonction du donateur, de sorte que le patrimoine reçu de proches parents ne bénéficie pas d'un traitement privilégié. Même si un tel impôt n'est pas adopté, les pays pourraient réformer leurs impôts existants en réduisant les écarts entre le traitement fiscal accordé aux transmissions aux descendants directs et celui s'appliquant aux transmissions à des héritiers plus éloignés là où ces écarts sont très importants.

Outre le type d'impôt prélevé, les aspects conceptuels plus spécifiques abordés ci-après sont déterminants pour le bon fonctionnement des impôts sur les successions et les donations. Qu'ils envisagent d'introduire des changements progressifs ou d'engager une réforme complète telle que l'adoption d'un impôt à l'échelle d'une vie, les pays pourraient améliorer la conception de leurs impôts sur les transmissions de patrimoine moyennant une analyse détaillée et l'application des principes d'une politique fiscale réfléchie. La suite de ce chapitre suggère un certain nombre de réformes plus spécifiques auxquelles les pays pourraient réfléchir en vue d'améliorer la conception et la mise en œuvre des impôts sur les successions et les donations.

4.2.2. Barèmes et taux d'imposition

Les seuils d'exonération, qu'ils s'appliquent ou non sur toute la durée de vie, devraient permettre aux bénéficiaires de recevoir de petits montants de patrimoine en franchise d'impôt. Les données montrent que les héritages ont un effet égalisateur, c'est-à-dire qu'ils réduisent l'inégalité relative, ce qui justifie, d'un point de vue de l'équité, l'exonération des héritages de faible valeur. Elles montrent également qu'un impôt sur les successions assorti d'un seuil d'exonération plus élevé serait plus populaire.

Des taux d'imposition progressifs augmentent l'équité verticale et les effets redistributifs des impôts sur les successions. Les taux progressifs améliorent l'équité verticale en veillant à ce que ceux qui reçoivent davantage de patrimoine soient davantage imposés, et permettent de renforcer la fonction redistributive des impôts sur les successions et les donations. Le chapitre 2 montre qu'associés aux impôts sur les revenus du capital des personnes physiques, des impôts progressifs sur les successions peuvent jouer un rôle important pour empêcher l'accumulation excessive de la richesse entre générations. En outre, un impôt à taux progressifs peut inciter à donner aux plus modestes. Si un impôt est prélevé sur les transmissions de richesse à l'échelle d'une vie, des taux progressifs seraient encore plus efficaces pour réduire les inégalités car ils ne s'appliqueraient pas séparément à chaque transmission, mais à l'ensemble des dons et des legs reçus par les bénéficiaires tout au long de leur vie. Des impôts progressifs peuvent également contribuer à éviter de fortes hausses des taux marginaux d'imposition effectifs si les taux augmentent progressivement en fonction de la valeur de l'héritage. Le chapitre 3 montre que les taux progressifs sont souvent appliqués à des transmissions de patrimoine de relativement faible valeur, et que les taux marginaux les plus élevés se déclenchent à des niveaux relativement faibles de patrimoine transmis. Les pays pourraient envisager d'augmenter la progressivité en appliquant des taux d'imposition plus élevés aux héritages de grande valeur. Toutefois, cela implique de trouver un juste équilibre pour que les taux ne soient pas fixés à un niveau excessivement élevé, car des taux élevés peuvent justifier des allégements fiscaux qui affaiblissent le potentiel de redistribution et d'augmentation des recettes de l'impôt, et favoriser la fraude ou l'optimisation fiscale. Le niveau et le degré de progressivité des impôts sur les successions et les donations devraient aussi prendre en compte le niveau et le degré de progressivité des autres impôts sur le revenu du capital des personnes physiques et sur les actifs personnels.

Il convient d'éviter les écarts importants entre le traitement fiscal accordé aux transmissions aux descendants directs et celui s'appliquant à des parents éloignés ou à des héritiers hors famille. Certains prétendent que les transmissions de patrimoine à des parents éloignés ou à des héritiers hors famille devraient être plus lourdement taxées que celles en faveur de descendants directs ou de parents proches, au motif qu'elles s'apparentent à des gains inespérés. Mais dans certains cas, des taux très élevés (et des seuils d'exonération bas) sur les transmissions à des parents éloignés et à des héritiers non membres de la famille peuvent être contestables, par exemple lorsque les bénéficiaires n'ont pas hérité beaucoup de leurs parents. Le phénomène des familles recomposées pose aussi la question du traitement fiscal des transmissions aux enfants du conjoint, et notamment de savoir s'il doit être différent de celui appliqué aux transmissions aux enfants. Le fait d'appliquer des taux d'imposition plus élevés pour les transmissions à des membres de la famille éloignés incite également les donateurs à concentrer leurs transmissions de patrimoine entre les membres de la famille proche. Aussi, réduire la différence de traitement fiscal entre héritiers proches et héritiers plus éloignés pourrait encourager les donateurs à mieux répartir leur patrimoine entre davantage d'héritiers et ainsi limiter la concentration des richesses. Il pourrait aussi être utile de prendre en compte certaines caractéristiques propres aux bénéficiaires pour déterminer la charge fiscale des bénéficiaires qui héritent de parents éloignés ou non membres de leur famille (en évaluant le patrimoine/le revenu des bénéficiaires ou en déterminant s'ils ont reçu un héritage ou une donation de leurs parents, par exemple).

4.2.3. Exonérations et allégements fiscaux pour certains actifs

Les pays devraient envisager de réduire les exonérations et les allégements fiscaux pour lesquels il n'existe pas de justification tangible, et qui ont tendance à être régressifs. Certains pays exonèrent l'épargne-retraite privée. Étant donné que l'épargne-retraite privée est généralement moins taxée que d'autres catégories d'actifs (voir la section 3.8.4), l'exonérer des impôts sur les successions et les donations pourrait permettre aux donateurs d'accumuler de la richesse et de la transmettre en supportant une charge fiscale minime. Certains pays accordent également un traitement de faveur aux paiements reçus de contrats d'assurance-vie. La justification du traitement fiscal préférentiel accordé aux contrats d'assurance-vie semble limitée car dans de nombreux pays ces supports fiscalement avantageux sont constitués des mêmes produits de placement que ceux que les individus peuvent détenir autrement. Ces types d'exonérations ou de traitements fiscaux préférentiels ont également tendance à être régressifs, bénéficiant davantage aux ménages aisés. Lorsqu'il peut être justifié de conserver un allègement (pour un logement qui reste occupé par un bénéficiaire ayant vécu avec le défunt avant son décès, par exemple), sa valeur pourrait être plafonnée (il s'agit, par exemple, de plafonner la valeur du bien résidentiel qui peut bénéficier de cet allégement).

Les exonérations et les allégements en faveur d'actifs professionnels devraient être conçus avec soin et des alternatives pourraient être envisagées. La plupart des pays appliquent un allégement très généreux aux actifs professionnels afin de garantir la continuité de l'activité économique après le décès du donateur. Toutefois, des éléments montrent que ces allégements bénéficient avant tout aux très riches et qu'ils sont parfois inutilement généreux, une générosité justifiée par la nécessité d'éviter les problèmes de liquidité. L'objectif même de promouvoir les transmissions d'entreprise aux descendants a parfois aussi été remis en cause, car des éléments montrent que les héritiers d'une entreprise ont tendance à moins bien la gérer. Si des exonérations ou des allègements sont appliqués aux actifs professionnels, il faudrait pour le moins définir des critères stricts d'éligibilité (ex. niveau minimum de participation) et de conditionnalité (ex. poursuite des activités après transmission de l'entreprise), avec remboursement de l'allégement si l'entreprise est vendue avant un certain nombre d'années. Les pays pourraient également envisager de réserver les allégements aux entreprises inférieures à une certaine taille, plafonner le montant de l'allégement disponible (ex. plafonnement de la valeur des actifs professionnels pouvant prétendre à l'allégement de l'impôt sur les successions ou les donations) ou introduire certaines conditions de ressources. D'autres réformes pourraient aussi être envisagées dans certains cas. Par exemple, un impôt sur les successions à un taux relativement faible et permettant un paiement échelonné de l'impôt (sur plus de 10 ans par exemple) réduirait de façon significative la nécessité et la pression politique en faveur d'une exonération ou d'un allégement fiscal significatif pour les entreprises familiales.

4.2.4. Traitement fiscal des donations du vivant

L'octroi d'abattements sur les donations doit faire l'objet d'une évaluation et d'un examen attentifs lorsqu'il permet aux transmissions de patrimoine d'échapper en grande partie à l'impôt. Les contribuables qui ont la possibilité de transmettre des actifs d'une valeur inférieure à un certain seuil en franchise d'impôt chaque année peuvent de fait échapper à l'impôt sur les successions et les donations en s'y prenant tôt. Les personnes fortunées dont le patrimoine est essentiellement constitué d'actifs liquides et très supérieur à ce dont elles ont besoin pour leur retraite sont les mieux placées pour profiter de ces avantages fiscaux. En revanche, les ménages de la classe moyenne dont le patrimoine est essentiellement constitué de leur résidence principale et les ménages plus modestes qui misent sur leur épargne pour financer leur consommation à la retraite pourraient difficilement pratiquer cette forme d'optimisation fiscale. Comme indiqué plus haut, pour lutter contre l'optimisation fiscale faisant intervenir des donations du vivant, une solution possible consisterait à appliquer un impôt sur les héritages et donations reçus à l'échelle d'une vie, ce qui permettrait au bénéficiaire de recevoir un certain montant de patrimoine en franchise d'impôt au cours de sa vie. Une autre option consisterait, lorsque des seuils d'exonération de l'impôt sur les successions s'appliquent, à s'approcher le plus possible d'un montant de patrimoine exonéré raisonnable à l'échelle d'une vie. Plus les périodes entre les renouvellements des abattements sur les donations sont courtes, plus les montants exonérés doivent être réduits. Lorsque les seuils d'exonération sont plus généreux, on pourrait allonger la période entre les renouvellements des abattements afin de réduire l'optimisation fiscale et d'améliorer l'équité, encore que cette solution puisse augmenter les coûts administratifs pour les autorités fiscales et les coûts de conformité pour les contribuables.

Favoriser les transmissions de patrimoine aux jeunes générations réduirait les inégalités de patrimoine intergénérationnelles, mais augmenterait les inégalités de patrimoine au sein d'une même génération. Comme l'explique le chapitre 1, l'âge auquel les individus perçoivent un héritage continue de s'élever avec l'augmentation de l'espérance de vie. Pour encourager les transmissions de patrimoine plus tôt dans la vie, certains pays pourraient envisager des allégements en faveur des donations aux jeunes, sous la forme d'abattements ou de dégrèvements progressifs pour les transmissions à des bénéficiaires au-dessous d'un certain âge. Ces mesures favoriseraient la circulation intergénérationnelle du capital, mais créeraient une inégalité des chances touchant les jeunes. Par ailleurs, seuls les ménages les plus aisés pourront transmettre leur patrimoine plus tôt dans la vie. Une solution consisterait à limiter l'avantage fiscal lorsqu'il s'agit de transmissions de grande valeur.

Les donations effectuées du vivant du donateur doivent faire l'objet d'un suivi attentif, en raison des risques importants de non-conformité. Contrairement aux transmissions de patrimoine effectuées au moment du décès du donateur, qui sont généralement associées à des actes de succession ou notariés permettant de réduire les risques de non-conformité fiscale, les donations sont bien plus susceptibles de faire l'objet d'une sous-déclaration. Aussi, les autorités fiscales devraient axer leurs efforts de conformité sur les donations. Si des donations non déclarées sont décelées, les pouvoirs publics doivent envisager d'invalider les abattements. Concernant les donations non déclarées d'actifs dont la valeur s'est beaucoup appréciée depuis la date de donation, (une partie de) la plus-value pourrait servir à déterminer l'assiette fiscale au moment où la donation est découverte. Les obligations déclaratives pourraient aussi être durcies afin de réduire les risques de non-conformité (voir ci-dessous).

4.2.5. Valorisation des actifs

Les actifs doivent, dans la mesure du possible, être valorisés à leur juste valeur marchande. Pour un grand nombre d'actifs, cette juste valeur marchande est assez simple à établir. Elle peut être plus difficile à calculer pour certains actifs, notamment les actions non cotées et les entreprises ayant un nombre restreint d'actionnaires. En pareils cas, la meilleure approche ou combinaison d'approches en matière de valorisation dépendra de la taille et des caractéristiques des actifs. Pour les grandes entreprises privées, il peut être possible de suivre l'approche fondée sur le marché ou sur la comparabilité, c'est-à-dire déterminer la juste valeur marchande à partir du cours des actions d'entreprises cotées comparables. Pour les petites entreprises privées ou ayant un nombre restreint d'actionnaires, l'approche fondée sur les registres comptables ou sur les actifs peut être retenue, mais en association avec une autre approche (celle fondée sur le revenu ou sur le marché). Déterminer la valeur marchande d'actifs incorporels pose d'importantes difficultés liées à l'absence de transactions de pleine concurrence portant sur des actifs identiques ou sensiblement similaires. Lorsque l'actif incorporel génère un revenu, la meilleure approche peut consister à se baser sur le revenu. Outre les méthodes de valorisation, dans certains cas, les décotes de valorisation, par exemple pour une participation minoritaire ou un potentiel commercial faible (*low* *marketability*), sont trop généreuses et pourraient être révisées. Enfin, du point de vue de la conformité, il convient d'effectuer régulièrement des contrôles fiscaux et de prévoir des pénalités en cas de sous-évaluation avérée.

4.2.6. Prévention des problèmes de liquidité

L'échelonnement et le report des paiements devraient être autorisés à certaines conditions pour surmonter les problèmes de liquidité. Des reports de paiement de l'impôt à court terme, sans intérêts lorsque certaines conditions sont remplies, devraient être proposés afin d'offrir une certaine souplesse aux contribuables. Là où ceci est applicable, les pays pourraient également prendre en compte les conséquences liées au fait de demander aux bénéficiaires de s'acquitter de l'impôt sur les successions avant de recevoir la propriété des biens hérités. Si une telle mesure peut contribuer à réduire les risques de retard ou de défaut de paiement, elle peut aussi créer des difficultés pour les contribuables qui ne disposent pas des fonds suffisants, même si cela dépend largement du taux de l'impôt sur les successions. L'échelonnement des paiements sur des périodes plus longues pourrait être réservé à certains actifs, à condition que les contribuables prouvent que le paiement de l'impôt au comptant serait source de difficultés. Pour les actifs professionnels et agricoles, des taux d'intérêts nuls ou inférieurs à ceux du marché pourraient s'appliquer aux paiements échelonnés à long terme. Le report du paiement de l'impôt pourrait aussi être accordé dans certains cas et à certaines conditions ; par exemple, on pourrait prévoir une période de report standard (cinq ans par exemple), éventuellement combinée à des paiements échelonnés après cette période, dans le cas de résidences principales ou d'autres actifs pour lesquels le paiement immédiat de l'impôt mettrait le contribuable dans une situation financière difficile. Le report du paiement de l'impôt pourrait aussi être conditionné à un acompte versé à la date d'échéance initiale.

4.2.7. Optimisation et fraude fiscales

Il convient de mettre en place des mesures visant à empêcher les contribuables de transférer du patrimoine privé sous couvert d'actifs professionnels afin de bénéficier d'exonérations ou de règles fiscales préférentielles. Les contribuables peuvent détenir du patrimoine privé dans des entreprises ayant un nombre restreint d'actionnaires, établies dans le but de transférer du patrimoine privé ou qui sont combinées à d'autres actifs qui génèrent une activité économique véritable. Certains pays empêchent déjà ce type d'optimisation en exigeant que les actifs soient liés à la finalité économique de l'entreprise ou en limitant le pourcentage de l'activité de l'entreprise qui peut être consacrée à la détention de biens immobiliers. Les pays qui ne se sont pas encore dotés de telles règles devraient envisager d'en adopter.

Les possibilités de planification fiscale par l'intermédiaire de trusts ou d'autres structures similaires doivent être examinées de près, et les règles fiscales pourraient être révisées dans le but de limiter les possibilités d'optimisation fiscale. Bien que des trusts puissent être constitués dans un but successoral et pour d'autres raisons non fiscales légitimes, le fait que soit séparés le droit au revenu produit par des actifs du droit à ces actifs eux-mêmes peut créer un risque qu'ils soient utilisés pour éviter l'impôt sur les transmissions de patrimoine. Que les trusts soient traités en tant qu'entités distinctes à des fins fiscales ou en tant qu'entités transparentes (les actifs logés dans le trust sont inclus dans la succession imposable du constituant du trust ou des bénéficiaires au motif que les trusts sont des structures « transparentes »), les systèmes fiscaux ne doivent pas permettre que l'utilisation des trusts réduise de façon significative la charge fiscale sur les transmissions de patrimoine. Le traitement fiscal d'autres structures, telles que les fondations, devrait aussi être examiné de près.

Les pays préoccupés par l'effet redistributif du traitement fiscal préférentiel accordé aux dons caritatifs ont la possibilité de réviser les déductions et de limiter les possibilités d'effectuer des transmissions de patrimoine exonérées d'impôt par l'intermédiaire de structures caritatives. Les pays pourraient envisager des alternatives aux déductions au titre de dons caritatifs car elles avantagent fiscalement les contribuables à haut revenu et très aisés qui peuvent déduire leurs dons à leur taux marginal de l'impôt sur le revenu (voir la section 3.13.1) ou au taux marginal de l'impôt sur les successions ou les donations dans les pays à taux progressifs. Les pays pourraient préférer un crédit d'impôt qui fait en sorte que tous les contribuables perçoivent le même avantage fiscal pour des dons équivalents. Certains pays pourraient aussi souhaiter restreindre l'utilisation de structures caritatives qui permettent aux donateurs de transmettre leur patrimoine à des héritiers en supportant une charge fiscale bien inférieure par rapport à une transmission directe entre le donateur et le bénéficiaire ultime.

Pour prévenir les risques de fraude fiscale internationale, il est nécessaire de poursuivre les progrès en matière de transparence fiscale internationale. Il est important de s'assurer que les juridictions continuent de participer efficacement à l'échange de renseignements sur demande et d'évaluer l'efficacité de la mise en œuvre de l'échange automatique de renseignements, y compris en consacrant des ressources suffisantes à l'analyse des données collectées et en veillant à ce que les établissements financiers se conforment à leurs obligations fiscales. Pour l'avenir, il faudra impérativement s'assurer que les personnes, les actifs et les institutions non couverts par les normes d'échange de renseignements en vigueur ne constituent pas des vecteurs d'évasion fiscale.

4.2.8. Obligations déclaratives et collecte de données

Les obligations déclaratives pourraient être renforcées, et les administrations fiscales sont encouragées à collecter davantage de données. Dans un certain nombre de pays, les données disponibles sur le patrimoine transmis par héritage et par donation sont limitées. On manque notamment de données sur les donations en franchise d'impôt, sur les transmissions d'actifs exonérées et sur les coûts et les effets distributifs de ces exonérations. Les pays peuvent envisager d'introduire des obligations déclaratives pour les transmissions supérieures à un certain seuil de faible valeur, même si celles-ci ne sont pas soumises à l'imposition. Les déclarations à produire doivent être simples, disponibles en ligne, et pouvoir être remplies par le contribuable sans recourir à des conseils professionnels. La transition numérique constitue une opportunité importante à la fois en matière de collecte et d'analyse des données. Elle pourrait ainsi permettre aux pouvoirs publics de suivre les transmissions de patrimoine à l'échelle d'une vie, ce qui était jusqu'alors impossible à un coût raisonnable.

4.2.9. Traitement fiscal des plus-values latentes au moment du décès

Le système de majoration de la valeur d'acquistion devrait être réexaminé, en particulier dans les pays qui ne taxent pas les héritages ou qui appliquent des seuils d'exonération très élevés. Dans un système de majoration, en vigueur dans certains pays, la valeur d'acquisition des actifs transmis lors du décès est « majorée » à leur juste valeur marchande au moment du legs, de sorte que lorsque les héritiers vendent les actifs, les impôts sur les plus-values ne sont prélevés que sur les gains en capital accumulés depuis qu'ils ont reçu l'héritage. Ce système permet aux contribuables de réduire le montant total de l'impôt à verser en transmettant leur patrimoine sous la forme de plus-values latentes. En l'absence d'impôt sur les successions, ces plus-values sont totalement exonérées. Non seulement ce système produit des effets de verrouillage et de distorsion, mais il peut aussi avoir d'importantes répercussions en termes de distribution, car les plus-values latentes constituent une bonne partie du patrimoine des contribuables les plus riches. Aussi, il serait légitime de supprimer la majoration pour les plus-values lentes au moment du décès, surtout dans les pays qui ne prélèvent pas d'impôt sur les successions. Les plus-values latentes peuvent aussi échapper en grande partie à toute forme d'imposition lorsque le seuil de l'impôt sur les successions est très élevé. En pareils cas, les pays devraient réexaminer ce système de majoration ou abaisser le seuil d'exonération de l'impôt sur les successions. Ce système est également à l'origine de distorsions dans les pays qui prélèvent un impôt sur les successions parce qu'il dissuade de réaliser des plus-values. De fait, si des contribuables vendent de leur vivant des actifs dont la valeur s'est appréciée, la plus-value est soumise à l'impôt sur les plus-values, et s'ils transmettent le produit de la vente (minoré de l'impôt sur le revenu acquitté) à leurs héritiers à leur décès, l'impôt sur les successions sera également prélevé. Aussi, le système de majoration est source d'inéquité entre les contribuables qui réalisent une plus-value de leur vivant et ceux qui transmettent leur patrimoine à leur décès sous la forme de plus-values latentes.

L'alternative la plus équitable et la plus efficace à la majoration de la valeur d'acquisition peut être de taxer les plus-values latentes au moment du décès, en ménageant si nécessaire une certaine flexibilité pour le paiement, sous la forme de reports par exemple. Prélever des impôts sur les plus-values et sur les successions au même moment peut entraîner une charge fiscale très lourde. En outre, même si le donateur supporte l'impôt sur les plus-values et le bénéficiaire acquitte l'impôt sur les successions, les contribuables peuvent avoir le sentiment de subir une double imposition. Une solution pourrait consister à reporter le gain accumulé sur les actifs transmis (par donation du vivant ou par legs) aux bénéficiaires. De cette façon, les plus-values accumulées du vivant du donateur seraient finalement imposées lorsque les bénéficiaires vendent les actifs, mais en évitant de prélever en même temps l'impôt sur les plus-values et l'impôt sur les successions ou les donations. L'inconvénient serait que les bénéficiaires devraient déterminer la valeur d'acquisition initiale du donateur, encore que la transformation numérique puisse faciliter le processus. Un autre problème plus important tient au fait que l'impôt dû au titre des plus-values pourrait être excessivement élevé, notamment pour les entreprises et les exploitations agricoles qui restent en activité sur plusieurs générations, générant d'importants effets de blocage. Aussi, la meilleure approche pourrait consister à taxer les plus-values latentes au moment du décès, mais en ménageant des conditions de paiement souples (report) si nécessaire.

4.2.10. Successions et migrations transfrontalières

Les droits d'imposition au titre des successions transfrontalières doivent être mieux alignés entre les pays, et une élimination de la double imposition doit être prévue. Au regard des différences entre les pays concernant les règles d'assujettissement à l'impôt sur les successions, des cas de non-imposition, de double imposition ou même d'imposition multiple pourraient survenir lors de successions transfrontalières. La plupart des pays qui prélèvent un impôt sur les successions prévoient des dispositifs unilatéraux d'élimination de la double imposition. En règle générale, la législation interne prévoit une élimination de la double imposition pour les impôts sur les successions et les donations payés à l'étranger au titre des actifs situés à l'étranger (crédit d'impôt ou exonération, par exemple). Toutefois, dans certains cas, l'élimination de la double imposition est partielle, et la législation de certains pays ne prévoit pas de tels dispositifs. Étant donné que les conventions fiscales visant à empêcher la double imposition au titre des impôts sur les successions ne sont pas très nombreuses, il pourrait être utile de prévenir les risques de double non-imposition ou de double imposition en commençant par améliorer et harmoniser les dispositifs unilatéraux d'élimination de la double imposition dans le cas de successions transfrontalières.

Des dispositions spécifiques devraient être mises en place pour faire en sorte que les contribuables restent redevables de l'impôt sur les successions pendant un certain nombre d'années après leur départ à l'étranger. Dans plusieurs pays, les contribuables restent redevables de l'impôt sur les successions pendant un certain nombre d'années après avoir quitté le pays. Ces dispositions limitent les risques d'évitement de l'impôt via l'émigration peu avant le décès du donateur.

4.2.11. Économie politique

Le fait de fournir des informations sur les inégalités et sur la structure et le fonctionnement des impôts sur les successions peut améliorer l'acceptabilité publique et la faisabilité politique des réformes de l'impôt sur les successions. Le chapitre 3 explique que les impôts sur les successions et les donations sont souvent mal compris, ce qui contribue à leur impopularité. Des éléments montrent que le fait de fournir des informations sur la répartition des héritages et les inégalités peut jouer un rôle important pour rendre l'impôt sur les successions plus acceptable par la société dans son ensemble (voir la section 3.14.1). De la même façon, étant donné que les contribuables ont tendance à surestimer, parfois de façon très importante, la part des transmissions de patrimoine imposables et les taux effectifs de l'impôt, le fait de leur fournir des informations sur le fonctionnement de ces impôts, et d'expliquer à qui ils s'appliquent, peut s'avérer très utile.

Le fait d'inscrire les réformes fiscales dans un cadre d'ensemble et de définir des trains de mesures peut également jouer un rôle important pour améliorer l'acceptabilité et la faisabilité des réformes. La réforme de l'impôt sur les successions ou les donations fait souvent l'objet de discours négatifs, comprenant parfois des références à un « impôt sur la mort » et à une « double imposition ». La réorientation des réformes autour des questions d'équité, d'égalité des chances et de réduction des inégalités peut jouer un rôle important. La visibilité acquise par la question des inégalités ces dernières années pourrait faciliter ce changement de discours et de cadre général. Cette réorientation serait plus efficace si elle va de pair avec une modification des règles fiscales visant à répondre aux préoccupations des citoyens, en particulier en ce qui concerne les questions d'optimisation fiscale. La mise en place de trains de mesures pourrait également être utile. De fait, la réforme de l'impôt sur les successions pourrait être mieux acceptée si elle s'accompagne d'autres réformes ou si elle s'inscrit dans un programme de réforme plus large visant à réorienter la structure de la fiscalité plutôt qu'à alourdir la charge fiscale globale.

www.ingramcontent.com/pod-product-compliance
Lightning Source LLC
LaVergne TN
LVHW080656011026
849160LV00014B/1444